진짜 나를 찾는
자기발견 프로젝트

나는 나를
브랜딩
하기로 했다

나는 나를 브랜딩하기로 했다

발행일	2021년 12월 3일
발행인	권경민
공동기획	한국지식문화원 대표 권경민(ceo@kcbooks.org / www.kcbooks.org)
	리커리어북스 대표 한현정(ceo@recareerschool.co.kr / https://blog.naver.com/bebe1021)
저자	김성화, 김정, 김정원, 나예주, 박세영, 서영숙, 소은순, 양미자, 전은미, 최성문
편집	정두철
디자인	한수희
발행처	한국지식문화원
출판등록	제2021-000105호(2021년 5월 25일)
주소	서울시 서초구 서운로13 중앙로얄빌딩 B126
대표전화	0507-1467-7884
홈페이지	www.kcbooks.org
이메일	admin@kcbooks.org
ISBN	979-11-975960-2-5 03190 (종이책)

짜 나를 찾는

기발견 프로젝트

나는 나를 브랜딩 하기로 했다

김성화, 김 정, 김정원, 나예주, 박세영,
서영숙, 소은순, 양미자, 전은미, 최성문

한국지식문화원

미래 창업의 시작,
퍼스널 브랜드 창직의 중심에 출판이 있다

출판은 퍼스널 브랜딩에 가장 효과적인 방법이다. 브랜드는 세상이 인정하고 기억하는 방식이다. 3가지 키워드로 요약되는 브랜드는 세상과 차별화하는 나만의 키워드이다. 이름은 기억하지 못해도 나를 설명하는 연관검색어로서 퍼스널 브랜드는 기억하는 세상이 되었다.

출판은 인생 창업의 출발점이다. SNS의 발달과 COVID-19는 세상과의 소통방식을 비대면 노마드 방식을 앞당겼다. 나만의 콘텐츠를 블록체인 기술과 결합하여 정보가 돈이 되는 인터넷 환경이 되고 있다. 무형의 지식재산권이 자신의 미래 부동산이자 보험이 된다. 무형의 자산으로 보호를 받는 방법으로 ISBN(International Stand Book Number)은 합법적인 지적재산권 출원의 방법이다.

출판은 자신을 소개하는 이력서이자 자기소개서다. 출판을 통해 자체 발광할 수 있다. 책에는 살아온 저자의 삶에 대한 요약 소개와 세상을 대하는 생각의 관점이 고스란히 표현된다. 세상에 기여하고자 하는가? 자신의 자존감을 높이고 싶은가? 그러면 출판에 도전하시길 바란다.

출판은 나의 콘텐츠를 개발하는 과정이다. 대박 출판의 80%는 세상이 듣고 싶어 하는 내용을 세상의 지식을 모아 자신만의 지혜로 정리한 것이다. 뭔가 쿨하고 새로운 지식을 말하는 것이 아닌, 일반적인 일에서 새로운 관점을 말하는 것이다. 기획력의 승리이자 결과물이다.

출판은 자기 생각을 정리하는 과정에서 인생 로드맵을 정립하며, 세상과의 소통 접점을 찾아내게 한다. 누구나 살아온 궤적이 다르다. 다른 만큼 남들과 차별화된 자신만의 포지셔닝이 있으며, 독자가 궁금할 질문에 대한 나만의 관점을 제시하면 된다. 출판은 완벽한 정답을 요구하지 않는다. 저자의 아이디어를 자신의 독특한 관점에서 기술하면 된다.

『나는 나를 브랜딩하기로 했다』를 통해 강의, 컨설팅, 심사, 멘토링의 기회를 자연스럽게 가지며, 세상에 기여하시길 바란다. 이를 뒷받침하기 위한 학문적 영역도 보완하여 세상의 롤모델이 되길 기대한다.

박남규

호서대글로벌창업대학원 학과장·교수
『문화로 창업하다』 저자·창업경영전문가

위기를 기회로 만든
평범한 사람들의 브랜드 탄생 이야기

10인의 평범하지만 위대한 1인 기업가 퍼스널 브랜딩 이야기가 세상에 나왔다. 삶의 경험과 노하우를 녹여 한 권의 책으로 세상에 노크한다. 죽음의 고비, 사업 실패, 인생의 고난과 역경을 이겨낸 우리 주변 작은 거인들이 세상에 던지는 새로운 도전 메시지다. 10인 10색 삶의 스토리가 던져주는 가슴 울림과 희망의 메시지가 독자들 인생의 새로운 길라잡이가 될 것이다.

유난히도 무더웠던 2021년 7월, 평범한 자신 속에 숨겨진 보물을 찾아내어 새로운 길을 찾아가려는 이들이 온라인에 모였다. 공동 저서 프로젝트 설명회에서 한곳을 바라보며 가슴이 뜨거워졌다. 달궈진 심장의 박동을 안은 작가들이 공저서 출간을 위한 항해를 시작했다. 본업, 가사, 육아의 무게 속에 몇 번이고 포기하고 싶은 마음이 들었지만, 포기하지 않고 완주했다. 뒤에 처진 동료들에게 원망이 아닌 응원의 손을 내밀었다. 혼자가 아니기에 밀어주고 당겨주며 함께 달려 갈 수 있었다. 함께한 작가들은 글쓰기를 통해 자신을 돌아보는 성찰의 시간을 가졌다. 자신을 돌아보며 스스로 치유되는 카타르시스를 느끼기도 했다.

인생의 전환점이 필요한 독자에게 던지는 10인의 용기와 희망의 메시지가 꿈과 희망을 주고 삶을 변화시킬 것이다. 나를 찾아가는 작가들의 여정을 통해 독자도 자기를 발견할 기회를 가질 수 있을 것이다.

멋진 항해를 마무리한 작가님들과 이 책을 읽으시는 독자분들께 경의의 박수를 보낸다.

권경민

'나는 나를 브랜딩하기로 했다' 프로젝트 공동 리더
한국지식문화원 대표

뉴노멀시대
"내가 브랜드다."

퍼스널 브랜딩이라는 말이 유행어처럼 흔하게 들리는 시대다. 이는 평균수명이 증가하는 데 반해 조직의 수명은 짧아졌기 때문이다. 2020년 통계청 자료에 따르면 대기업 평균 퇴직 나이는 48세로, 1997년 IMF 이후 평생직장의 개념이 사라지면서 더욱 심화하였다.

현대 경영학의 창시자 피터 드러커는 이제 개인도 나이키나 스타벅스처럼 자기 브랜드가 있어야만 살아남을 수 있다고 말했다. 포스트 코로나, 뉴노멀 시대는 개인의 경쟁력이 더욱 중요해지고 있다.

이 책은 은퇴했거나, 은퇴를 준비하는 분들에게 먼저 용기 내어 도전한 열 명의 평범한 사람들의 경험과 관점을 아낌없이 풀어 이야기한다.

100세 시대, 경력 패러다임이 달라지는 이때, 퍼스널 브랜딩은 최고의 무기가 될 수 있다.

그것은 자신을 아는 것에서부터 시작된다. 이 책은 열 명의 삶을 통한 열 가지 퍼스널 브랜딩 사례를 스토리텔링 형식으로 쉽게 전달한다.

퍼스널 브랜딩을 만드는 가장 효과적인 방법은 책 쓰기다. 8주의 기적! 공동 저자로 강연가 입문하기 과정을 통해 탄생한 『나는 나를 브랜딩하기로 했다』는 글을 쓰는 과정에서 잊고 있던 자신의 경험과 재능을 재발견하는 시간이었다. 열 명의 저자들은 각자의 어려움과 난관을 극복하는 과정에서 어떻게 자신을 브랜딩하고 있는지 생생하게 보여준다.

이 책으로 여러분이 평범함을 비범하게 만드는 자신만의 전문성을 발견하고 스스로가 브랜드가 될 수 있다는 생각의 전환을 할 수 있다면 글쓴이들의 작은 보람이 될 것이다.

한현정

'나를 브랜딩하기로 했다' 프로젝트 공동 리더
리커리어북스 대표

목차

그림책 하브루타, 내 아이의 미래력을 위한 선택

- 그림책 질문 디자이너 김성화

내 아이를 위한 절대반지, '수비학의 지혜'

- 수비학 진로 디자이너 양미자

쇼핑호스트의 K-육아농법

- 언어습관 트레이너 김정원

원망하고 탓하지 않기 위한 40대, 인생 2막

- 인생 2막 비전 메이커 전은미

죽음 속의 삶, 삶 속의 죽음

- 그림책 삶 치유 연구가 박세영

숨겨진 재능을 꺼내 봐!

- 재능 컨설턴트 나예주

꿈을 이루는 파워풀 마인드셋

- 파워풀 마인드셋 전문가 소은순

그림책 하브루타,
내 아이의
미래력을 위한 선택

그림책 질문 디자이너 · 김성화

김성환 ▸ 그림책 질문 디자이너

두드림미래교육연구소 대표이자 그림책마음연구소 대표이다. 경기도교육청 찾아가는 꿈의학교 운영자로 미래형 학생자치배움터 몽실학교의 길잡이교사로 수년간 미래교육의 현장에서 청소년들을 만나고 있다. 학부모 독서 동아리 네트워크 운영진으로 미래세대의 양육자인 학부모의 독서활동을 지원하는 활동도 하고 있다.

하브루타 지도사, 평생교육사, 장애인 평생교육강사, 미래교육활동가
(전) 경기꿈의학교 둥지(독서생태) 꿈의학교 운영진
(전) 경기꿈의학교 등대 꿈의학교 대표
(전) 경기꿈의학교 에르디아비경쟁독서토론 꿈의학교 대표
(전) 경기도교육청 미래형 학생자치배움터 몽실학교 길잡이교사
(현) 의정부교육지원청 중등 학부모 독서동아리 비상비책 운영진
(현) 의정부혁신교육포럼 학부모위원
(현) 그림책마음연구소 대표
(현) 두드림미래교육연구소 대표
2016, 2017, 2021 대한민국 독서대회 심사위원

이메일 79islove@naver.com
블로그 https://blog.naver.com/79islove

온 세상을
놀이터로 만드는 방법

한국에서 가장 이해할 수 없는 것은
그들의 교육이 퇴보하고 있다는 것이다.
한국의 학생들은 하루 15시간 동안 학교와 학원에서
미래에 필요하지 않을 지식과 존재하지도 않을 직업을 위해서
귀중한 시간을 낭비하고 있다.

– 앨빈 토플러(미래학자)

앨빈 토플러의 보고서와 대한민국의 현재, 그리고 남은 과제

2001년 6월, 한 남자가 대한민국 대통령 김대중을 만나 서류 하나를 건넨다. 이 남자가 바로 1960년대 중반 '미래학' 강의를 처음 시작하여 이 분야를 개척한 앨빈 토플러다. 그는 1970년 『미래의 충격』, 1980년 『제3의 물결』, 1990년 『권력이동』, 2006년 『부의 미래』 등 10년에 한 번씩 세계와 미래를 꿰뚫는 대표 저작을 내놓았다.

2001년 당시 김대중 대통령에게 건넨 서류 '위기를 넘어서: 21세기 한국의 비전' 연구 보고서에는 세 가지 비전이 담겨 있었다. 첫째는 일본이 겪은 실수를 되풀이하지 않을 것을 촉구하며 지속적으로 혁신해야 한다는

것이었다. 둘째는 생명공학과 정보통신 두 가지 강력한 추진력을 융합하고 발전시킬 것을 주문했다. 앞으로는 잘 개발된 정보 인프라를 보유하고 있으면서 사회 전반에 걸쳐 혁신적으로 활용하는 국가가 경쟁력을 가질 것이라는 이유에서였다. 인터넷과 새로운 통신 서비스를 공공 영역에서 활용하고 확산시키는 것이 국익을 창출하는 길이라는 조언도 덧붙인다. 셋째는 교육 체계를 개혁하여 미래 정보사회에 필요한 인재를 키워내는 능력을 갖추라는 것이었다. 그는 한국의 학생들은 미래에 전혀 사용할 일이 없는 공부에 시간을 낭비하고 있다고 진단했다.

이러한 앨빈 토플러의 조언을 받아들인 결과, 현재 대한민국은 세계 최고 수준의 IT 인프라를 구축하고 BIO 강국으로 급부상하고 있는 것은 물론이고 그 어느 때보다 높아진 문화의 힘과 잠재력으로 세계를 놀라게 하고 있다. 그런데 우리의 교육은 그때로부터 얼마나 달라졌을까? 그가 20여 년 전 한국의 미래를 내다본 보고서가 요즘 다시 재조명되는 이유이다.

미래 사회와 미래 사회를 위한 핵심역량

4차 산업혁명을 뜬구름 잡는 이야기인 줄 알았다거나 나와는 전혀 상관없는 이야기인 줄 알았다는 사람들이 있다. 당장 먹고 사는 게 바빠 미래를 생각할 겨를이 없었다고 한다. 그런데 어떤 변명을 해도 피해갈 수 없는 변화가 지금 일어나고 있다. 리처드 돕스는 『미래의 속도』에서 다음과 같이 말한다.

세계 경제는 지금 역사적, 기술적, 정치적 그리고 사회적 변곡점에 도달해 있다. 오늘날은 도시화와 소비, 기술과 경쟁, 고령화와 노동력처럼 모든 변화가 서로 연계되어 있고 각 요소를 증폭시키고 있다. 따라서 그만큼 변화는 예상하기 더 어렵고, 그 영향력도 더 막강해지고 있다. 산업혁명과 비교했을 때, 이러한 변화는 10배 더 빠르고, 300배 더 크고, 그 영향력은 3,000배 더 강할 것이라 예측하고 있다. 지금까지의 경험으로 쌓은 직관으로는 다가올 미래에 대응할 수 없다. 새로운 시대, 혁신의 파도에 휩쓸리지 않고 파도를 타고 싶다면, 끊임없는 변화와 거대한 기회로 이어지는 미래에 대비할 방법이 필요하다.

기술의 발전으로 변화의 속도가 빨라지고 불확실성이 높아지는 미래 사회에서 인재에게 필요한 핵심역량으로 비판적 사고력, 의사소통능력, 협업능력, 창의력을 꼽는다. 이러한 능력은 주입식 교육으로는 절대로 길러질 수가 없다.

2021년, 교육부는 새 조직을 갖추고 '미래교육 대전환'에 속도를 내기 시작했다. 이에 따라 2025년 고교학점제 전면 도입, 2022년 교육과정 개정 등의 대전환이 예고되고, 학교 현장의 교사와 학부모들이 술렁이고 있다. 세 아이를 키우고 있는 나는 현재 초등학생, 중학생, 고등학생의 학부모다. 그런데 고작 두 살 터울인 이 아이들에게 적용되는 입시제도가 각각 다르게 되었다. 작년엔 2024년 수능에 정시를 확대한다는 발표가 있었다. 첫째가 대입을 치르는 해의 이야기다. 올해는 2024년부터 고교학점제가 전면 도입된다는 발표가 있었다. 현재 초등학교 6학년인 막내가 고등학교에 입학할 때부터다. 그뿐만 아니다. 2022년 교육과정 개정을 논의하고 있다고 하니 조만간 또 언제 어떤 것이 바뀌거나 새로운 무엇이 도입된다는 발표가 있어도 놀랄 일이 아닌 상황이다.

혹자는 교육이란 모름지기 백년지대계인데 교육제도가 너무 자주 바뀐다고 불평을 한다. 그 말이 맞다. 하지만 지금 세상이 변하는 속도를 생각해 보면 교육이 변하는 속도는 오히려 너무 느리다. 앨빈 토플러의 저서 『부의 미래』에 따르면, 어느 국가가 경제 발전 속도를 높일 수 있다고 하더라도 사회의 주요한 제도가 속도에 뒤처지도록 방치하면 부를 생산하는 능력이 결국 저하하게 된다. 그는 사회제도의 변화 속도를 도로 위를 달리는 아홉 대의 자동차에 비유하면서 시속 100㎞인 기업, 90㎞인 사회단체, 60㎞인 가족제도, 30㎞인 노동조합, 25㎞인 정부 관료기구와 규제 기관, 10㎞인 교육제도, 5㎞인 국제기구, 3㎞인 정치구조, 1㎞인 법률 순으로 꼽았다. 교육제도의 변화 속도가 세상의 변화 속도를 따라잡지 못할 때 그 사회의 성장에 걸림돌이 된다는 것이다. 그러나 현실에서 교육제도의 빠른 변화는 교육현장에서 학부모들로부터 강한 저항에 부딪힌다. 나 역시도 상황에 따라 입장이 오락가락해 왔다.

코로나가 던져 준 질문

코로나19는 온 세상을 바꾸고 있다. 가속화된 변화의 속도가 일상을 강타했다. 이 변화는 3차 세계대전과 비길 정도로 넓고 깊다. 아직은 조금은 먼 얘기인 듯 한쪽으로 밀쳐놓았던 미래에 대한 이야기를 현실로 소환한다. 거센 미래의 파도가 생각보다 가까이 있었음을, 생각보다 거대함을 직접적으로 체감하게 하기 때문이다. 지금 우리가 하고 있는 교육이 코로나19 이후에도 여전히 유효한지 묻지 않을 수 없다.

정부와 대학도 같이 답을 찾아가는 중이다. 학부모들도 더 이상 입시제도의 변화를 바라보고 이리저리 휩쓸리기만 해서는 안 된다. 지금은 성급한 정답이 아니라 올바른 질문을 찾고 공유해야 할 때이다. 이 제도들이 쫓고 있는 본질에 대해 질문하고, 제도 자체가 아닌 그 지향점을 쫓을 필요가 있다. 그런 가운데 우리 아이들이 미래력을 갖추고 온 세상을 놀이터로 삼을 수 있도록 돕는 길은 무엇일지 차근차근 찾아봐야 할 것이다. 과연 우리 아이들이 변화에 대응하며 자기의 미래를 스스로 헤쳐 나갈 수 있게 하는 '마스터키'는 존재할까?

생각의
탄생

존재하지 않는 것을 상상할 수 없다면
새로운 것을 만들어낼 수도 없으며,
자신만의 세계를 창조하지 못하면
다른 사람이 묘사한 세계에 머무를 수밖에 없다.

— 폴 호건(작가·화가)

미래를 상상하기 위해 가장 중요한 건 '독서'다.
미래를 지배하는 힘은
읽고, 생각하며 커뮤니케이션하는 능력이다.

— 앨빈 토플러, 하이디 토플러 『앨빈 토플러 청소년 부의 미래』

독서, 흙수저 엄마의 선택

2005년, 2007년, 2009년 차례로 세 아이가 태어났다. 나는 아이들에게
물질적인 풍요로움보다는 정서적인 풍요로움을 주고 싶었다. 눈앞의 성적
에 크게 얽매이지 않고 성격 좋고 바른 가치관을 가진 좋은 아이로 길러
사회에 나가 제 몫을 하게 하고 싶었다. 그런데 인터넷에 넘쳐나는 육아
정보와 교육정보가 제안하는 바람직한 환경은 하나 같이 돈이 어느 정도

필요하고 빽도 어느 정도는 있어야 가능할 것 같았다. 덜컥 내가 좋은 엄마 노릇을 할 수 있을지 겁이 났다. 그런 나에게 한 줄기 빛이 되어준 것이 바로 독서였다.

성공을 이룬 사회 지도자들은 하나같이 입을 모아 독서의 중요성을 강조한다. 책을 통해 자신이 알지 못했던 새로운 세상을 간접 체험하기도 하고, 해 보고 싶었던 경험을 대신 경험할 수도 있다. 새로운 가치관과 인생관을 갖게 하는 인생의 전환점이 되기도 하고 시간과 공간을 뛰어넘어 멘토를 만나기도 한다. 흙수저 엄마의 아이도 다양한 체험을 하고 다양한 사람을 만날 수 있게 해 주는 돈이자 빽이 되어 주는 것이다.

태교에서 시작된 책 읽어주기는 잠자리 책 읽기로, 또 엄마표 독후활동으로 이어져 갔다. 그러다 첫째가 4살이 되던 해에 또래들과 품앗이를 시작했다. 품앗이에서는 같이 텃밭을 가꾸기도 하고, 방 하나 전체에 비닐을 쳐놓고 미술놀이를 하기도 했으며, 과학실험과 요리는 물론 각종 견학과 체험 활동을 함께 했다. 이런 활동들은 대개 책을 읽은 후 아이의 호기심을 따라 이루어졌다. 어떤 활동을 하고 나서는 좀더 깊이 있게 알아보려고 다른 책으로 찾아보기도 했다. 그러다가 또 다른 활동으로 파생되기도 했다. 함께하는 엄마들의 재능과 관심사가 더해져 책 읽기가 더욱 풍성해졌다. 두 살 터울의 3남매를 키우면서 쉬운 일은 아니었지만 나의 수고로움보다 아이들이 성장하는 모습에서 느끼는 보람이 더 컸다.

첫째가 초등학교 입학하자 학교에서 '책 읽어주는 엄마' 봉사단을 모집하는 가정통신문이 왔다. 내 아이가 책을 읽고 즐기는 문화 속에서 자랐으면 하는 마음에 지금까지 해오던 것보다 조금 더 큰 품앗이를 한다는 마음으로 신청했다. 그즈음 마침 내가 사는 지역의 초등학교 곳곳에서 '책 읽어주는 엄마' 동아리들이 유행처럼 번지고 있었다. 지역교육청에서는 아이들에게 그림책을 좀 더 재밌게, 잘 읽어주고 싶은 엄마들의 열망에 부응해 학부모들을 위한 다양한 맞춤형 연수를 제공해 주었다. 개인적으로도 관심이 가는 강의가 있으면 도서관으로 기관으로 쫓아다니며 그림책을 제대로 배우기 시작했다.

첫째가 초등학교에 입학해서 막내가 졸업할 때까지 10년. '책 읽어주는 엄마'로 봉사하며 책 읽어주기 외에도 북텐트, 마음약방, 독서캠프, 인형극 공연 등 독서와 관련한 다양한 문화행사를 기획하고 진행하기도 했다. 봉사로 시작된 '책 읽어주는 엄마' 활동은 여러모로 나에게 소중한 성장의 시간이 되어 주었다.

최근에 아이들이 어릴 때 자주 읽어주던 『NAPPING HOUSE(낮잠 자는 집)』라는 그림책 하나를 다시 읽게 되었다. 내가 이 책을 처음 만난 건 정부가 발표한 공교육에서의 '몰입식 영어교육'이 뜨거운 감자였던 시절이었다. 세계 명작 그림책들이 '노래를 부르며 배우는 영어'를 뜻하는 〈노부영 시리즈〉로 선풍적인 인기를 끌고 있었다. 나도 여러 권의 〈노부영 시리즈〉 그림책을 아이들에게 읽어주고 들려주었다.

딸은 유난히 이 그림책을 좋아했다. 단순한 줄거리에 반복되는 운율과 누적되는 구조를 가진 이 책은 내가 보기엔 최적의 영어교재였지만 딸아이는 영어 단어와 문장보다 그림에 빠져들었다. 그때 나는 아직 그림책의 그림을 '제대로' 읽을 줄 모르던 시절이라 글의 내용을 따라 스윽 그림을 훑어보고 줄거리 위주로만 읽었다. 아이는 제대로 그림책을 즐기고 있었는데 나는 글자만 짚고 있었다. 나도 답답했고, 아이도 답답했을 것이다.

돌이켜보면 그 시절의 나는 그림책의 그림을 읽지 못하듯 사람을 읽을 줄 몰랐다. 지금은 『NAPPING HOUSE』를 읽으며 글에는 나타나 있지 않은 앵글의 변화, 색채의 변화, 창밖 날씨의 변화 등을 읽는다. 작가가 왜 이렇게 표현했을까 생각하다 보면 그림책이 주는 메시지도 달리 읽힌다. 책장을 앞으로 넘겼다 뒤로 넘겼다 하느라 눈과 손이 바쁘다. 한 권의 그림책을 오래오래 읽으며 즐길 줄 안다. 그림책을 읽는 방식이 바뀌는 동안 내 안의 나를 만나고 아이들을 만나고 세상을 이해하는 방식도 같이 변했다. 그림책과 소통하는 방법으로 나와, 내 주변 사람들과 또 세상과 좀 더 잘 소통할 수 있게 된 것이다. 그림책과 함께한 성장 중 가장 의미 있는 성장이다.

그림책의 진짜 힘

사람들은 그림책을 유아나 어린이를 위한 책이라고 생각하거나 단순히 글과 그림의 조합으로 된 책이라고 생각한다. 그래서 삽화가 곁들어진 동화책과 그림책의 개념을 혼동하기도 한다. 하지만 그림책은 그림으로 독자에게 말을 거는 책으로 0세에서 100세까지 보는 책이다. 이런 그림책에는 사람들이 미처 알아채지 못하는 미래 사회에 필요한 역량을 키울 수 있는 힘이 숨어 있다.

현대사회를 사는 우리는 시각적 이미지를 통해 정보를 습득하거나 서로 소통하는 일이 점점 더 많아지고 있다. 비주얼 리터러시란 이러한 시각적 이미지를 수동적으로 받아들이는 것이 아니라 비판적으로 해석하며, 그 이미지들이 갖는 맥락과 논리를 파악하고 활용하는 능력을 말한다. 미래 사회는 비주얼 리터러시를 갖추고 자신들의 삶과 연관 지어 생각하며 사회와 문화, 세상에 대한 비판적 이해와 통찰을 통해 공동체의 다양한 문제를 해결할 수 있는 사람들이 주도하게 될 것이라고 말한다. 비주얼 리터러시 능력을 키우기 위해서는 단순히 이미지, 기호, 상징에 대한 이해의 차원을 넘어서 사회, 문화, 세계에 대한 통찰력과 개인적인 해석 능력을 함양하는 것이 필요하다.

그림책에는 다양한 사회, 문화, 세계의 이야기가 담겨 있고, 그 이야기들과 상호작용하여 해석되어지는 이미지와 기호와 상징들이 담겨 있다. 앞서 소개한 그림책『낮잠 자는 집』의 뒤표지에는 "글과 그림의 행복한 결혼"이라는 말이 나온다. 그림책이 비주얼 리터러시를 습득하는 데 어떤 역할을 할 수 있을지 단박에 알 수 있게 해 주는 말이다.

얼마전 TV에 코로나19로 인해 소비가 크게 위축된 2020년에도 매출 30억을 달성한 외진 마을의 작은 가게 '고기리 막국수' 이야기가 방영되었다. 고기리막국수 김윤정 대표는 이 가게의 성공 비결과 노하우로 입지나 인테리어, 차별화된 상품 등 외식업의 흔한 성공 요소보다 관계중심 진심 경영을 꼽았다. 그리고 그것을 위해 가장 중요한 것이 손님의 입장에서 감정과 욕구를 세심하게 읽어내는 것이라고 했다.

이처럼 '눈에 보이지 않는 너무나 미세한 차이, 그러나 본질을 바꾸는 결정적인 차이'를 '앵프라맹스'라고 한다.『포노 사피엔스』에서 최재붕 교수는 이 미묘한 차이의 힘을 쉽게 이해할 수 있도록 우버와 카카오뱅크의 예를 든다. 우버는 자동차를 이용한 이동서비스로서 요금을 받는다는 점에서 택시와 똑같지만, 감성에 맞춰 미묘한 차이를 더해서 소비자를 끌어당긴다. 카카오 뱅크는 K뱅크와 서비스의 본질에는 차이가 없지만, '귀엽다'라는 미묘한 차이로 출범 1년 만에 680만 고객을 열광시킨다.

위의 사례들은 기술이 아무리 발전하는 세상이라도 성공하기 위해서는 결국 '사람'의 마음을 잡아야 한다는 것을 보여준다. 하지만 소비자는 항상 이성적으로 합리적이지 않을 뿐만 아니라 매우 대중적이면서도 매우 개인적이라 예측하기가 어렵다. 그래서 앵프라멩스의 지점을 찾는 일 또한 정말 어렵다.

한국유아교육학회가 발행한 자료에 따르면 그림책을 활용한 마음 이해 활동을 경험한 아이들은 공감능력과 대인문제해결 사고가 유의미하게 높은 것으로 나타났다. 슬픔, 심적 부담, 기쁨, 불안 등 사람의 감정을 잘 알아챌 뿐만 아니라 대인관계에 있어서 원인을 파악하고 결과를 예측하거나 해결을 위한 대안을 찾아낸다는 것이다. 그림책이 다양한 주제와 형식을 통해 궁극적으로 '사람'을 이야기하고 있기 때문일 것이다. 이러한 결과는 그림책이 미래 사회에 유효한 감성적 공감능력을 키우는 구체적인 방법이 된다는 것을 말해 준다.

그림책이 가지는 또 다른 가치와 가능성은 바로 상상력과 창의력에 있다. '존재하지 않는 것을 상상할 수 없다면 새로운 것을 만들어낼 수도 없으며 자신만의 세계를 창조하지 못하면 다른 사람이 묘사한 세계에 머무를 수밖에 없다'는 작가이자 화가 폴 호건의 말은 대전환기 시대를 살고 있는 우리에게 시사하는 바가 크다.

그림책은 우리를 상상의 세계로 이끈다. 어떤 그림책은 글자 없이 그림으로만 이루어져 있기도 하다. 그림책에서는 현실과 상상의 세계가 분리되지 않고 하나로 연결되어 있는데 이는 도래하고 있는 미래 사회와 꼭 닮았다. 상상은 생활에서 결핍된 것을 채워주고 현실을 더욱 풍성하게 해준다. 상상을 통해 현실을 완성하고 또 현실을 바탕으로 상상의 세계를 열어가는 창의력이 발휘되는 것이다. 그림책을 통한 상상놀이는 미래 사회에 대한 두려움을 극복하고 마음껏 탐색하여 자기 것으로 만들어가도록 도와줄 수 있다.

『기획의 정석』의 작가 김신영은 유튜브 채널 '세바시 인생질문'과의 인터뷰에서 창의력에 대해 고민하는 사람들에게 그림책과 관련된 자신의 경험을 나눈다. 그녀는 대학시절 창의적이 되고 싶었지만, 스스로의 안에 창의력의 재료가 될 만한 것이 아무것도 없다는 것을 알게 되었다. 그래서 가장 창의적인 책이 무엇일까 고민하던 끝에 그림책을 떠올렸다. 그리고 도서관에 가서 하루에 100권이고, 200권이고 그림책을 읽었다고 한다. 책장을 하도 넘겨 손가락 끝이 아프면 호호 불고 메모를 해가면서 말이다. 그 결과 공모전 23관왕으로 '공모전 상금으로 혼수 준비를 다 마친 공모전의 여왕'으로 등극했을 뿐만 아니라 현재는 삼성 신입사원의 창의력 교육 강사로 활동하고 있다.

그녀는 "요거를 읽으시면 요거를 배웁니다. 이렇게 말할 수 없지만 저는 그냥 묵묵히 절대량을 채웠을 때 얘네들이 만나고 헤어지고 다시 결합하면서 제 머릿속에서 저도 모르는 것들을 새롭게 만드는 걸 많이 경험해요."라고 덧붙인다. 대학 시절 그림책을 읽으면서 했던 메모를 아직도 간직하고 있을 정도라고 한다. 그림책들이 창의력을 발휘하는 데 어떻게 작용하는지 이보다 잘 설명하는 말이 있을까.

또 다른 고민의 시작, 토론에서 답을 찾다

초등학교 저학년까지 책을 좋아하던 아이도 고학년이 되면서 책과 멀어지는 일이 생긴다. 책이 어려워지면서 책 읽기에 흥미를 잃게 되기 때문이다. 우리 아이들은 어릴 적부터 즐겁게 책을 읽었던 경험 덕분에 책을 꽤 좋아하는 아이들로 자랐지만, 고학년을 넘어가면서도 지적 호기심을 잃지 않고 스스로의 내적 동기로 책을 읽을 수 있게 도와주는 방법을 고민하기 시작했다.

마침 2016년 다보스포럼에서는 4차 산업혁명의 개념이 발표되고 급격히 퍼져 나갔다. 이와 함께 미래 인재가 반드시 갖춰야 할 핵심역량으로 협업 능력에 대한 논의가 활발했다. 미래 사회에서는 여러 분야 전문가와 교류하며 창의 융합적 가치를 창출해내는 인재가 각광받는다는 것이다. 혼자 읽기에서 함께 읽기로의 전환. 고민의 답을 토론에서 찾아보기로 했다.

책을 읽고 토론을 한다는 것은 우선 혼자가 아니라는 점에서 좋다. 혼자 하면 힘든 일도 함께하면 놀이가 될 수 있기 때문이다. 서로 다른 생각과 경험을 나누다 보면 혼자 읽을 때 이해되지 않던 부분에 대해 이해하게 되거나 혼자 읽으면서 미처 주의를 기울이지 못한 부분을 발견하게 되기도 한다. 서로의 의견에 찬성도 하고 반대도 하게 되지만 틀림이 아니라 다름을 알게 된다. 서로가 배우기 위해 열린 마음으로 다가가는 가운데 미래 사회가 요구하는 비판적 사고력, 협업능력, 문제해결능력을 기를 수 있는 것이다.

문제는 독서라는 말도 어려운데, 토론은 그보다 더 어렵게 느껴진다는 것이다. 흔히 토론이라고 하면 토론대회 등을 중심으로 한 디베이트 토론을 먼저 떠올린다. 공부 꽤나 하는 아이들의 전유물로 여겨지고 승패를 나누는 논쟁적인 것으로 변질되어 있는 경우가 많았다. 대회를 위한 형식적인 토론이나 논쟁을 위한 논쟁이 아닌 관점의 전환, 집단지성을 통한 문제해결력과 협업능력을 기를 수 있는 토론이 필요했다. 그러면서도 어렵지 않고 쉽게 접근할 수 있는 토론방식을 찾다가 독서새물결 이야기식 토론, 에르디아 비경쟁토론을 거쳐, 하브루타를 차례로 만났다.

독서새물결의 이야기식 토론은 이야기하듯 주고받는 토론방법으로 3단계로 이어지는 발문이 특징이다. 1단계에서는 배경지식과 관련된 다양한 관점에 대한 이야기를 나누고, 2단계에서는 책의 내용을 중심으로 이야기를 나눈다. 3단계에서는 이야기의 폭을 인간과 사회로 확장해서 이야기 나눈다. 이야기를 나누는 과정에서 찬반의 입장이 나뉘는 경우 자연스럽게 찬반 토론을 진행하다가 다시 돌아올 수도 있다. 토론과정에서 소외되는 사람이 없도록 하기 위해서 숙련된 진행자가 필요하다. 진행자는 전체적인 흐름을 잘 잡고 발문의 순서나 난이도 등을 잘 조절하는 역할도 한다. 이 토론을 적용한 대한민국독서대회에 심사위원으로 참여해서 학생들의 소감을 들어보면, 대부분의 학생들은 토론이라면 엄청 어려운 것인

줄 알았는데 생각보다 편안하고 재미있어서 놀랐다는 반응을 보인다.

에르디아 비경쟁토론은 서로의 생각을 보태어 다양한 관점을 열어주는 대화식 토론방식이다. 이를 위해 기본적으로 첫째, 대화의 안전지대 만들기, 둘째, 느낌 나누기, 셋째, 키워드를 통한 관점을 확산과 전환, 넷째, 토론 질문 만들기, 다섯째, 쓰면서 토론하기, 여섯째, 성찰하기의 단계를 따른다. 에르디아 비경쟁토론에서는 기본적인 프로세서 외에도 퍼실리테이션의 기법들과 접목한 다양한 토론 방식을 시도한다. 토론의 전 과정에서 생각과 대화를 촉진시켜주는 간단한 쓰기활동을 병행하기 때문에 토론을 마친 후 생각의 흔적이 남는 것도 큰 장점 중 하나이다. 토론 중에 찬반 입장이 나뉘면 설득 대상으로 보지 않고 새로운 관점을 열어주는 기회로 본다. 이처럼 에르디아 비경쟁토론은 토론의 주제나 책이 아닌 토론하는 사람에게 집중하는 토론이다. 배려하고 공감하는 가운데 따뜻한 대화를 통한 성장을 추구한다. 경기도교육청 찾아가는 꿈의학교를 운영하면서 에르디아 비경쟁토론을 바탕으로 여러 프로그램과 회의 및 토론을 기획하고, 청소년 독서토론 퍼실리테이터들을 양성하기도 했다. 이 과정에 참여한 학생들은 자신의 학교에서 리더 역할을 수행하며 청소년 토론문화 확산의 씨앗이 되고 있다.

하브루타는 짝을 이뤄 서로 질문을 주고받으면서 공부한 것에 대해 논쟁하는 유대인의 전통적인 토론 교육 방법이다. 유대교 경전인 『탈무드』를 공부할 때 주로 사용되지만, 이스라엘의 모든 교육과정은 물론이고 유대인들의 일상 속에서 광범위하게 적용된다. 이러한 독특한 공부법을 통해 유대인들은 세계인구의 0.2%에 불과한 인구로 전체 노벨상 수상자의

22%와 미국 억만장자의 40%를 배출했다. 그뿐만 아니라 각계각층에서 전 세계에 흩어진 유대인들이 정상의 자리를 차지하고 있어서 유대인이 세계를 움직인다고 봐도 무방하다는 말이 공공연하게 인정되고 있을 정도다.

하브루타에서 가장 중요한 것은 질문에 대해 정답을 알려주는 대신 질문에 대한 질문으로 스스로 생각하도록 이끌어가거나 함께 자료를 찾아보며 질문에 대한 대화를 계속 이어가는 것이다. 짝을 지어 이루어지는 대화의 과정에서는 서로의 의견에 대해 공감적 경청을 통해 '지지'하기도 하지만, 날카로운 비판으로 '도전'하는 논쟁도 장려한다. 이런 과정을 통해 토론의 승패보다 논쟁하고 경청하는 것이 중요시되고 서로 '합의'하여 하나의 결론을 도출한다. 이처럼 하브루타는 소통하며 답을 찾아가는 과정 속에서 다층적으로 지식을 이해하고 문제를 해결할 수 있다는 장점이 있다. 하나의 주제에 대한 찬반양론을 동시에 경험하게 되므로 이를 통해 새로운 아이디어와 해결법을 이끌어낼 수도 있다.

하브루타에서 내가 특히 주목한 부분은 일대일 짝 대화라는 부분이었다. 일대일 짝 대화에서 토론자는 자기의 생각을 말하거나 들어야 하므로 누구도 방관자가 될 수 없다. 하브루타는 짝과의 신뢰, 존중의 관계를 바탕으로 하고 있기 때문에 하브루타를 통해 평생의 친구나 사업의 파트너를 찾기도 한다. 이처럼 하브루타는 유대인들의 독특한 교육법이지만 공부법이라기보다 토론놀이이자 일상에서의 대화 방식이다.

질문, 길이 없는 곳에 길을 내는 능력

앞서 탐색해 본 토론 방식의 공통점은 질문을 대하는 방식이다. 이들 토론은 질문에 대답하는 것이 아니라 질문하는 사람을 지향한다. 질문을 무엇인가를 새롭게 보게 해 주고 생각을 이끌어내는 방식으로 인식한다. 따라서 질문은 '답'이 아니라 '관점'으로 이끈다. 이러한 방식의 질문은 우리의 삶에서 차이를 만들어내고 미래를 바꾸는 강력한 힘을 가지고 있다.

'책만 읽으면 낙타 등에 책을 쌓여놓는 것과 같다. 인간은 책을 통해 가르침을 받는 게 아니라 질문을 얻는 것이다'라는 유대인 격언이 있다. 질문이 주는 생각 너머 생각, 질문 넘어 깊어지는 배움을 강조한 말이다. 질문은 길이 없는 곳에 길을 내는 능력이 된다.

질문이 중요하다고 해서 대화나 질문이 없던 가정에서 아이들에게 계속 질문을 하거나 질문을 만들어보라고 하는 것은 열이면 열 강한 저항을 받게 된다. 사실 질문을 하지 못하는 것은 개인만의 문제가 아니다. 질문하는 문화가 아니면 자유로운 질문, 좋은 질문을 하는 일은 매우 어려운 일이다.

우리 사회의 질문하는 문화와 관련된 유명한 일화가 있다. 2010년 한국에서 열린 G20 정상회의 폐막식 기자회견에서 오바마 전 미국 대통령이 마지막에 특별히 한국 기자에게 질문할 기회를 주었다. 아무도 나서지 않았다. 그러자 중국 기자가 손을 들고 아시아를 대표해서 질문하겠다고 했다. 오바마 대통령은 한국 기자에게 질문의 기회를 주고 싶다고 서너 차례나 거듭 말하지만, 한국 기자들은 끝내 아무도 질문을 하지 않았고 결국은 중국 기자에게 질문의 기회가 넘어가고 말았다.

그런 자리까지 간 기자가 영어를 못 해서 질문을 못했을까? 아는 것이 부족해서 질문을 하지 못했을까? 질문이 어색한 문화 속에서 잘못된 질문을 할까 봐 두려웠기 때문일 것이다. 질문에 익숙하지 않은 우리기에, 질문을 만드는 것부터 시작해 질문을 공유하고 다듬는 과정을 함께 연습하며 질문하는 문화를 만들어갈 필요가 있다.

내 아이와 내 아이의 친구들과 그 친구들이 질문하는 문화 속에서 성장하기를 바라는 마음에 청소년들을 대상으로 하는 경기도교육청 꿈의학교 운영자로, 미래형 자치배움터 몽실학교의 길잡이로 수년간 활동하기도 했다.

통계청과 여성가족부가 발표한 '2021 청소년 통계'에 따르면 고등학생 중 평일에 자유롭게 활용할 수 있는 여가시간이 1시간 미만인 경우가 14%, 1~2시간인 경우가 26.6%, 2~3시간인 경우가 24.9%로, 우리나라 고등학생의 약 70%는 하루 3시간 이하의 여가시간을 가지는 것으로 나타났다. 아이들이 심리적 여유를 가지고 미래역량을 갖추기 위한 탐색을 하기에는 물리적으로 시간이 턱없이 부족한 것이다.

『내 탓이 아니야』라는 그림책이 있다. 학교에서 쉬는 시간에 벌어진 사건에 대한 이야기이다. 집단 폭행을 당한 아이가 얼굴을 숙인 채 울고 있고 나머지 아이들은 무리를 지어 모여 있다. 사건이 종료된 후 무리에 속한 아이들이 한 명씩 등장하여 그때 있었던 일을 독백처럼 얘기하며 "내 탓이 아니야!"라고 말한다. 마치 소극장에서 연극을 보듯 강렬한 느낌을 주는 이 그림책은 '정말 내 탓이 아닐까?'라는 질문으로 끝난다.

우리 사회에는 누구도 책임지지 않고 은근슬쩍 넘어가는 문제들이 많이 있다. 많은 분야에서 문제가 제기되지만 일회적인 관심뿐이고 곧 잊히고 만다. 이 책은 회피하고 숨기고 모르는 척하며 그 상황을 모면하려는, 우리의 부끄러운 모습을 가감 없이 보여주고 있다. 책이 던지는 마지막 질문이 가슴에 꽂힌다. 지금의 교육현실, 정말 내 탓이 아닐까?

한 사람의 열 걸음보다 열 사람의 한 걸음, 다시 그림책으로

그림책이 던진 질문은 나를 학부모 독서 동아리로 이끌었다. 이 문제에 대한 다른 사람들의 생각이 궁금하기도 했고 서로에게 묻고 대답하며 생각을 나누고, 평소보다 조금 더 깊이 생각해 보는 시간, 공감대를 만들어 가는 시간이 필요하다는 생각 때문이었다. 차 한잔 마시며 나누는 수다에 책 한 권을 살짝 얹으면 수다는 수다인데 깊이가 생긴다. 평소에 들어볼 수 없었던 생각들을 나눌 수 있다. 서로의 생각에 대해 옳고 그름이 아니라 다름을 체험하고 마음으로 받아들이는 시간이 된다.

나는 현재 교육지원청 학부모 독서 동아리 네트워크에서 7년째 운영진으로 활동하고 있다. 운영진은 각 학교의 학부모 독서 동아리를 지원하는 역할을 한다. 나 자신이 대단한 독서가여서 이런 활동을 하는 것은 아니다. 보다 많은 사람들이 함께 생각을 나누는 문화를 만들어가는 데 작은 보탬이 되기를 바란다.

독서 모임을 하다 보면 나를 비롯한 기성세대의 독서력은 천차만별이다. 어려운 책도 척척 읽어내는 사람이 있는가 하면 책을 읽는 것 자체를 낯설어 하는 사람도 있다.

그럴 때 그림책은 훌륭한 마중물이 된다. 소위 '벽돌책'으로 토론하는 날에도 연관되는 내용이 담긴 그림책으로 시작하면 분위기가 단번에 풀리는 경우가 많다. 어려운 책 앞에서 입을 열기 힘들어하던 사람도 그림책이라면 누구나 쉽게 마음을 열고 말문을 여는 것이다.

요즘은 그림책이 다루고 있는 주제가 넓고 깊어졌다. 삶과 죽음, 관념과 철학의 세계, 사회문제, 치유와 회복 등 인문학적 깊이를 섭렵하는 어른의 그림책도 점점 많아지고 있다. 일본 NHK 방송기자이자 논픽션 작가인 야나기다 구니오가 그림책 전문가들과 대담한 내용을 엮어낸 『그림책의 힘』에는 이런 말이 나온다.

저는 지금까지 주로 논픽션 작품이나 평론을 써 왔어요. 논픽션을 집필하다 보면 머릿속에 온갖 어휘가 꼬리에 꼬리를 물고 떠올라요. 그리고 머리를 싸매고 이런저런 이유를 생각하거나 해석하면 할수록 어휘 수는 점점 더 많아져서, 몇만 개씩이나 되는 말을 사용하기도 하죠. 그러다 문득 과연 이런 말들이 인생에서 정말로 소중한 어떤 것이 영혼에 얼마나 가까이 닿을 수 있었을까 생각할 때가 있어요. 과연 내 글이 영혼의 커뮤니케이션에 얼마나 영향을 미칠 수 있었을까 하는 질문에 맞닥뜨리면, 스스로도 부끄러울 만큼 반성할 부분이 많아요.

...

그림책은 최소한의 말과 그림, 그러니까 대개 열 장에서 스무 장 정도의 그림과 아주 적은 말들로 이루어져 있지만, 인생, 생명, 삶, 기쁨, 감동 등을 훌륭하게 전달하고 표현할 수 있지요. 이것은 굉장한 표현수단이며 소통수단이라고 생각해요. 요즘 저는 그런 점을 새삼 근원적으로 생각하고 있는 중입니다.

생각해 보면 유대인들이 하브루타에 사용하는 『탈무드』도 그리 긴 텍스트가 아니다. 빨리 가려면 혼자 가고 오래 가려면 같이 가라는 말이 있다. 같은 맥락에서 한 사람의 열 걸음보다 열 사람의 한 걸음이 낫다는 말도 있다. 한 사람의 열 걸음이 있어도 열 사람의 한 걸음이 없다면 한 사람의 열 걸음은 결국 한계에 부딪히기 때문에 나온 말일 것이다. 세상에는 어려운 책으로 진지하게 탐구하고 이끌어가며 길을 잡으며 이끌어가는 사람들도 필요하지만, 독서를 어렵게 생각하는 사람들을 위해 길동무가 되어주는 사람도 많이 필요하다. 재미있으면서 깊고 넓은 그림책은 그 자체로도 어른의 독서 모임에서 훌륭한 토론도서가 된다.

그림책으로 돌아가기로 마음먹고 처음 한 일은 각자 자녀의 학교에서 그림책 읽어주기 봉사를 오랫동안 함께 하던 사람들에게 연락하는 일이었다. 그들과 새로운 유대와 연계를 모색하기 위해서 '그림책마음연구소'라는 단체를 만들었다. 그림책마음연구소는 그림책을 통한 소통으로 마음과 마음이 연결되이 함께 성장하는 마을학습 공동체를 형성하고, 그림책, 그림책 에세이 등 다양한 시선과 삶이 있는 그림책 콘텐츠의 생산을 통해 그림책의 소비자에서 생산자로의 성장과 변혁을 꾀한다. 또한, 그림책의 가능성과 힘을 향유하고, 확산 보급함과 동시에 우리가 좋아하는 것으로 널리 세상을 이롭게 하는 홍익인간의 정신을 실현하는 것을 목적으로 한다.

이러한 목적하에 1기 활동은 카톡으로 소통하며, 월 2회 정기모임에서 온라인 북토크를 진행했다. 한 권의 그림책을 정하고 회원 중 한 명이 진행하는 가운데 두런두런 이야기를 나누는 형태였다. 그러다가 2기로 넘어오면서 단체의 설립 취지에 공감하는 사람들이 더해져 창립멤버 외에 회원이 늘었고, 월 2회 정기포럼을 개최해 그림책 작가 탐구를 했다. 현재는 3기로 분과별로 그림책 연극, 그림책 테라피, 그림책 토론, 그림책 창작, 그림책 필사, 전시 강연, 지역 사회 아마추어 그림책작가 초청 온라인 북토크 진행, 책방탐방 등 다양한 프로그램을 운영하며 활발한 연구활동을 이어가고 있다.

두드림 그림책 하브루타

애초에 나의 고민은 자녀들에게서 시작되었기 때문에 그림책으로 기성세대들을 만나는 것 이외에 미래세대와의 만남도 이어갔다. 시작은 우리 가족부터였다. 아이들과 남편을 설득해서 일주일에 한 번 주말에 그림책을 읽고 이야기 나누기로 한 것이다. 사실 그전에도 여러 차례 가족 독서토론을 시도했었다. 하지만 독서력에 차이가 있다 보니 토론할 책의 난이도를 조정하기가 힘들었다. 대한민국 학생의 빠듯한 스케줄을 소화하다 보면 정해진 날짜까지 책을 미처 다 읽지 못한 경우도 번번이 발생했고,

토론 자체가 무산되기도 했다. 분량 부담을 없애기 위해 단편소설을 정해 봐도 아이들의 깊은 공감을 끌어내기란 쉽지 않았다.

하지만 그림책은 달랐다. 토론을 위해 책을 미리 읽어올 필요도 없다. 그 자리에서 읽고 바로 이야기를 나눌 수 있다. 아무리 책이랑 친하지 않은 사람이라도 그림책 한 권을 읽는 데 걸리는 5~10분 정도의 시간은 낼 수 있다. 어른들이 시시해하지 않겠냐고 생각하는 사람이 있을지 모르겠다. 하지만 경험에 의하면 거의 대부분의 어른들은 그림책에서 깨달음과 감동을 느낀다. 몇 장 안 되는 그림과 몇 줄 안 되는 글이라는 단순한 형식 속에 인간의 기본 욕구들이 표현되고 삶의 진면목이 드러나 있기 때문이다. 어른이기에 아이들이 미처 다 발견하지 못하는 것을 읽어내고 배움을 얻는다. 그림책이 나이의 장벽을 허무는 책이라 불리는 까닭이다. 그림책 하브루타는 가족이 같은 책을 함께 읽고 즐거움을 나누면서 일상생활과는 다른 또 하나의 영역을 공유하게 해준다. 또한, 어른과 아이가 동등한 위치에서 대화하고 이해할 수 있도록 해준다.

현재 한국에는 하브루타가 유행이라고 할 만큼 널리 알려지고 있다. 온라인 서점에서 '하브루타'를 검색하면 많은 책이 검색된다. 그림책으로 하브루타를 하는 프로그램이나 책도 많이 나와 있다. 하지만 그림책을 제대로 이해하고 충분히 활용하고 있는 모습은 드물다. 여기서 내가 제안하는 방식은 전통적인 하브루타에 내가 공부하고 경험한 토론방식의 장점들을 결합시킨 방식으로 영어의 Do Dream과 한국어의 두드린다는 의미를 모두 담아 '두드림 그림책 하브루타'라고 이름을 지었다. 그렇게 해서 자리 잡아간 두드림 그림책 하브루타는 다음과 같은 과정을 거친다.

첫째는 대화를 위한 안전지대의 형성이다. 대화를 위한 안전지대는 물리적 안전지대와 심리적 안전지대를 포함한다. 질문과 대화에 집중할 수 있는 마음의 여유를 가질 수 있는 시간을 물리적 안전지대라고 한다면, 비판이나 비난, 추궁과 질타에 대한 걱정 없이 자유롭고 편안한 수평적인 관계에서 이야기 나눌 수 있는 분위기는 심리적 안전지대가 되는 것이다.

둘째는 낭독이다. 그림책의 세계는 눈으로 그림을 보면서 귀로 문장을 들을 때의 신비로운 작용에 의해 만들어진다. 그림책의 이미지는 인쇄되어 있는 그림이지만 귀로 들은 말이 그림을 움직이게 한다. 귀로 들으며 눈으로 보는 두 세계가 한순간에 이루어질 때 그림책의 본질에 닿을 수 있게 되는 것이다. 그림책 읽기에서뿐만 아니라 하브루타 토론에서도 낭독을 강조하는데 심리학자들에 의하면 낭독은 묵독에 비해 기억 효과가 4배 이상이며, 뇌의 세포가 70%나 활성화된다고 한다.

셋째는 낭독을 마친 후 느낌을 나누는 것이다. 책을 읽어주고 학부모나 아이들에게 느낌을 물어보면 많은 경우 각자가 생각하는 책의 핵심 메시지를 답을 하는 경우가 많다. 느낌조차 정답 찾기를 강요하는 우리나라 교육의 현실을 보는 것 같아 씁쓸하다. 사실 각자의 느낌은 정답이 없는 열린 질문이다. 본격적인 이야기를 나누기 위한 준비운동으로 그리고 책의 내용보다 토론하는 책에 대한 우리의 느낌을 더 존중한다는 의미를 담아 나눈다. "오직 직관만이 교감을 통하여 통찰력으로 이어질 수 있다. 연구의 성과는 면밀한 의도나 계획에서 오는 것이 아니라 가슴으로부터 바로 나온다"라는 아인슈타인의 말에서 각자의 느낌을 그냥 흘려 보내지 않고 머물러 보는 것의 중요성을 생각해 볼 수 있다.

넷째는 질문 만들며 글과 그림을 읽고 이야기를 나누는 것이다. 이 과정은 하브루타의 핵심과정이다. 질문을 만들 때는 그림책의 글뿐만 아니라 그림에 대해서도 마찬가지의 질문을 던지며 읽어야 한다. 글과 그림의 표현에 대하여 묻는 질문, 느낌에 대한 질문, 글과 그림을 통해 유추할 수 있는 질문, 비교질문, 상대방에게 의견을 묻는 질문, 삶에 적용할 수 있는 질문, 만약(가정)에 대한 질문, 결론적이고 종합적인 질문 등 여러 유형의 질문을 할 수 있다. 질문만들기를 연습하는 과정에서는 처음부터 다 욕심을 내지 말고 차차 늘려가며 가능한 모든 유형의 질문을 다 만들어 보도록 훈련하는 것이 좋다. 좋은 질문을 만드는 방법으로 키워드를 통해 관점의 전환과 생각의 확장을 시도해 볼 수도 있다.

찬반의 대립이 있는 질문이 나올 경우 따로 혹은 중간에 승-승 찬반 토론을 진행할 수도 있다. 이렇게 만들어진 질문으로 이야기를 나눌 때 주의해야 할 점은 서로의 생각에 지지를 보내면서도 도전하는 것이며, 무엇보다 합의에 이른 결론을 도출해야 한다는 점이다. 하브루타의 목적은 논쟁하여 이기기 위한 것이 아니라 서로 의견이 다르다는 것을 인정하고 그 의견을 수용하여 상대방의 생각을 살펴주는 것에 있다. 질문을 통해 사고에 자극을 주고 때로는 힘을 합하여 문제 해결책을 찾아내는 것이다.

다섯째는 나만의 생각 정리하기이다. 작가의 의도 찾기 등 정답 찾기에 익숙한 우리 아이들은 자신의 생각을 정리하는 과정을 놓치기 쉽다. 함께 나눈 많은 이야기들이 인풋으로 끝나지 않고, 핵심을 종합하고 요약해 아웃풋될 수 있도록 자기만의 생각으로 정리해 본다. 이를 위해서는 하브루타의 모든 과정에서 키워드 중심으로 메모해 두는 것이 도움 된다.

여섯째는 작가의 메시지 찾아보기이다. 정답을 내기 위해서가 아니라 작가가 책을 통해서 하고 싶었던 말이나 나에게 걸어오는 말이 무엇인지 찾아보는 것이다. 사실 작가의 메시지를 찾아보고 이를 바탕으로 내 생각을 정리해볼 수도 있다. 그런데 작가의 메시지를 찾고 나면 나의 생각이 작가 메시지에 대한 의견으로 좁아질 수 있다. 이런 점을 염두에 두고 두 과정의 순서는 융통성있게 적용하는 것이 좋다.

일곱째는 필사하기이다. 필사는 책에서 기억할 만한 부분을 따로 기록해 보는 활동이다.

처음부터 이 모든 활동들을 동시에 하려고 욕심내거나 하브루타를 할 때마다 매번 하겠다고 하면 너무 어렵게 느껴져 부작용이 생기기 쉽다. 처음에는 책 제목과 날짜만 적는 것으로도 충분하다. 그림책에 포스트잇을 붙여 간단한 메모를 남겨두기도 한다. 그것이 자리 잡으면 필사하기를 추가하고 또 어느 정도 익숙해지면 생각정리도 시도해는 방식으로 진행할 수 있다.

주의해야 할 점은 이 모든 것은 하나의 가이드이지 고정된 틀은 아니라는 사실이다. 가족이 함께 하나둘 놀이처럼 진행해 보면서 진행방식에 대해 스스로 질문하며 함께 만들어가는 것이다. 그 과정에서 각자의 가정에 맞는 방법으로 자리를 잡는 것이 진짜이다.

많은 학부모들이 두드림 그림책 하브루타로 만나면서 처음에는 '아이들의 교육에 도움이 되겠지'라는 생각으로 참여한다. 하지만 곧 자기를 돌아보며 치유하고 생각과 행동의 방식이 변하는 것을 직접 체험하면서 자신에게 더 많은 도움이 되었다고 한다. 이렇게 두드림 그림책 하브루타의 효과를 몸으로 체험한 학부모들은 자녀들에게도 자연스럽게 적용시키며 긍정적인 변화를 만들어가고 있다.

미래는 상상하고 실천하는 사람들의 손을 잡는다!

미래를 아는 것은 변화의 흐름을 아는 것이다.
시대 변화의 방향을 분별하고 변화의 의미를 깨닫는 것이다.
시대를 분별하면 나아가야 할 방향과 해법을 찾을 수 있다.

– 최윤식(아시아미래인재연구소)

위기인가, 기회인가

서두에서 언급한 앨빈 토플러의 '위기를 넘어서: 21세기 한국의 비전' 연구 보고서는 다음과 같은 서문으로 시작한다.

한국은 지금 선택의 기로에 있다. 그 선택은 현재의 모든 한국인뿐만 아니라 향후 수십 년 동안 자손들에게도 영향을 미칠 것이다. 한국인이 스스로 선택하지 않는다면, 타인에 의해 선택을 강요당할 것이다. 선택은 다름 아닌 저임금 경제를 바탕으로 하는 종속국가로 남을 것인가 아니면 경쟁력을 확보하고 세계 경제에서 주도적인 역할을 수행하는 선도국가로 남을 것인가 하는 것이다.

선택은 반드시 조속히 이루어져야 한다.

해박한 지식과 통찰력으로 세계의 지각 변동을 정확하게 예견했던 사람이다. 인류가 세 번의 혁명적인 패러다임 변화를 통해 발전시킨 부 창출 시스템을 분석함으로써 각국의 문제와 그 원인뿐 아니라 대안을 제시해 온 이 미래학자가 한국에 주는 조언을 개인에게도 적용할 필요가 있지 않을까. 굳이 그의 말이 아니더라도 새로운 문명을 거부한 집단이 항상 쇠퇴한 사실은 역사가 증명한다. '변할까, 말까?'는 선택이 아니라 필수다.

상상할 수 없는 거대한 붕괴와 기회를 우리는 어떻게 대비해야 할까? 최재붕 교수는 『포노 사피엔스』에서 생각에 대한 변화가 거의 모든 것의 변화를 만들어낸다고 말한다. 이를 위해 우리가 가지고 있는 오래된 상식, 경험에 의한 지식이 새로운 시대에도 유효한지 끊임없이 묻고 재정의할 필요가 있다. 시대가 변해가는 과정에 맞춰 우리의 상식을 변화시켜 나가는 것이 우리 시대의 숙제이다.

실리콘밸리 구글 본사에서 인사 담당을 오래 했고, 귀국해 카카오의 인사 총괄 부사장을 지냈던 황성현 퀀텀인사이트 대표는 유튜브 티타임즈 TV와의 인터뷰에서 지금의 상황에 대해 자꾸 분석하기보다 더 많이 꿈을 꾸라고 조언한다. 지금 세상은 창의적인 아이디어와 그 아이디어를 실현하는 실천력만 있다면 지금, 사람, 기술 이런 것들은 무진장 깔려 있다고 힘주어 말한다.

위기는 곧 기회다.

오늘 당장 그림책 하브루타

우리는 지금 선택의 기로에 서 있다. 그 선택은 현재의 모든 자녀세대뿐만 아니라 향후 수십 년 동안 자손들에게도 영향을 미칠 것이다. 우리가 스스로 선택하지 않는다면, 타인에 의해 선택을 강요당할 것이다. 선택은 다름 아닌 시대의 낙오자로 남을 것인가 아니면 경쟁력을 확보하고 미래 시대에서 주도적인 역할을 수행하는 창조층으로 부상할 것인가 하는 것이다.

두드림 그림책 하브루타는 그림책이라는 매체의 특성과 하브루타 토론의 장점을 최대한 활용하여 미래 사회를 살아가는 데 꼭 필요한 비주얼 리터러시 역량과 작지만 본질적인 차이를 찾아내는 감수성을 갖출 수 있게 해준다. 현실과 상상의 세계를 연결하여 이전에 존재하지 않던 것을 만들어내는 창의력과 비판적 사고력, 집단지성을 통한 협업능력, 문제해결능력을 길러 준다.

사실 이러한 역량을 키우는 방법으로 '그림책'이나 '하브루타'만이 답은 아니다. 수많은 방법 중 하나이다. 그런데도 '그림책 하브루타'를 권하는 이유는 일단 익혀만 두면 큰 비용을 들이거나 특별한 준비 없이도 일상생활 속에서 꾸준히 실행할 수 있기 때문이다. 세계적 석학과 부의 지배자들을 배출한 유대인들에 의해 이미 오랫동안 검증되어 신뢰할 수 있는 방식이다.

학부모란 누구인가? 시민이자 각 분야의 전문가이며, 우리 사회의 현재를 움직이는 기성세대의 주축이자 미래세대의 양육자이다. 학부모는 우리 사회의 변화를 이끌어가는 데 있어서 가장 중요한 핵심자원이다. 학부모의 생각을 알면 현재와 미래를 알 수 있다. 학부모가 바뀌면 교육이 바뀔 수 있고, 교육이 바뀌면 아이들이 바뀌고, 우리 아이들의 미래, 대한민국의 미래가 바뀌고, 나아가 풀리지 않는 난제들로 골머리를 앓고 있는 인류의 미래도 달라질 수 있다.

새로운 시대, 혁신의 파도에 휩쓸리지 않고 파도를 타는 법을 알고 싶다면, 끊임없는 변화와 거대한 기회로 이어지는 미래에 대비하고 싶다면, 우리 아이들에게 '금수저' 대신 '마스터키'를 쥐여 주고 싶다면, 오늘 당장 그림책 하브루타부터 시작해 보자. 아무것도 하지 않으면 아무 일도 일어나지 않는다.

미래는 지금이다.
온 세상은 이미 놀이터다.

내 아이를 위한
절대반지,
'수비학의 지혜'

수비학 진로 디자이너 · 양미자

양미자 ▸ 수비학 진로 디자이너

자신에 대한 '알아차림'은 성공과 자유를 위한 열쇠이다. 수비학은 당신의 장점과 단점에 대한 더 큰 통찰력을 가지는 것은 물론 당신의 삶에서 매우 유용한 나침반이다.

다양한 역할의 삶에서 네 아이의 엄마로 살아온 시간이 가장 잘 한 일이라 생각되어 '엄마로 살아 온 나'를 브랜딩하기로 했다. 그중 아이들과 소통하고 삶의 결정의 순간마다 큰 힘이 되었던 '수비학'을 통해 엄마 역할에 도움을 받고 싶은 모든 엄마들과 함께하고 싶다.

숫자로 보는 세상 대표
타로 수비학 강사
사주명리 강사
서울시 교육청 학부모 지원센터 학부모 리더
5인 5색 아ZOOM시대 진로 원정대 강사

공저
시집 『내 안의 그대라는 꽃』
에세이 『우리 엄마: 17인의 눈물나는 엄마 이야기』

이메일 haebada777@hanmail.net
블로그 https://blog.naver.com/haebada777
연락처 010-7767-7146

영화 〈기생충〉의 한 장면 같던
우리의 보금자리

> 고통이 남기고 간 뒤를 보라! 고난이 지나면 반드시 기쁨이 스며든다.
>
> – 괴테

책임을 지고 사는 삶이란?

코로나19로 전쟁 같은 2020년을 보내고 셋째가 대학에 무사히 입학했다. 사회에서 나도 모르게 만들어진 기준 아닌 기준이 안도의 한숨을 쉬게 했다. 넷째는 나이 터울이 있어 조금의 여유가 생겼다. 세 아이는 2년 터울로 수험생이었으니 지난 7년 동안 100m 달리기하듯 숨 가쁘게 살아왔다. 엄마라는 역할을 하면서 나의 시간과 공간은 온전히 아이들의 동선에 따라 결정되는 시간이었다. 셋째가 대학에 들어가고 나니 갑자기 부모로서 할 일을 다 한 것 같은 해방감에 긴장이 풀렸다. 긴장이 풀리니 온몸이 아프기 시작했다. 그동안 얼마나 가슴 조이며 살았던지 몸과 마음의 변화가 크게 일어났다. 살아온 지난날을 돌아보며 생각을 정리하기 시작했다.

사람들은 누구나 행복한 가정을 소망한다. 부모와 자녀들이 오순도순 웃음꽃을 피우며 행복하게 살기를 바라는 것은 당연하다. 하지만 가정에서 모든 순간이 행복해야 한다고 생각하지는 않는다. 조던 피터슨 박사는 『질서 너머』에서 "행복보다 더 세련된 대안은 책임을 지고 사는 것"이라고 한다. 최진석 박사는 장자 강의에서 "책임이라는 것은 알아차림이 있을 때 가능한 것이다. 알아차림이라는 것은 자기 이해의 기초다. 보이지 않는 곳에 대한 무한한 가능성을 꿈꾸는 인간의 실존에 대한 성찰이다."라고 했다.

부모로서 책임을 지고 사는 삶은 현실의 행복보다 더 높은 가치의 삶을 목표로 한다. 아이를 통해서 나를 만나기도 하고 세상을 보는 시야가 넓어지기도 한다. 아기가 태어나면 생명과 안전에 대한 일부터 아이의 미래를 위한 진로지도까지 오랜 시간 일상에서 책임을 배운다. 아기의 미소를 보며 행복한 순간도 많았지만, 엄마의 눈으로 보는 아기는 온통 책임져야 할 일이다. 열나고 아프거나 다쳐서 피가 나는 등 일상의 소소한 사건일지라도 처음 경험할 땐 소소한 일이 아니었다. 아무것도 몰라서 당황한 일도 많았다. 막연한 희망으로 부모가 되어 하루하루 살얼음판을 걷는 듯한 두려움과 굽이굽이 만나는 삶의 난관을 스스로 해결해야 했다. 처음 만나는 고난은 머리가 텅 비는 듯 모든 감각이 멈춰버렸다. 그러다가 '왜 하필 나에게 이런 일이?'라는 생각과 함께 고통으로 다가왔다.

첫 보금자리부터 지금까지 9번의 이사를 했으니 사 남매는 모두 태어난 환경도, 개성도 다르다. 서로 다른 아이들을 키우면서 매번 엄마의 역할도 새롭다. 가장 힘들었던 것 중 하나는 아이를 이해하는 부분이었다. '어떻게 아이를 이해하고 소통해야 하는지? 아이의 인생은 어디서 출발해 어디로 향하고 있는지? 아이의 미래를 위해 어려서 무슨 교육을 해야 하는지?' 모든 것이 어려운 숙제였다. 체질도 까다롭고 예민하고 남들 다 잘하는 공부도 우리 아이만 싫어하는 것 같았다. 자신의 생각이 너무 뚜렷하니 타협도 없었다. 이런 아이를 어떻게 키워야 하는지 물어볼 곳도 없었다. 특히 첫째에게는 항상 초보 엄마였다.

아이들을 잘 키우기 위해 상담 공부를 하고 책을 읽으며 좋은 엄마가 되기로 마음먹었다. 진로를 선택할 때 삶의 지침으로 삼을 수 있는 성격 검사 도구들과 인생을 조망할 수 있는 운명 학에 관심을 가졌다. 집단상담과 MBTI, 에니어그램, 사주명리학과 여러 가지 점술, 타로, 수비학을 공부했다.

엄마라는 역할이 이렇게 공부를 많이 해야 하는지 예전에 미처 몰랐다. 사실, 우리 아이들이 자라는 동안에는 아무것도 모르고 공부만 하다가 이제야 조금 알 것 같은데 아이들은 이미 다 자라서 내 품을 떠났다.

늦게나마 책을 쓰는 이유는 부족한 엄마를 만나 잘 자라준 우리 아들들과 딸들에게 고마움을 전하고 싶은 마음과 어린아이들을 키우고 있는 부모들과 미래에 부모가 될 아들과 딸들에게 도움이 되길 바라는 마음 때문이다. 수비학을 잘 활용해서 가족과 소통하고, 매 순간 무언가를 선택할 때 삶의 지침으로 활용하여 조금이나마 힘이 되면 좋겠다. 인생의 걸음걸음마다 숫자에 대입시켜 일이 진행되어가는 과정을 예측하거나, 각자가 타고난 재능과 사명을 토대로 주어진 과정에 대한 의미를 찾거나, 관계 속에서 자신의 역할도 알아보고 시기마다 과제와 목표를 알아보며 삶의 질을 높이는 데 도움 되면 좋겠다. 또 아이를 키우며 살아온 부모라는

경험과 수비학이 만나 제2의 삶을 살아갈 때 디딤돌이 되어 새로운 꿈도
꿀 수 있으면 좋겠다.

영화 〈기생충〉의 한 장면 같던 우리의 보금자리

24년 전 처음 엄마가 되었다. 부모가 된다는 의미도 모른 채 왕초보 엄
마가 되었다. 인생에 대한 책 한 권 읽어보지 않고 부모의 역할과 그 중요
성에 대한 지식도 없이 막연하게 좋은 부모가 되고 싶다는 바람만 있었
다. 남편과 나는 아이를 만난 첫 순간 기쁨의 눈물을 흘렸다. 나의 배 속
에서 자란 아기가 새로운 생명이 되어 태어났다는 사실이 신비롭기만 했
다. 눈을 감은 채 모유 냄새를 찾아 파고드는 아기를 보며 엄마가 되었다
는 설렘은 이루 말로 다 표현할 수 없을 만큼 황홀한 기분이었다. 동시에
아이를 잘 키울 수 있을까 하는 두려움도 그에 비례할 만큼 큰 무게로 다
가왔다.

종합병원에 있으니 같은 날 태어난 아기들만 해도 여러 명이 있었다. 아
기를 보러 오는 가족들도 많았다. 함께 입원해 있던 엄마들은 산후조리원
을 가거나 부모님들이 와서 돌보는데 나만 혼자서 입원해 있다가 몸조리
해 주는 이도 없는 작은 보금자리로 퇴원했다. 친정도, 시댁도 멀리 있어
기댈 곳이라곤 남편과 내 몸 하나였다. 지방에서 서울로 갓 올라온 터라
집도 없어 하숙생 같은 삶을 살고 있었다.

계단 밑 작은방 한 칸에 주방도 화장실도 밖에 있어 갓난아기를 돌보는

일이 쉽지 않았다. 좋은 집에서 부모의 품에 안겨 유복한 삶을 살아가는 친구들을 볼 때마다 나도 그런 부모가 되고 싶다는 막연한 꿈을 꾸었다.

부모가 되어 처음 느껴본 마음 중 하나는 아가에게 잘 먹이고, 잘 입히고, 잘 가르치고 싶었다는 것이다. 남편 월급이 70만 원일 때 60만 원 하는 몬테소리를 샀다. 뇌 발달에 좋다는 모차르트 음악을 들려주고, 이유식을 직접 만들어 먹이고, 모유 수유는 아이가 스스로 밀어낼 때까지 먹였다. 아이에게 해 줄 수 있는 것은 다 해 주고 싶었다.

그러나 삶은 간단하지 않았다. 집의 문제는 달라서 경제력이 없었던 우리 가족은 나의 노력, 의지와 상관없이 옮겨 다녀야 했다. 지하에 살 때는 폭우가 내리던 날, 집 안으로 물이 들어와 침대까지 찰랑거릴 만큼 물난리가 났다. 이사한 지 3개월도 안 되어서 또 이사해야 했다. 새로 이사 간 집도 반지하다 보니 비만 오면 물이 들어와 밤에 잠도 못 자고 물을 퍼내야 했다. 셋이나 되는 아이들을 안전하게 양육할 수 있는 공간이 간절했다. 이사하는 과정에서도 보증금을 돌려받지 못하는 상황이 발생했다. 그 문제를 해결하기 위해 뛰어다녔던 시간은 가진 것 없는 설움이 뼛속까지 파고드는 고통이었다.

두 번 다시 집주인의 횡포를 겪고 싶지 않아 무리해서 내 집을 마련하니 교육비와 식비가 없었다. 한동안은 어린이집도 보내지 못하고 밥과 김치만 먹고살아야 했다. 아이를 키우면서 무엇보다 '내가 엄마로서 잘하고 있는가?'라는 질문을 수도 없이 던지며 자책하기도 했다. 자식이 나보다 잘 살기를 바라는 간절한 부모의 마음이 그렇게 절박할 수 있다는 것을 아이들을 통해 처음 느낄 수 있었다. '더 좋은 삶을 살 수 있는데 나를 만

나서, 부모가 너무 부족해서 아이의 인생이 잘 못 되면 어쩌나?' 하는 불안감이 수시로 찾아왔다. 특히 '무책임하게 애만 많이 낳았다.'라는 말을 들을 때는 죄를 짓는 것만 같아 아이들의 얼굴을 보면 가슴이 아려왔다.

아들이 사라지다!

첫째가 초등학교 입학한 지 얼마 되지 않아 학교에서 전화가 걸려왔다.

"여보세요! 1학년 5반 담임입니다."

"네, 선생님. 안녕하세요!"

"아이가 오늘 학교에 오지 않았는데 어디 아픈가요?"

"네? 평소랑 똑같이 학교에 갔는데요!"

분명히 아들은 학교에 갔는데 아이가 없었다. 담임 선생님은 우선 경찰에 신고하고 학교에서 할 수 있는 방법을 찾아보겠다고 했다. 나는 학교 가는 길을 따라 골목골목 살피며 찾아보았다. 제발 아무 일 없기만을 기도하면서 집 주변과 놀이터와 아이가 갈 만한 곳은 모두 찾아보았다. 학교에서 다시 전화가 왔다. 아침에 아들과 만났던 친구들이 있어 같이 찾아보겠다고 했다. 점심 무렵에 아이가 들어왔다. 멀쩡하게 걸어 들어와 고마운 건지 걱정 끼쳐서 혼내야 하는 건지 분간이 되질 않았다. 일단 씻기고 점심을 먹였다.

"어디 갔다 왔어?"

"비밀 아지트에요."

"비밀 아지트?"

"아파트 옆에 아무도 모르는 비밀 아지트 만들었어요."

"혼자서?"

"네! 나중에 친구들과 같이 놀려고요."

뭔가 큰일을 한 것처럼 당당한 아이 얼굴을 보니 당황스럽기도 했지만, 오히려 무탈함에 감사했다.

그 후로도 아들은 한 번 놀러 가면 해가 져도 돌아오지 않았다. 아파트 관리실에 찾아가 아들 찾는 방송 하는 것도 한두 번이 아니었다. 집 안에서도 문틀을 타고 올라가 원숭이 놀이를 하거나 오후 내내 물구나무서서 TV 보는 것이 일상이었다. 책을 읽으라면 동화책을 모두 꺼내서 거대한 탑을 쌓았다. 그림을 그리라면 벽도 모자라 문틀을 타고 올라가 천장에까지 그림을 그렸다.

호기심 천국에다 겁도 없는 아들 덕분에 나는 몇 번이나 가슴 철렁한 일을 겪어야 했다. 놀란 가슴 쓸어내리며 아이를 이해할 수 있는 방법을 찾기 시작했다. 방학에는 서울대 교수님이 진행하는 학습클리닉 캠프에 보냈다. 그때 우리 형편에 무척 부담스러운 비용이었지만 아이를 잘 키워야겠다는 마음이 간절했기에 다른 것을 포기하고 아이에게 투자했다. 하지만 학습캠프 효과는 3일도 가지 못했다. 학습지라도 하면 좋을 것 같다는 주변의 추천을 따라 학습지를 시켰지만, 그것도 아이는 하지 않았다. 오히려 스트레스를 받았다. 도대체 이런 아이를 어떻게 키워야 할까?

시련 속의
새로운 선물

> 새는 알을 깨고 나오려고 투쟁한다. 그 알은 세계이다. 태어나려고
> 하는 자는 누구나 하나의 세계를 깨뜨리지 않으면 안 된다. 새는 신
> 을 향해 날아간다.
>
> — 헤르만 헤세, 『데미안』 중에서

시련 속의 새로운 선물

'어떻게 하면 이 상황을 이겨낼 수 있을까?' 이대로 포기하기에는 아이
의 재능이 너무 아까웠다. 동생들도 있어 첫째의 자리는 간단한 자리가
아니었다. 맑고 순수한 아이들의 미소를 보면 그 순간이 영원히 멈춰도
좋을 만큼 아름다웠다. 큰 아이 친구들은 주말마다 다양한 체험학습을
하며 경험을 차곡차곡 쌓아가고 좋은 선생님을 찾아가 그룹스터디를 하
며 미래를 준비했다. 체험학습 갈 때마다 동생들까지 같이 함께 가니 매
번 3배의 비용이 들었다. 이리저리 핑계 대며 모임에 참가하지 못하는 마
음을 아이들에게 들키지 않으려 뭐라도 일을 만들었다. 동네에 있는 산에
도 올라가고 무허가 시설에 가족 봉사활동도 다녔다.

그러던 중 집단상담 공부를 알게 되었다. 지금까지 경험해 본 적 없는 신세계였다. 이것을 더 공부하면 육아에 도움이 될 것 같아 2급 자격증 과정도 공부했다. 집단 상담사 자격을 취득한 다음에 연구원에서 주관하는 대학생 심성 수련 진행하는 일을 했다. 학생들에게 말 한마디 질문 하나가 얼마나 큰 힘이 되는지를 실감했다. 그런 감동을 집에서도 구현하고 싶어서 아이들에게 'I message' 기법을 적용해 보았다.

공부를 좀 더 해 보라는 교수님의 권유에 따라 음악치료에 대해 알아보았다. 그러던 중 타악의 힐링 효과가 좋다는 것을 알게 되었다. 그러나 대학원 학비가 만만치 않아 대학원 진학은 포기했다. 아이들에게도 제대로 된 교육의 기회조차 줄 수 없었던 형편인데, 나를 위해 그 많은 비용을 들여서 공부할 수는 없었다.

아이들에게 자랑스러운 엄마가 되고 싶었다. 첫째 아이는 명예교사로 학교에서 난타 강의하는 엄마 모습을 좋아했다. 난타를 가르치면 음악치료의 효과도 있을 것 같아 배우가 운영하는 난타 동아리에 가입했다. 난타를 배우는 일도 간단하지 않았다. 전통 타악과 퓨전 타악, 아프리카 타악까지 두루 배우면서 일을 하다 보니 오히려 아이들을 잘 돌보지 못했고 나의 건강도 나빠져 생활이 어그러지기 시작했다.

처음에는 감기, 몸살 같은 증상이 있었다. 강의하는데 목소리가 나오지 않아 이비인후과 약도 여러 번 먹었다. 그러다가 아침부터 밤까지 풀로 강의가 있던 날 저녁, 식당에서 음식을 주문해 놓고 정신을 잃어버렸다. 다행히 좌식 식당이어서 다치지는 않았지만 한참 만에 깨어나 식당 관계자분들이 많이 걱정하셨다고 했다.

다음 날 병원에 갔다. 가임기 여성은 산부인과 검진을 받고 와야 검사를 할 수 있다고 하여 산부인과에 갔다. 넷째가 찾아온 것이었다. 과학 기술의 발전으로 형체도 제대로 갖추어지지 않은 아기가 큰아이처럼 입체적으로 보여 깜짝 놀랐다. 기쁨과 두려움이 한꺼번에 몰려왔다. 큰 병이 아니어서 다행이라는 마음과 동시에 계획하지 않았던 임신이라 걱정도 되었다. 약도 많이 먹었고 몸도 혹사해서 아기의 건강이 염려되었다. 셋째와 나이 차이도 많았고 이제 겨우 내 삶을 찾아 기반을 다지려 하는데 처음부터 다시 시작해야 하는 부담감에 마음이 복잡했다.

아기 업은 난타 강사

아이를 낳고 2개월도 채 지나지 않아서 큰아이 담임 선생님으로부터 연락이 왔다. 2학기 학급 발표회에서 난타 연주하고 싶은데 작품 구성을 해 줄 수 있느냐는 것이었다. 아이들이 하고 싶다는데 조금이라도 도움이 되고 싶은 마음에 작품을 구성해서 아들 편에 보냈다. 학급 구성원이 저마다 개성이 다르니 난타작품도 팀별로 리듬과 퍼포먼스를 모두 다르게 구성했다. 그러니 한 번 지도로 해결 할 수 있는 문제가 아니었다. 발표회가 있기 전까지 매번 학교에 가서 아이들을 지도했다. 모두 더워서 반소매 입는 가을에 한겨울 옷을 입고 목도리를 한 우스꽝스러운 모습을 하고 다녀도 마음은 행복했다. 학부모 대표님과 담임 선생님과 함께 열심히 노력한 결과 아이들의 발표는 성공적으로 잘 마무리되었다.

그런데 이상하게도 바빴던 일상이 다시 조용해지니 오히려 공연 후 무대 위에서 내려왔을 때와 같은 공허한 마음이 느껴졌다. 다음 무대가 기약이 없는 현실에서 무기력해지는 마음과 세상과 단절된 듯 한마음 등 뭐라 표현하기 어려운 감정이 올라오기 시작했다. 게다가 다음 해 수업 기획을 위해 전에 수업했던 학교에서도 연락이 왔다. 아기를 돌봐줄 사람이 없다며 거절을 하고 돌아서면 나도 모르게 눈물이 났다. 마음은 일하고 싶어 수 없는 갈등을 품고 살았다. '내 인생이 왜 이럴까? 나는 왜 아기를 낳아서 이 고생을 하고 있을까?' 하면 할수록 힘들어지는 생각만 하다 보니 마음은 점점 우울해졌다.

그러던 어느 날 동네 주민 센터에서 연락이 왔다. 옆에 아기를 돌볼 수 있는 방도 있어 아기를 돌봐줄 테니 강의를 좀 해 달라는 것이었다. 동네라서 괜찮겠지 하며 감사한 마음으로 난타 강의를 수락했다. 7~8개월밖에 되지 않은 아이를 베이비시터에게 맡기고 일을 하기 시작했다. 아이는 예민해서 누구와도 어울리려 하지 않았다. 아기가 너무 울어서 베이비시터들이 모두 아기를 볼 수 없다고 했다. 더 일을 계속할 수 없는 상황이 되었다. 이 과정을 지켜본 회원들이 아기를 업고 해도 좋다고 해서 아기를 업고 난타 수업을 진행했다. 그렇게 아기를 업고서도 강의는 하나둘 늘어났다. 또다시 아이들은 나의 케어를 받지 못하는 상황이 되었다.

두 동강 난 팔

막내가 여섯 살 되던 어느 날 어린이집 상담 시간에 담임 선생님이 아이가 좀 이상하니 잘 관찰해 보라는 말을 조심스럽게 꺼냈다. 집에서는 무척 활발했고 큰아이들과 잘 지내고 있어서 조금도 이상함을 느낄 수 없었다. 막내가 일곱 살 때 또 같은 이야기를 들었을 때는 당황스러웠다. 가정에서는 막내가 매우 활발하게 잘 지내고 있었기 때문이다. 나름 상담 공부를 하며 자녀 교육에 정성을 다하고 있었고 첫째와 셋째는 과학 영재, 둘째는 체육 영재로 활동하고 있어서 자녀 교육에 대한 자부심도 컸다. 게다가 강의 일정과 학생상담 자원봉사 활동 등 바쁜 일정으로 또 다른 과제를 받을 마음의 여유도 없었다. 궁리 끝에 막내의 5, 6, 7세를 담당하셨던 선생님들과 회의를 해서 전문적인 견해를 달라고 부탁했다. 그랬더니 아직 큰 이상은 없으니 좀 더 지켜보자는 선에서 마무리 지었다.

그해 가을 신은 나를 더 기다려 주지 않았다. 막내가 자전거를 타려다 넘어져 팔이 부서지는 사고를 당했다. 단순한 골절이 아니라 팔은 완전히 두 동강이 났다. 토요일이라 응급실도 만원이었다. 응급 최고 단계 진단을 받았다. 토요일 밤을 뜬눈으로 지새우고 일요일 첫 수술 받을 준비를 했다. 전신 마취를 하고 뼈를 고정하기 위해 여러 개의 긴 철심을 박는 큰 수술이 진행되었다. 수술실로 아이를 들여보낼 때는 온몸이 떨려왔다. 아이만 살려 주신다면 무슨 일이라도 다 하겠다고 기도했다.

감사하게도 무사히 수술이 끝났다. 일곱 살 어린 막내는 여러 개의 긴 철심이 밖으로 튀어나온 상태로 뼈가 붙을 때까지 불편하고 고통스러운 시간을 겪어야 했다. 깁스를 풀어보니 팔이 굽어서 펴지지 않았다. 사고 부위가 팔꿈치 근처이니 어쩌면 평생 그렇게 살아야 할 수도 있다는 담당 의사의 말에 눈물이 앞을 가렸다. 살려만 달라고 기도했지만 막상 불편한 몸을 보니 엄마 된 마음은 한없는 욕심이 생겨났다.

그해까지 하던 일 모두 정리하고 막내 학교 앞에 난타 학원을 열었다. 학원을 운영해 본 경험도 지식도 없었고 영업하고 홍보하는 재주도 없었다. 아이 친구 몇 명 데리고 굽어진 팔을 바로 하기 위해 난타 기본 동작 위주로 매일 연습 시켰다.

아이는 팔을 다친 외적인 문제만 있는 것이 아니었다. 아이 내면에는 큰 두려움이 자리하고 있었다. 수술할 때의 공포와 긴 철심들이 밖으로 튀어나와 친구들에게 가까이 다가갈 수 없었던 기억까지 그대로 남아있었다.

학기 초 어느 날이었다. 학교 담임 선생님께서 이런 아이 처음 본다며 더 가르칠 수 없다고 했다. 담임 선생님은 ADHD 증상을 보이는 아이는 워낙 많아서 열심히 공부했지만, 거꾸로 표현 못 하고 말만 시키면 울고 온종일 움직이지도 않는 아이는 처음이라고 했다. 밤새 고민을 해 봐도 어떻게 가르쳐야 할지 방법을 모르겠다며 야외수업, 현장 체험 수업도 데려갈 수 없다고 했다.

동네 피아노 학원에서도 같은 말을 했다. 한 달 동안 도레미도 이해 못 한다며 더 못 가르치겠으니 그만 보내라고 했다. 도에서 레로 손가락이 옮겨 가는 데 2주일이 걸렸다고 했다. 레에서 미로 가는 데 한 달이 다 되어도 손가락이 움직이지 않아 피아노 배울 의지가 없어 보인다는 것이었다.

아이가 초등학교 입학한 날부터 선 그리기, 동그라미 그리기, 물결무늬 그리기 등 스케치북이 새까맣게 될 때까지 나름 열심히 노력하고 있었다. 시간이 지나도 조금도 좋아지지 않고 오히려 학교와 학원에서도 포기하겠다는 말을 들으니 당황스러웠다. 예쁘기만 한 막내가 이렇게 된 이유가 모두 나 때문인 것 같아 괴로웠다. 임신 초기에 약도 많이 먹었고 일이 바빠 건강도 돌보지 못했던 일, 아이를 잘 돌보지 못해 사고를 당한 일 등 모두가 나 자신에 대한 원망으로 다가왔다.

숫자로 본 새로운 희망

답답한 마음에 철학원에 가서 아이의 사주 상담도 받아보았다. 아이 교육에 대한 여러 가지 책도 읽어보았다. 결국은 엄마가 중요하다는 메시지가 마음에 울림이 있었다. 과거에 체질을 알기 위해 조금 공부했던 명리학과 에니어그램 공부하면서 알게 된 수비학을 좀 더 깊이 공부하기로 마음먹었다. 아이가 왜 이런 아픔을 겪어야 하는지 앞으로 어떻게 살아야 하는지 스스로 공부해서 그 길을 찾고 싶었다.

수비학으로 볼 때 아이의 마음 깊은 곳으로부터 일어나고 있는 창조의 욕구를 드러내 표현하는 것이 중요한 과제였다. 수비학의 6가지 코어 넘버를 보며 아이가 할 수 있는 것과 하고 싶은 일에 대해서 이야기를 나누며 목표를 정했다. 먼저 아이가 할 수 있는 매일 선 긋기와 글자 연습, 난타 연습과 피아노 연습, 계산문제는 기적의 계산법을 연습하기 시작했다.

처음에는 한쪽 계산하는 데 29~30분이나 걸려도 오답이 많이 나왔다.

타이머로 시간을 재면서 1분씩 단축하는 데 목표를 두고 오답은 신경 쓰지 않았다. 그렇게 날마다 시간을 단축해 가기 시작했다. 그림을 그리면 큰 곰이 콩알만 했고 원은 거의 점에 가까우리만큼 작았다. 처음 연필을 든 곳에서 조금도 나아가지 못했던 아이가 조금씩 그려준 점선을 따라 움직이기 시작했다. 직선도 그리기 시작하고 파도 무늬도 그릴 수 있게 되는 데 한 달이 넘게 걸렸다.

피아노는 가장 간단한 '도레미파솔라시도'를 오른손 10회, 왼손 10회, 양손 10회씩 동그라미표 그려가며 연습했다. 좀처럼 좋아지지 않는 아이의 실력을 보면서 낙심할 만도 했지만, 연도 운은 1년 단위이니 적어도 1년은 노력해 보자며 마음을 가다듬었다. 아빠는 매일 1시간씩 아이와 놀아주기로 했고, 큰 오빠와 언니, 작은오빠까지 온 가족이 지극정성으로 함께하니 막내도 재미있게 놀이처럼 습관을 만들어 갈 수 있었다. 초등학교 1학년 생활을 그렇게 보냈다. 말이 없던 아이가 수비학을 공부하면서 조금씩 변화를 보였다. 친구들의 생일을 물어보기도 하고 가까운 친구들에게 숫자 계산법을 알려주기도 하며 즐겁게 이야기 나누는 모습이 보기 좋았다.

그러던 어느 날 주변으로부터 더 늦기 전에 정신과 검사를 받아 보라는 권유를 받았다. 하는 수 없이 정신과 검사를 받았다. 부모도 함께해야 한다고 해서 그 어렵고 많은 분량의 설문을 작성했다. 검사 결과 아이 아이큐는 80 정도로 나왔다. 그것도 개인적으로 지도했던 계산문제가 또래 평균보다 높게 나와서 평균 점수를 높여준 덕분에 그 정도였다. 아이의 지능은 경계에 있었다. 갈수록 태산이라는 말이 이럴 때 쓰는 말인가 보다. '이 아이를 어떻게 키워야 할까?' 그래도 다행인 것은 엄마와 함께한 계산 문제가 또래 아이들보다 높게 나왔으니 장애 진단을 받는 것보다 꾸준히 엄마가 가르치는 것이 좋겠다는 의사 선생님의 소견이 있었다. 수비학을 통해 숫자와 친해지고 아이의 마음의 문도 조금씩 열리고 있는 것 같아 한편으로는 희망이 보였다.

초등학교 1학년이
은메달과 장영실상을?

> 만약 우리가 할 수 있는 일을 모두 한다면 우리들은 우리 자신에 깜짝 놀랄 것이다.
>
> – 에디슨

특별한 경험을 선물하다!

1학년 겨울 방학이 시작될 무렵 딸의 친구들과 어머니들의 도움을 받아 창의력 올림피아드에 출전하기로 의견을 모았다. 방학 동안 과학실험, 동화책 읽고 시나리오 만들기, 역할극 연습, 난타 연습, 재활용품으로 악기 만들기 등 하루 종일 학원에서 지내며 함께 밥도 함께 먹고 연습도 했다. 아이들은 우리 딸처럼 표현을 잘 못하거나 반대로 표현이 너무 과격한 아이들로 팀이 구성되었다. 싸우지 않고 존중하기, 함께 토론하며 문제 해결하기, 자기 생각 말로 표현하기, 친구의 말 비판하지 않기 등 함께 만든 대회 규칙을 이야기했다.

대회에 참가하는 목표는 준비하는 과정에서 인성교육을 하는 것에 의미를 가졌다. 창의력 올림피아드는 주로 고학년 과학 영재반 아이들이 많이 참가하는 대회였기 때문에 상을 받는다는 것은 상상조차 하지 않았다. 단지 대회 규칙이 아이들 인성 교육에 매우 좋은 내용이라 생각되어 초등 저학년 때 특별한 경험을 선물하고 싶었다.

창의력 올림피아드 대회는 모든 과정을 아이들 스스로 해야 하는 것이었다. 아이들이 함께 의논하고 책임을 맡아 실행해야 하는 작업이었다. 아이들이 잘 자라기를 바라는 마음에 시작은 했지만, 과제를 어려워하는 어린아이들이 어떻게 이 난관을 풀어나갈지 막막했다.

내 모습 이대로 괜찮아!

우선 아이들이 할 수 있다는 자신감을 가지는 것이 중요한 문제였다. 초등 저학년이니 진로 검사 도구나 성격검사 도구를 적용하기도 어려웠다. 궁리 끝에 수비학으로 아이들 한 명 한 명 상담했다. 부모 상담도 하면서 아이의 기질적 특성과 재능과 방향성에 관해 이야기 나누었다. 아이들과 함께 자기 이해를 돕기 위해 태어난 생년월일로 자신이 어떤 잠재 능력을 가졌는지 이야기 나누었다. 자신의 숫자를 찾게 하고 숫자의 특징을 말하며 자신이 어떤 사람인지 알아보려 노력했다. 숫자들이 의미하는 재능들을 이야기하며 자신의 가능성을 찾아보게 했다. 목표로 삼아야 할 내용을 이야기하고 자신에게 어울리는 배역을 스스로 정하게 했다. 각자의 타고난 여러 가지 숫자들의 의미를 알아보고 살아가는 데 도움 되는 출발선과 방향성, 극복해야 할 과제도 알아보았다. 숫자는 좋고 나쁜 것이 없으니 '내 모습 이대로 괜찮아!'라며, 다만 내가 원하는 삶을 살기 위해 나의 핵심 숫자들을 어떻게 잘 운용하면 좋을지에 대해 이야기 나누었다.

또 각자가 정한 역할에 몰입하기 위해 자신이 가진 숫자들의 파동을 고려해서 누가 어떤 역할을 맡으면 좋겠는지 이야기 나누었다. 예를 들면 9박스에서 양의 파동을 가진 3,5,8은 적극적이고 활동적이며 분위기 메이커다. 중용의 파동을 가진 1,6,9는 리더십이 있고 전체의 균형을 잡아가는 역할을, 음의 파동을 가진 2,4,7은 서포터 역할을 담당했다. 물론 나이가 어려서 생일 수와 인생 여정 수와 도전 넘버 중에 어떤 개성이 더 뚜렷한지 살펴보면서 마음이 가는 역할을 아이 스스로 선택하도록 했다. 가정환경과 프로젝트의 성격에 따라 개인이 가진 개성과의 조화를 볼 때 선호하는 것이 다를 수 있기 때문이다.

[9박스의 파동]

양의 파동	3	1	2	음의 파동
	5	6	4	
	8	9	7	

대회 준비를 하면서 아이들이 맡은 역할에 대한 생각이 가정에서도 지속될 수 있도록 집에서도 양파 키우기 실험을 했고, 가정에서 사용하던 재활용품으로 악기도 만들었다. 몇몇 부모님들의 도움으로 다양한 과학 실험도 했다. 체력과 자신감을 기르기 위해 줄넘기를 하며 매일 목표에

도전하고 성취하는 기쁨을 맛보게 했다. 난타 연주하면서 리듬감을 키웠고, 소리의 고저장단과 퍼포먼스로 자신의 생각을 표현하게 했다. 남과 비교하는 것이 아니라 자신의 어제와 비교하기 위해 개인의 목표를 기록하는 표를 벽에 붙여놓았다. 팀원들의 성장도 매일 확인할 수 있게 했다. 갈등이 있을 때마다 동전의 양면처럼 나타나는 숫자들의 양면성을 이야기하며 원하는 방향으로 선택할 수 있도록 도왔다.

"괜찮아!"의 위력

그렇게 몇 달 연습하고 드디어 올림피아드 대회에 출전했다. 대회 회장님께서 보시더니 아이들이 너무 어려서 유치부로 출전해도 좋다고 했다. 동기부여를 위해 참가상이라도 주고 싶다고 말씀하셨다. 아이들은 상은 못 받아도 괜찮다며 초등부로 출전하겠다고 당당하게 대답했다. 그런 모습을 보니 마음이 뭉클했다. 처음 과학 실험 과제는 부모의 참관이 허용되지 않았다. 건물 입구부터 온전히 아이들 스스로 모든 문제를 해결해야 했다. 부모들은 따로 마련된 대기실에서 기다렸다. 아이들은 긴장된 마음으로 한 팀이 되어 움직였다.

과제가 끝난 후 담당 선생님의 이야기를 들을 수 있었다. 처음에는 실수하였지만 한 아이가 "괜찮아, 우리 즐기면서 하기로 했잖아!"라고 하니 아이들은 금방 마음을 가다듬고 나머지 과제를 즐겁게 마칠 수 있었다고 했다. "아이들 인성교육 참 잘 했어요!"라며 선생님도 무척 기뻐하셨다.

칭찬을 많이 해 주서서 아이들도 조금씩 긴장을 풀고 자신감을 갖게 되었다.

기분 좋게 점심을 먹고 오후에 있을 예술 과제를 준비했다. 다른 팀들의 연습 과정을 돌아보면서 감탄하기도 했다. 영어로 하는 팀들도 있었고 통기타를 연주하는 팀, 화려한 의상을 입고 댄스나 연극을 하는 팀도 있었다. 드디어 우리 아이들의 순서가 왔다. 예술 과제가 시작한 지 얼마 되지 않아 한 아이가 실수로 악기를 무너뜨렸다. 순간 지켜보는 사람들은 모두 긴장되어 굳어 버렸다. 놀란 아이는 허겁지겁 악기를 바로잡으려 했지만, 재활용품으로 만든 악기 구성이 복잡해서 간단한 일이 아니었다. "괜찮아! 즐겁게 하자!"라는 한 아이의 말과 함께 일사불란하게 악기는 제 모습을 되찾았고 또 다른 한 아이의 구령에 따라 연주는 계속되었다. 다행히 시간 안에 무사히 끝낼 수 있었다. 그제 서야 "와!" 하고 박수가 쏟아졌고 감동의 눈물을 흘리는 사람들도 있었다. 아이들도 스스로 해냈다는 기쁨이 충만한 얼굴이었다.

오후 늦게 시상식이 있었다. 참가상이라도 받을 수 있을까 해서 기다리고 있었다. 그런데 동메달이 되도록 이름이 불리지 않아 돌아가려 자리를 정리했다. 순간 '은메달'에서 우리 팀 이름이 호명되었다. 부모들은 기쁨의 눈물바다가 되었다. 그런데 잠시 뒤에 '장영실상'에서 또 한 번 이름이 들려왔다. 그날의 감동은 아직도 잊을 수 없다. "선생님! 저 TV에 나오는 게 소원이었는데, 오늘 소원 이루었어요!"라며 좋아하는 아이도 있었다. 트로피 2개를 높이 들고 목에는 메달을 걸고 촬영하는 아이들의 모습은 올림픽 경기에서 메달을 딴 선수처럼 감격스러운 순간이었다. 아이들을 지도하면서 부모들도 함께 성장하는 시간이었다. 추운 겨울에 힘든 일 마다 하지 않고 열정적으로 함께해 준 어머니들의 성취이기도 했다. 모두가 한 마음으로 노력했기에 아이들의 성공은 우리 모두의 성공이었다.

수비학은 삶에 유용하게 활용해야 할 숫자의 과학이다

누구나 미래학자로 살아야 하는 시대가 온다!

– 박영숙, 제롬 글랜의 『세계미래보고서 2021』 중에서

인생의 나침반 '수비학의 지혜'

유대민족의 지혜로 알려진 카바라 수비학은 고대로부터 전해 내려오다가 기원전 580년경에 태어나 활동하던 그리스 수학자 피타고라스에 의해 정리된 '피타고라스 수비학'이 널리 알려져 있다. 흔히 운명학을 배우려면 태어난 생년월일시를 가지고 네 기둥을 세워 운명을 해석하는 사주 명리학과 이름으로 보는 성명학이 있다.

마찬가지로 피타고라스 수비학은 개인의 태어난 생년월일과 출생 시의 이름을 통해 산출한 숫자들로 인간의 삶에 영향을 미치는 6개의 핵심 수의 비밀을 풀어서 현명한 선택을 할 수 있도록 지침을 제공해 준다. 사주 명리학에서 대운과 세운을 보고 하루 운세를 보듯 수비학도 매년, 매월, 매일 단위의 숫자가 지닌 에너지를 이해하여 신년 운세나 월별 운세를 이해하는데 지침으로 활용할 수 있다. 숫자를 통해 인생의 주기를 이해하고

삶의 변화에 미리 준비하는데 간단하게 활용할 수 있다. 무엇보다 좋았던 점은 다양한 계산법만 알면 숫자 1부터 9까지 수의 개념과 특별한 의미를 가지는 3개의 마스터 수의 개념만 이해해도 도움 되는 것이다.

수비학이 좋았던 이유는 이 모든 것을 아이와 이야기하면서 함께 생각해 볼 수 있었다는 점이다. 숫자를 교과서의 셈으로 바라볼 때에는 긴장과 두려움이 가득했지만, 숫자의 성격과 자질을 이야기하고 어떤 힘으로 자신을 돕고 있는지를 이야기할 때 자신에게 부여된 숫자를 사랑하고 자랑스러워했다. 자신의 운명에 대해서도 직접 공부하며 스스로의 삶을 주도적으로 만들어가는 데 도움이 되었다.

수비학에서 핵심 넘버 6가지 중 인생 여정 수와 가장 가깝게 연결되어 있는 수가 바로 생일 수다. 창원 대학교 대학원 강세종의 석사학위 논문(2009년)에 보면 "같은 삶의 진로 수(인생 여정 수를 의미한다.)를 가진 열 사람을 한 방에 두었을 때, 그들 중에서 공통점 찾기가 힘들다는 것이다. 외모와 행동 변화의 광대한 변화를 발생시키는 그들의 도표에는 너무 많은 다른 숫자들이 있다. 그러나 같은 탄생일을 가진 열 사람을 한방에 두면, 그들의 행동을 통해 공통점을 쉽게 발견할 것이다."라고 했다.

어린아이를 이해하기 위한 중요한 정보 중 하나가 바로 생일 수다. 막내는 22일생이므로 생일 수가 4의 특성과 22의 특성을 가지고 있기 때문에 루틴 워크를 잘 할 수 있다는 장점이 있다. 아이의 노력으로 인생 후반전은 많이 달라질 수 있는 가능성이 보여 희망이 생겼다. 글쓰기, 그림 그리기, 노래하고 춤추는 등 예체능이 도움이 된다는 친절한 가이드 문과 어울리는 직업 소개도 있어 더욱더 수비학의 매력을 느끼기 시작했다. 또 다른 수비학 이론에서는 진정한 자아를 깨달아 가기 위해 어려움을 경험하면서 성장하게 된다는 내용도 있었다.

내 아이를 위한 절대반지

책임을 지고 사는 삶이란 고귀한 삶이다. 책임이란 알아차림이 있을 때 가능하다고 했다. 나를 알고 가족을 안다는 것은 출발점을 안다는 것이다. 나를 알기 위해서는 어떤 환경, 어떤 포지션에 있는 나인지를 이해하는 것이다. 최진석 박사는 장자 강의에서 '출발이란 보이지는 않지만 모든 것을 가능하게 해 준다.'라고 했다. 『내 아이의 첫 미래 교육』에서 임지은 저자는 '너 자신을 알라'는 오래된 조언이지만 21세기에 가장 시급한 조언이라며 '나를 아는 힘'이 미래를 살아갈 아이들에게 '절대반지'가 된다고 했다.

소크라테스가 한 말로 유명한 "너 자신을 알라"라는 이 말은 그리스 델포이의 아폴론 신전 현관 기둥에 새겨져 있는 말이다. 주기율의 별자리 수업에서 "태양의 신은 미래를 예언하는 일과 예술, 궁술을 상징하기도 한다. 본질적인 의미에서 태양은 삶의 목적지를 상징한다. 태양의 자리를 이해하면 내가 어떤 삶을 살아야 하는지 어떤 소명을 기지고 태어났는지를 이해할 수 있다. 태양의 별자리는 내가 태어난 월에 따라 결정된다."라고 했다. 사주 명리학에서도 월지가 사주를 보는 기준점이며 가정 운, 직업 운, 부모 운 등을 나타내는 중요한 의미를 담고 있다. 아이들에게 뿌리를 알게 하는 여러 가지 방법 중에 언제 어디서 어떻게 태어났는가에 대해 이야기해 주는 것도 자신을 이해하는 중요한 단서가 된다.

창원대학교 대학원 강세종은 석사학위 논문인 「수비학을 통한 자기이해 프로그램」(2009)에서 "수비학은 자기 수양 도구이다. 당신 내부의 존재와 본성을 이해하고 더 큰 통찰력을 얻을 수 있는 방법이다. 그것은 당신의 성격과 기질을 신선하게 하고 고무시키는 국면을 드러낸다."라고 했다. 또 "많은 다른 자기 수양 체계보다 큰 차이와 시각 중 하나인 자기인지는 성공과 자유를 위한 열쇠이다. 당신의 장점과 단점에 대한 더 큰 통찰력을 가지는 것은 삶의 모든 점에서 당신을 도울 것이다."라며 수비학이 삶에 얼마나 유용한 도구가 될 수 있는지를 말해준다.

수비학의 미래 예언적 측면에 대해서는 "수비학은 당신의 삶 중에서 영향력 있는 몇 년 동안 매우 유익한 보상의 해가 될 수 있다. 수비학은 이러한 예언에서 매우 정확할 수 있다. 그러나 그 보상은 당신이 한 노력에 필적한다."라며 수비학의 질서 정연한 체계에 맞추어 노력할 때 좋은 결과를 낼 수 있다고 했다.

또 「피타고라스 수비학과 에니어그램의 연관성」을 연구한 최승희, 문명희, 최현진의 2018년 논문에서 "에니어그램은 머리형과 가슴형, 배형으로, 피타고라스 수비학의 현실형, 가슴형, 감정형, 그리고 장형과 사고형이 통계적으로 연관성이 있음을 추론하였다."라고 결론지었다. 이제 더 이상 수비학과 타로는 미신의 범주가 아니라 과학이고 학문이다. 깊이 연구하고 탐구해서 삶에 유용하게 활용해야 할 대상이다.

아이들을 키우면서 늘 배워야 할 숙제를 받는 느낌이었는데 수비학 덕분에 아이도 엄마도 서로를 이해하고 함께 성장하는데 큰 힘이 되었다. 호기심 천국이었던 첫째는 군 제대 후 복학하여 내년이면 벌써 대학교 마지막인 4학년이 된다. '엄마가 내 엄마여서 진짜 고마워요.'라는 멋진 말로 가슴 뭉클한 감동을 준 아들이 고맙다. 내 인생에 가장 큰 스승이 되어준 아들, 처음으로 '엄마'가 되게 해 준 아들이 자랑스럽다.

둘째는 고2 때 갑자기 이과에서 문과로 전과를 하고 싶다고 했다. 이미 학기가 시작되었기 때문에 학사일정상 1년 동안은 변경이 어려운 상황이었다. 고등학교 3학년이 되어서 전과를 한다면 내신이 중요한 시기에 모든 것이 불리하게 작용되는 큰 모험이라는 사실을 누구보다 잘 알고 있었다. 그런데도 우리 가족은 둘째가 전과를 하도록 응원해 주었다. 수비학과 타로를 함께 보면서 자신의 내면의 소리에 귀 기울이는 노력을 했기 때문이다. 스스로를 믿고 선택에 대한 책임을 지는 삶이 쉽지는 않았지만 둘째는 어려운 과정을 모두 이겨내고 당당하게 원하는 대학에 합격했다.

셋째도 운명학의 도움을 받아 진로를 선택하여 사교육비를 많이 들이지 않고 스스로 책 읽고 노력하여 원하는 명문 대학에 들어가 즐거운 대학 생활을 하고 있다. 막내는 도레미를 어려워하던 때가 엊그제 같은데 피아노 콩쿠르에 나가 트로피도 받아 올 만큼 자신감 넘치는 청소년이 되었다. 누구보다 감사한 남편은 어려운 외국어 서적을 번역해가며 함께 공부하고 온 가족이 수비학을 잘 이해할 수 있도록 이끌어 주었다.

'엄마'라는 이름으로 살아온 삶에서 아이들의 기질적 특성을 이해하고 진로를 선택할 때 수비학이라는 도구는 정말 고마운 스승이자 삶의 나침반이 되었다. 이제는 수비학을 활용해 자녀를 키운 경험을 바탕으로 나를 브랜딩 하기로 했다. 수비학 강의와 진로 디자이너로 상담을 하며, 살아온 삶을 책으로 엮어서 누군가에게 도움이 되는 삶을 살고자 한다.

※ 나를 알고 가족을 이해하기 위한 수비학 활용법

수비학은 다양한 이론과 활용 방법이 있고 용어도 조금씩 차이가 있지만 여기서는 지면의 제한이 있어 편리하게 활용할 수 있는 간단한 활용법을 소개하려 한다.

태어난 생년월일로 알아보는 인생 여정 수와 생일 수를 구한 다음 각각의 수를 찾아서 표에 있는 의미를 찾아보면 된다. 가족들의 숫자와 나의수를 함께 보면서 우리 가족의 특징과 나를 깊이 느껴 보자. 나와 가족의타고난 재능과 사명을 이해하고 소통하는 데 도움이 될 것이다.

[우리 가족의 수비학 프로파일] (출생 시의 양력 생일을 사용)

아빠의 출생일: 년 월 일		엄마의 출생일: 년 월 일	
생일 수	인생여정수	생일 수	인생 여정 수
자녀1의 출생일: 년 월 일		자녀2의 출생일: 년 월 일	
생일 수	인생 여정 수	생일 수	인생 여정 수

(1) 인생 여정 수: 인생을 걸어가는 길에서 주로 사용하는 능력과 재능, 자질을 나타낸다.

인생 여정 수 찾는 방법: 출생 연, 월, 일을 모두 합산한다.

예 1975년 12월 30일생인 타이거 우즈

1975년 12월 30일: 1+9+7+5+1+2+3+0=28=>2+8=10=>1+0=1

타이거 우즈의 인생 여정 수는 1이다. 만약 모두 더해서 11, 22, 33이 나오면 그대로 사용한다.

인생 여정 수는 우리의 선천적인 재능과 능력이 무엇인지를 알려주고 이러한 기술을 활용할 수 있는 최상의 진로와 직업이 무엇인지를 제시해 준다. 자세한 내용은 『피타고라스 수비학』(홍릉과학출판사*상, 하권)을 참고하길 바란다.

[표 1] 인생 여정 수의 의미

수	인생 여정 수의 의미
1	1의 인생여정은 '독립'의 길로 걸어가도록 이끌 것이다. 가능성을 열어주는 선구자. 자신의 걸음을 따라 길이 생긴다. 미지의 영역에 들어가 길을 개척한다.
2	2의 인생 여정은 '균형과 조화'의 길로 걸어가도록 이끌 것이다. 풍요로운 감수성과 예리한 미적 감각의 소유자, 조정자, 비서
3	발상과 창조의 에너지가 넘치는 표현자. 평범한 생각이라도 주위 사람들에게는 빛과 같은 존재다.
4	근면하고 체계적으로 일하는 인생여정의 길. 계획성이 풍부한 유능한 관리자. 꾸준히 성실하게 끝까지 하는 사람이 많다.
5	변화와 모험의 많은 갈래 길을 경험하게 될 것이다. 유연성과 결단력이 풍부한 사람, 모험가, 일류가 되려는 승부사
6	가정과 일에 책임지고 자리이타를 이루는 삶으로 이끌 것이다. 섬세한 서비스 정신을 발휘하는 우수한 지원자, 서포터, 교육자
7	모든 대상에 대해 공부하고 분석하고 검증하며 분석하는 삶으로 이끌 것이다. 진실을 탐구하는 탐구가, 진리를 규명하는 예리한 통찰력을 가진 연구자
8	물질적인 가치와 비 물질적인 가치간에 차이를 분별해 가는 삶으로 이끌 것이다. 절묘한 분배 센스와 강한 책임감을 가진 디렉터, 지휘자, 감독, 무한대의 힘

수	인생 여정 수의 의미
9	우주 삼라만상이 상호 연결되어 있다는 것을 이해하는 삶으로 이끌 것이다. 철학적 사고가 뛰어난 넓고 큰 시야를 가진 사람. 타고난 치유사이며 인도주의자이다.
11	계시를 받아들이고 사람들을 계발하거나 계몽하는 메신저. 사람들이 깨닫게 하기 위해서 현상에서 뭐가 필요한지 아이디어를 제안하고 그것이 개선된 미래상을 선명하게 그려낼 수 있다.
22	현실을 움직이는 강력한 실행력과 설계력을 가진 사람. 정치가와 건축가의 자질이 있다.
33	보편적인 우주애를 가진 상식에 얽매이지 않은 자유인. 사명도 크고 역할도 크다.

(2) 생일 수: 과거 생으로부터 이어받은 내적 본질, 태어날 때부터 몸에 배어있는 영혼의 버릇. 이번 생의 출발선이며 인생 여정 수를 서포터하는 수이기도 하다.

생일 수 구하는 법:

예 30일생의 타이거 우즈의 경우

30일생은 3+0=3 타이거 우즈의 생일 수는 3이다. 생일이 11일, 29일은 마스터 넘버11이 된다.

[표 2] 생일 수의 의미

수	의미
1	내면에 가지고 있는 강한 승부욕, 눈에 띄는 것을 좋아하는 숨은 리더. 과거 생에 몇 번이나 리더 역을 경험. 사람이 모이는 곳에 침묵하고 있어도 눈에 띄는 존재. 자신도 모르는 사이에 리더십 발휘. 왕, 귀족, 영주, 무사, 전쟁의 지휘관, 사업가, 정치가 등 리더 역.
2	항상 한 걸음 양보하는 그윽하고 고상한 심리적 슈퍼 서포터. 과거 생에서 몇 번이나 서포터를 경험. 선천적으로 분위기를 익히고 사람에게 맞추는 것이 능숙하다. 분쟁 사건의 조정 역이나 상담역이 능숙하다. 집사, 보모, 참모, 간호사, 비서 등 지도자를 지지하는 역.

수	의미
3	인생을 즐기는 데 천부적인 재능을 가진 당신! 음악과 춤, 예술, 스포츠 분야에 경험치가 있다. 과거 삶에서 창조력이 풍부하고 웃음의 중심이 되는 어릿광대 역을 해 왔다. 과거 생의 경험 무희, 음악가, 화가, 발명가, 장인, 탐험가, 모험가
4	단조로운 일도 부지런히 노력하여 끝까지 완수할 수 있는 재능이 있다. 천리 길도 한 걸음부터! 갖고 싶은 것은 손에 넣을 때까지 참을 수 있는 성실한 타입. 과거 생의 경험: 거대한 피라미드나 역사적 건조물을 만드는 직공, 연구자
5	어떤 환경에도 융합될 수 있는 재능을 가진 당신은 자타가 인정하는 무드 메이커. 호기심 왕성하고 새로운 것에 도전하는 것 좋아해. 과거 생에 여행이나 유랑의 경험. 사람이나 일, 공간에 속박되는 것을 싫어한다. 무역상인, 집시, 해적, 여행자, 모험가, 선교사, 개척자, 메신저의 삶
6	대단히 상냥하고 잘 보살피는 숨은 사랑꾼! 헌신적이고 어려운 일도 무리 없이 해낼 수 있는 선천적 자질을 갖춘 봉사자. 과거 생에 어렵고 궁핍한 사람 돌본 경험. 약한 동, 식물이나 어린 사람, 약자들을 보면 무심코 친절을 베푸는 사람. 교사, 의사, 종교가 봉사자의 삶의 경험 있다.
7	혼자 있기를 좋아하는 내면 성인. 자신의 의견이 분명하다. 자립, 인내심 강한 어른, 혼자 수행에 힘써온 구도자. 눈에 보이지 않는 진리 탐구. 연구원, 내면을 드러내지 않고 차가운 인상을 줄 수도 있다. 종교가, 구도자, 무사, 연구자, 학자. 주술사 등
8	내면의 정열은 누구에게도 지지 않는 뜨거운 마음의 심리적 파이터, 과거 생에 물질적 성공을 몇 번이나 경험, 뛰어난 실행력과 집중력을 가짐. 스스로의 재능이나 노력 보다 풍요로움, 지위, 명예를 경험했을 것이다. 왕족, 대부호, 행상, 도적, 스포츠인, 상인, 무역상 등
9	모두의 평화를 바라는 마음은 누구보다 강한 숨은 지혜자, 머리 좋은 우등생 타입. 과거 생에서 정치적 지도자, 종교 지도자 등 자선 활동의 리더 역을 경험하여 평화를 이루지 못한 무기력감도 경험. 모두를 자연스럽게 생각할 수 있는 재능. 정치가, 종교가, 구도자, 법률가, 혁명가, 학자 등
11	어려서부터 눈에 보이지 않는 신비한 세계를 당연한 일로 받아들이고 영감, 직관을 감각적으로 이해. 과거 생에 샤머니크적인 일을 경험. 의사, 약사, 천문학자, 컨설턴트, 예술가, 절대적 권력을 손에 넣은 직업.

『탄생수비학의 지혜』, 저자 Hazuki Kouei

카페지기를 꿈꾸는
40대 현실가장들에게

"여보, 나 까페 한번 해 볼까?"

작은 카페 창업 디자이너 · 최성문

최성문 ▶ 작은 카페 창업 디자이너

인천 개항장에 위치하고 있는 꽁커피(꽁다방)에서 커피를 내리는 브루잉 마스터이자
에그 타르트와 프리앙을 굽는 베이커다. 작은 카페라는 장점을 기반으로 꾸준히 성
장하고 있는 이곳 개항장을 사랑하는 카페지기기도 하다. 카페를 운영하며 겪은 경
험과 발전 가능성을 전한다. 이 글이 작은 카페 창업에 도움이 되었으면 한다.

커피 브루잉 마스터
베이커리 파티쉐
현 꽁커피(kkong coffee) 실장

이메일 zoom73@naver.com
블로그 https://blog.naver.com/kkongcoffee
인스타그램 http://www.instagram.com/kkongcoffee
            http://www.instargram.com/sungmoon_choi_korea

꿈을 잊고 살았던 40대 초보 가장

당신이 할 수 있는 가장 큰 모험은, 당신이 꿈꾸는 삶을 사는 것이다.

- 오프라 윈프리

2012년 이른 봄. 나의 40대의 시작은 기억에서 지우고 싶을 만큼 잔인하게 시작됐다. 당시 보험설계사로 일하고 있던 나에게 한 친구가 찾아왔다. 이 일이 나의 40대 초반을 얼룩지게 할 줄이야….

원래 나는 음식업 협회에서 일하는 평범한 직장인이었다. 월급은 많지 않았지만 각박하지 않게 지낼 수 있는 안정적인 직장이었다. 그러던 중 평생 반려자를 만나 결혼을 하게 되었다. 나에게는 너무 예쁜 그녀였다. 그녀는 당시 대한민국을 이끈다 해도 과언이 아닌 모 대기업의 프리랜서 웹 디자이너였다. 결코 그 점 때문에 결혼한 건 아니다. 신혼 생활 역시 행복했다. 사랑하는 사람과 함께 한다는 것 자체가 곧 행복이었다. 결혼 후 얼마 지나지 않아 사랑스러운 딸아이를 갖게 되었고 그로 인해 아내는 다니던 회사를 그만두고 경력단절 맘의 대열에 합류했다. 맞벌이로 살림을 꾸리던 우리였기에 경제적 압박이 곧 나에게 밀려왔다.

월급이 많지 않은 사단법인의 일개 직원이었던 나는 더 많은 돈을 벌어야 한다는 생각에 자동차 영업사원을 시작으로 영업 쪽으로 눈을 돌렸다. 경험하지 못했던 일을 시작하면서 시행착오도 많았다. 영업사원이란 절대 만만치 않은 직업이었다. 그러던 중 지인의 권유로 외국계 보험회사에 입사하게 되었다. 정말 열심히 했다. 하루 세 번 무조건 미팅을 잡고 발바닥에 땀이 나도록 다니고 또 다녔다. 사실 총각 때부터 영업사원을 해 보지 않겠냐는 말을 많이 들었다. 부담 없는 외모와 서글서글한 성격이 이유였다. 하지만 계약이란 욕심을 가지고 사람을 만나는 것은 힘들었다. 솔직한 성격인지라 어쩔 수 없이 욕심은 표정에 드러났고, 상대방은 당연히 부담스러워했다. 영업의 결과물은 참담했다. 금전적으로 점점 조급해지고 생활은 점점 어려워졌다.

그때 마침 대학동기였던 친구에게서 연락이 왔다. 자신이 경영하는 회사의 사내 이사로 들어오라 거였다. 단 조건이 있었는데, 일정 금액을 투자하면, 한 달 급여 300만 원을 보장해 준다는 것이었다. 물론 투자금은 한 달 후에 돌려주는 조건이었다. 하필 집을 옮길 시기여서 전세금이 있었다. 터무니없고 사기성 농후한 제안이었으나 당시 이것저것 잴 처지가 아닌 나에게는 아주 달콤한 제안이었다.

그때부터 40대의 시작은 나락으로 떨어졌다. 투자금을 넣고 회사에 출근하니 정상적으로 운영되는 회사도 아니었고, 한 달 후에 돌려주겠다던 투자금은 1년 넘게 받지 못했다. 월급은 3개월 동안 받은 게 전부였다. 아내를 안심시키기 위해 신용대출을 받아 월급이라고 가져다주는 지경까지 갔다.

꼬여버린 생활

월세도 회사 경비로 내 줄 테니 걱정하지 말고 살라던 아파트형 오피스텔도 다 나를 안심시키려는 미끼였다. 거주 6개월에 접어들 무렵 아내에게 온 집주인의 전화 한 통…. 월세가 밀렸으니 보증금에서 제하겠다는 통보였다. 사기를 당한 것이다.

1년 넘게 계속된 헛된 기다림에 결국 전세금마저 모두 날리고 생활 빚까지 떠안은 빈털터리 신세가 되었다. 산 밑 쓰러져가는 방 2개짜리 빌라에 있는 짐은 풀지도 못한 채 한편에 쌓아두고 우리 세 식구는 한방에서 생활해야 했다. 그 후에도 한참을 돈을 받아내기 위해 그 친구를 쫓아다녔다. 그 때문에 정상적인 직장 생활은 사실상 불가능했다. 점점 지쳐갔고 잃어버린 돈을 찾는 일보다 현재를 사는 일이 더 시급하다는 판단이 들었다.

나에게 맞는 일인지 고민할 시간도 없이 무조건 일했다. 하지만 급하게 먹은 떡은 체하듯이 몇 달을 못 가고 이리저리 옮기게 되었다. 좀 더 꾸준하게 다닐 직장이 필요했다. 공장에서 생산직 일을 시작했다. 그래도 마음은 편했다. 서로 의지하며 모두가 일한 만큼 월급을 받았고, 중요한 것은 사기 칠 인간들이 없어서 좋았다. 하지만 이렇다 할 기술이 없던 나는 하루가 멀다 하고 공정(工程)을 옮겨 다니며 월급을 채우기 위해 몸 쓰는 일만 했다. 나의 의지에 부합하는 직업을 고를 만할 여유는 없었다.

육체적 노동으로 인한 힘듦보다 더한 것이 자존감 없는 삶이다. 자존감은 저 아래 지구 맨틀을 지나 핵까지 내려앉았다. 무엇을 위해 살고 있나… 나는 왜 행복하면 안 되나…, 하는 질문을 수없이 던지며 자책했다. 좋아했던 것, 하고 싶었던 것조차 기억이 나지 않는다.

나는 주변으로부터 착하다는 소리를 많이 듣고 자랐다. 착함과 우유부단은 다른 것인데 안타깝게도 그 두 가지를 동시에 가지고 있다. 주장을 내세우기보다는 다수의 의견에 휩쓸려 가며 살아왔다. 더군다나 삶의 목표도 정해놓지 않고 두리뭉실하게 하루하루를 살던 그런 사람이었다.

'내가 문제야. 내가 바뀌지 않고서는 인생을 탓할 자격은 없어!'

'장점만 생각해 보자. 단점은 고치면 되니까…'

어디서 한 번쯤 본 듯한 친근한 얼굴. 과하지 않은 유머, 낙천적인 성격, 그런데 생각하는 장점 모두 멍청하게 착함과 연결된다. 천성은 어쩔 수 없나 보다.

어린 시절 음악을 좋아했고 좋은 이들과의 소통을 즐겼다. 주목받는 것도 좋아했다. 기타를 좋아해 친구들과 밴드를 만들어 합주실에서 연주하던 추억을 가장 아름다운 추억으로 간직하고 있다. 간직만…. 좋아하는 것을 끝까지 밀고 나간 적은 단 한 번도 없었다.

힘든 시절 그나마 위안이 되었던 것은 출근길 버스 안 이어폰에서 나오는 음악이었다. 과거의 나로 돌아갈 수 있었던 유일한 연결고리였다. 그 시간을 제외한 나머지 시간은 아무 의미가 없었다. 그 시절 모습을 아내는 이렇게 말한다. 얼굴에 그늘이 가득한 좀비 같았다고…. 아내는 돈 못 버는 남편도 싫었지만 하고자 하는 목표도 없는 내가 더 꼴 보기 싫었을 게다. 핑계에 불과한 이야기지만 아무런 도착점도 없이 출근, 퇴근, 잠자기의 연속인 삶에서 희망을 꿈꾼다는 건 사치에 불과한 일이었다.

작은 가게

한 공장에 4년 이상 꾸준히 근무하다 보니 어느 정도 자동화 기계 운용에 경력을 쌓을 수가 있었다. 자연스레 경제적 어려움도 조금씩 회복되었다. 물론 회복이 될 수 있었던 것에는 아내의 역할도 컸다. 지금도 아내에게 항상 미안하다.

아내는 공방을 하고 싶어 했다. 내로라하는 회사의 웹 디자이너였던 아내는 손재주와 감각이 남달랐다.

때마침 조건이 좀 더 나은 회사로 이직할 무렵이라 퇴직금이란 게 있었다. 아내에게 선물해 주고 싶었다. 나를 위해, 가정을 위해, 고생한 예쁜 아내에게…

12월 24일 크리스마스이브. 평소 우리 가족이 자주 찾던 동네를 걷던 중 공방 자리로 괜찮은 가게를 발견하고 부동산 사장님과 가게 내부를 보기 위해 약속을 잡았다. 아내가 내부를 살펴보는 동안 밖에서 담배를 피우려고 불을 붙이는 순간이었다. 작고 예쁜 2층짜리 건물이 눈에 확 들어왔다. 그 가게가 훗날 꿍다방이 될 줄이야.

가게를 보는 순간 나의 맘 깊숙한 곳에서는 카페 주인이 될 수 있겠다는 상상이 꿈틀댔다. 좋은 음악을 선곡하고 향기로운 커피를 대접하고 다양한 손님들과 이야기할 수 있는 카페. 나의 진정한 로망이었다.

건물 창문에는 자세히 보지 않는 이상 누구도 못 볼 정도로 조그마한 글씨가 쓰여 있었다.

"임대 문의!"

전화해 보니 부동산 사장님께서 바로 오신다고 하신다. 내부도 역시 예쁘고 깨끗한 가게였다. 2층은 아내의 작업 공간으로 좋았다. 비어있던 가게여서 권리금도 없었다. 더할 나위 없는 발견이었다. 하지만 보증금이 가지고 있던 금액보다 조금 많았다. 부동산 사장님을 통해 건물주 분과의 통화가 이루어졌다. 그런데 이게 웬일인가. 일면식도 없는 우리 부부에게 보증금을 깎아 주신다는 거였다. 속으로 할렐루야를 외쳤다.

그렇게 우리는 예쁜 가게를 계약할 수 있었다. 집으로 돌아오는 차 안에서 아내는 이야기했다.

"여보, 하나님이 크리스마스 선물을 주신 거 같아."

나는 속으로 생각했다.

'당신에게만 주는 선물이 아니라 나에게도 주는 선물일 거야.'

집을 향해 운전하는 내내 나의 입가에 작은 미소가 번졌다.

현실카페의 시작점

> 만약 당신이 꿈을 꿀 수 있다면, 그것을 이룰 수 있다. 언제나 기억하
> 라. 이 모든 것들이 하나의 꿈과 한 마리의 쥐로 시작되었다는 것을.
>
> – 월트 디즈니

공방을 오픈하는 날 직장 생활만 고집했던 우리 부부에게 새로운 도전
이 시작됐다.

"시작은 미약하였으나 그 끝은 창대하리라!"

모태 신앙인 내가 유일하게 알고 있는 성경 구절이다. 시작은 정말 미약
했다.

장소는 구했으니 이제 실전이다. 먼저 인테리어에 집중했다. 공방이란
자고로 예뻐야 하니까 여기저기 발품 팔며 가구와 소품을 찾아다녔다.
감각 있는 아내의 머릿속엔 공방의 모습이 그려지는 모양이다. 어찌나 일
사천리로 예쁘게 꾸미기 시작하는지 내가 보기에도 반할 지경이었다.

니들 펠드 공방이었다. 양털을 바늘로 콕콕 찔러서 인형을 만든다. 역시
신이 내린 금손이다. 1층에는 양모 인형을 전시해 놓았다. 지나가는 사람
들이 창문에서 구경도 하고 반응이 좋았다. 들어와서 구경하는 사람들도
늘어났다. 하지만 구경하는 사람만 많을 뿐 매출로는 이어지지 않았다. 그

때문에 아내는 작업에 몰두할 수가 없었다. 아내는 공간에 대한 고민에 빠졌다. 1층보다 2층을 좋아하는 아내에게 1층 공간 활용은 숙제였다.

나는 1층을 카페로 운영해 보면 어떨까 하는 소심한 제안을 해 보았다. 가끔 이야기했던 카페 창업 이야기를 아내는 기억하고 있었다. 아내의 딜이 들어왔다.

"제대로 하지 않으려면 시작하지 마, 여보!"

그 말이 떨어지기 무섭게 회사에 출근하면 쉬는 시간마다 바리스타 학원 이곳저곳에 전화를 했다. 고등학교 시절 음악 학원 알아보던 이후로 처음이다.

장소가 협소하고 커피 머신을 살 비용도 없었다. 최소한의 비용으로 창업해야 했다. 그렇다고 커피 대충 한다는 소리는 듣기 싫었다. 제대로 된 핸드드립 카페를 하고 싶었다.

그러나 학원에서 나오는 답변은 바리스타 자격증 이야기뿐이었다.

"저렴한 학원비에 자격증을 취득할 수 있습니다. 핸드드립 과정도 바리스타 과정에 한두 시간 정도 포함되어 있습니다. 등록하시죠!"

나의 질문은 그게 아니었는데 완전 자동 응답기처럼 동문서답이었다. 하나같이 마음에 안 들었다. 왜 커피를 내리는 데 자격증이 필요한가? 가게에서 시험 보나? 자격증 없이 커피를 내리면 불법인가?

그러던 중 공방 근처에 있는 학원을 발견했다.

"여보세요? 저 커피를 좀 배우고 싶은데요."

"창업하실 건가요?"

다른 학원과는 반응이 다르다.

"가게 규모는 어느 정도 되나요? 유동인구는 어떤가요?"

"…조그만 가게에 유동인구도 많지 않다면 핸드드립이 맞는 것 같습니다. 실전으로 가시죠!"

내가 바라는 정답이었다. 다음 날 바로 아내와 학원을 방문했다. 선생님은 차근차근 섬세하게 오리엔테이션을 해 주셨다. 커피에 진심인 선생님이었다. 인연이었을까? 이렇게 학원 등록을 하게 되었고 선생님은 커피를 한 잔 내려주겠다며 마시고 가길 권했다. 핸드드립 커피는 몇 번 안 마셔 본 터라 궁금하기도 했다. 정성스레 내려주신 커피를 한 모금 마시는 순간 나의 머릿속을 스친 말, '이게 커피라고?'

공방으로 돌아가는 길 들숨 날숨에 커피 향이 계속 느껴졌다. 매력적이었다.

아내와 함께 배우는 브루잉(분쇄된 원두를 필터에 넣고 물을 부어 커피를 추출하는 과정) 수업은 서로의 부족한 부분을 보완해 주고 선의의 경쟁도 할 수 있어 좋았다. 무엇보다 함께하는 커피 수업을 통해 서로와의 소통이 열렸고 같은 관심사로 인해 카페 창업에 대한 설득과 신뢰가 자연스레 가능해졌다.

커피는 새로운 목표를 제시해 주었다. 앞서 말했다시피 나는 어떤 일에 꽂혀 밤을 새우거나 집중하고 노력해 본 적이 없다.

커피는 나에게 집중과 오기라는 것을 끄집어내 주었다. 퇴근 후엔 무조건 커피를 내리러 가게로 갔다. 원두의 분쇄도, 내리는 시간, 온도, 물줄기, 이렇게도 내려 보고 저렇게도 내려 보고 원하는 맛이 나올 때까지 내리고 마시고를 반복했다. 평소 커피를 마시면 잠 못 잔다는 말을 이해 못할 정도로 카페인에 둔감하던 나도 너무 마시다 보니 뜬눈으로 밤을 새우고 출근한 적이 한두 번이 아니었다.

그런데 신기했다. 몸은 천근만근 피곤했으나 행복했다. 점점 원하는 맛이 나오기 시작하면서 꿈이 구체화되어 간다고 생각하니 행복했다.

예전에는 누군가가 나에게 무슨 일을 하느냐고 물을 때 대답을 꺼렸다. 생산직 노동자라서? 아니다. 내가 원하는 일을 하고 있지 않은 것에 대한 자격지심이었다.

'이제 나는 하고 싶은 것이 있지 않은가. 현재의 직장은 목표를 이루기 위한 서브 잡일 뿐이야.'

자연스레 자존감이 올라갔다.

최 실장의 이중생활

드디어 아내의 공방 1층에서 핸드드립 카페를 시작하게 되었다. 주간 2교대 직장에 다니고 있던 터라 퇴근 후 카페로 다시 출근했다. 이중생활이 시작되었다.

이중생활을 한다는 것은 만만치 않았다. 그런데 그냥 좋았다. 바쁘고 피곤하고 힘들어도 살아있다는 느낌이 들었다. 하고 싶은 일을 한다는 즐거움에 하루하루가 즐거웠다.

하지만 카페는 처음부터 삐걱거렸다. 점심시간 손님들이 들어오면 커피 내리기 급급했다. 초보 바리스타가 내리는 핸드드립 커피는 시간이 너무 오래 걸렸다. 어떤 분은 사무실 들어갈 시간이 다 되어 기다리지 못해 돌아가시는 분들도 있었다. 커피가 왜 이리 비싸냐며 나가시는 손님도 있었다. 우리가 판매하는 스페셜티 커피는 원두값도 상당했다. 한 잔에 5,500원. 서울에서는 그리 비싼 가격이 아닐지라도 인천이란 그것도 변두리 동네에선 만만찮은 가격이었나 보다.

1층 꽁커피

 실전 경험이 턱없이 부족했고 카페 경영을 낭만적으로만 생각했다. 고상하게 음악을 틀고 여유 있게 커피를 내리고 한가할 땐 책을 읽을 수 있을 거란 상상은 개꿈이었다. 막상 시작하니 금전적인 매출이 가장 우선순위가 되었고 그 점을 고민하고 좌절하는 일이 대부분이었다.

 회사에 출근하면 쉬는 시간마다 아내에게 핸드폰 메시지를 보냈다.

 "몇 잔 팔았어? 손님 있어?"

 이렇게 1층에 시작한 카페 매출은 형편없었다, 한 달 100만 원도 채 되지 않았다. 하루에 많이 팔아야 7잔.

 그런데 좌절감보다는 오히려 오기가 생겼다. 언젠가는 잘 될 거란 이유 없는 자신감은 어디서 나온 것이었을까?

 그렇게 직장과 카페를 겸업하며 1년 정도가 흘렀다. 회사에 출근할 때에는 아내가 카페를 운영했다. 그런데 아내는 카페 일이 체질에 맞지 않았다. 손님이 들어오는 것이 싫었다고 한다. 작가이기에 작품 활동에 전념해야 했다. 카페 경영은 나의 꿈이지, 아내의 꿈이 아니었다.

매출은 나아질 기미가 보이지 않았고, 몸은 힘들고, 결단의 시간이 필요했다.

선택과 집중

접기에는 너무 아쉬웠다. 생활을 위해 직장은 계속 다녀야만 했고, 카페 운영에만 몰입할 수 없었다. 이 점이 매출에 가장 큰 문제였다는 것을 나중에야 알 수 있었다. 아내와 나는 정말 신중한 고민을 시작했다. 내가 직장을 다니느냐 카페를 하느냐에 대해서 말이다.

어느 날 평소 우리 부부를 아끼는 동네 출판사 대표님이 커피 마시러 들르셨다가 진지하게 제안했다.

"최 실장이 딱 6개월만 돈 못 번다는 생각으로 카페에 올인해 보는 건 어때요?"

참고로 이 동네에서 나는 꽁다방 최 실장으로 통한다. 사업자는 아내 이름으로 되어 있고 아내의 공방에 얹혀 카페를 하기 때문에 직함을 나름 실장으로 정했고 주변 사람들은 나를 최 실장이라고 불렀다. 가게 이름은 꽁다방이었다. 아내의 애칭이 꽁이다.

그 대표님의 진심 어린 한마디 말이 우리 부부에겐 결단할 수 있는 계기가 되었다. 서로 마음은 있었지만, 경제적으로 걱정이 되어서 하지 못한 말을 대신해 준 거다. 선택과 집중이 필요했다.

　카페 운영은 생각보다 쉽지 않다. 편안함과 고상함을 위한 돈벌이로 카페창업을 생각하고 있다면 큰 오산이다. 특히나 1인 카페는 더욱더 그렇다. 혼자 몇 사람의 일을 해야 할 경우가 다반사다. 가게 홍보부터 관리까지 전부 주인장의 몫이다. 가게에 몰방해도 모자랄 마당에 현실에 급급해 투잡거리를 찾는다는 것은 목적 없는 삶의 연장이다.

48세에 찾은
21번째 직장

커피가 나오는 자리에는 우아함과 화려함, 그리고 우호적인 분위기
와 행복이 있다.

- 셰이크 아브드 알 카디르

그날 아침 카페로의 출근은 여느 때와는 느낌이 달랐다.

이제 카페는 나만의 사업체이자 직장이다.

난생처음 내가 하고픈 일을 직업으로 삼은 첫날.

첫날부터 카페 운영의 변화가 시작되었다.

손님의, 손님에 의한, 손님을 위한

모든 것을 손님의 관점에서 보았다.

공간 정리에 들어갔다. 7평 남짓한 1층 공간은 주방을 제외하곤 4인용
테이블 2개뿐이었다. 작은 2인용 테이블 2개를 배치하여 총 3개의 테이블
을 만들었다. 두 개의 테이블은 위치를 바꾸어 좁지만, 옆 테이블과 방해

업장 테이블 배치 사진

가 되지 않도록 배치하였다.

결과적으로 테이블은 늘었는데 의외로 공간은 더 넓게 느껴졌다. 이전보다 좀 더 안정된 느낌이었다.

커피 가격도 타 음료와 동일하게 맞추었다. 핸드드립 커피의 판매가 저조한 이유를 알고 싶은 이유에서였다. 가격이 문제인지 맛이 문제인지의 파악이 시급하다고 판단했다.

실험은 성공적이었다. 점점 핸드드립 커피를 주문하기 시작했다. 여기에는 나의 문제점도 분명 있었다.

핸드드립을 고수할 것인지 커피 머신을 들여놓아 단가를 낮추고 속도를 높일 것인지의 고민은 꽁다방의 숙제였다. 손님이 "아메리카노 주세요."라고 말하면 "핸드드립 커피와 더치 커피밖에 없는데요."라며 어색하게 응대하였고, 손님은 다음에 오겠다며 나가 버리기 일쑤였다. 나의 어색한 태도가 손님과의 첫 대면을 망쳐버린 것이다. 분명 자연스럽게 물 흐르듯이 흘러갈 수 있었는데 말이다.

생각을 바꾸어 보았다.

"아메리카노 주세요."

"네, 알겠습니다. 핸드드립으로 내려드릴까요? 더치 커피로 드릴까요?"

자신 있게 물었다.

손님은 그제야 메뉴판을 들여다보았다. 가격은 이미 다른 음료와 같은 가격으로 수정해 놓았다. "핸드드립으로 주세요." 손님은 자연스럽게 대답했다.

생각의 차이였고 자신감의 차이였다. "아메리카노 주세요."라는 말은 "꼭 머신으로 내린 커피만 주셔야 해요."가 아닌 커피를 통틀어 지칭하는 생활 용어일 뿐이었다. 그렇게 시작된 손님과의 주문 응대는 갈수록 자연스럽게 이어졌다. 아직도 단골들은 카페에 들어서기 무섭게 "사장님, 아아 주세요.", "뜨아 주세요."를 외친다.

꽁다방에서 에스프레소 머신의 쓰임새는 우유 스팀 용도이다. 지금도 커피를 내릴 때 에스프레소 머신을 사용하지 않고 핸드드립을 고수한다.

원두는 스페셜티 커피(지리, 기후, 생산지 등의 특별한 환경에서 자란 커피 중 '미국 스페셜티 커피협회[SCAA]'의 평가를 거쳐 기준점수 80점 이상을 받은 우수한 등급의 커피) 만을 사용한다. 초기엔 힘들지 모르나 조금씩 입소문이 나기 시작하면서 코로나 거리 두기 시점에도 매출은 꾸준히 오르는 현상을 보이고 있다.

유동 인구가 적은 변두리 작은 카페에서 단골은 특히 중요하다. 개업 때부터 지금까지 항상 모닝커피를 꿈다방에서 마시는 옆집 사진작가부터 멀리 파주에서 일부러 커피를 드시러 오시는 중년 신사까지 너무나 소중한 분들이다.

손님 한 분 한 분 기억하려고 애썼다. 재방문하면 먼저 아는 척을 했고 전에 무엇을 마셨는지 기억했다. 그들은 본인을 기억해 주는 것에 반가워했고 고마워했다.

이제 단골들은 커피 주문 시 원두 선택의 고민을 주인장에게 맡긴다. 그리고 주인장이 권하는 원두를 주저 없이 믿고 마신다. 그만큼 그들의 커피 취향을 파악하고 있기에 가능한 일이다.

첫 만남은 손님과 판매자 입장이었지만 지금은 꿈다방의 가족이다. 소통하려 노력했다. 서로의 말에 귀 기울였고 그렇게 손님과 주인의 신뢰가 쌓여갔다. 물론 커피가 맛있어서 오신다고는 하지만 커피로 맺어진 인간적인 유대관계는 정말 중요하다.

그것이 주인장이 내려주는 커피가 되었든, 잔잔히 흘러나오는 음악이 되었든, 개개인의 차이는 있겠지만, 공통점은 소통에 있다.

주인장은 가장 중요한 인테리어

작은 카페는 주인장의 성향이 카페 전체의 분위기를 지배한다. 주인장은 카페라는 무대의 주인공이자 지휘자가 되어야 한다. 콘서트에 온 관객

들을 충분히 만족시키고 기억에 남는 추억의 시간을 만들고 돌아갈 수 있도록 분위기를 조성해 주어야 한다. 각박한 세상에서 치열하게 싸우다 카페 문을 열고 들어와 머무르는 순간만은 잠시나마 문밖과는 다른 세상으로 만들어야 한다. 그것은 진리다.

직장 생활 때문에 아내와 번갈아 운영해야만 했던 카페의 분위기는 두 가지였다. 이제 항상 같은 주인장이 지키고 있는 카페는 점점 최 실장 분위기로 채워지고 고객층도 뚜렷해지기 시작했다. 처음 시작할 땐 젊은 친구들이 와서 입소문 내는 sns에서 핫한 카페가 되었으면 했다. 하지만 지금은 결국 나와 비슷한 연배의 손님들이 대부분이다. 이 지역엔 40대가 편히 갈 수 있는 분위기 좋은 카페가 별로 없다. 그렇다고 나름 핫하다 하는 카페에서 20대들과 어울려 커피를 마시기엔 좀 부담스럽다. 규모가 큰 카페에 비해 동년배 주인과 소소한 대화가 가능한 점도 고객층 형성에 중요한 역할을 했다.

음악도 예전 좋아했던 음악 위주로 플레이리스트를 만들었다. 그 음악을 그날그날 날씨에 맞는 선곡으로 정리했고, 시간대 별로 나누어 점심시간에는 생기 있는 음악으로 활력을 불어넣고, 오후 시간에는 차분한 느낌으로 정리했다. 어릴 적부터 음악을 좋아했던 나였기에 곡 선곡은 재미있는 작업이었다. 손님들이 커피를 기다리며 흘러나오는 음악에 고개를 끄덕이며 박자를 맞추고 가사를 흥얼거린다.

나에게 맞는 옷을 입으면 몸이 편안하듯이 가게 전체적인 분위기에 어울리는 음악은 분명히 있다. 분위기에 맞는 음악이 맞아떨어질 때 카페는 감성을 더한다. 음악에 문외한이라도 요즘은 음악 관련 플랫폼들이 워낙 잘 돼 있어서 상황, 분위기 별로 플레이리스트가 다양하게 정리되어 있으니 이용하면 많은 도움이 된다.

자연스레 우리 카페만의 커피, 분위기, 음악으로 손님들과의 공감대가 형성되고 그분들은 이 동네에 올 때면 항상 들르는 고객이 아닌 식구가 되었다.

복리효과

단골은 단골을 낳았다. 커피가 맛있다고, 분위기가 좋다고, 사장님이 좋다고, 단골은 지인들을 모셔오고, 그분들은 또 다른 단골이 되어 다시 다른 분을 모시고 온다.

이게 바로 복리 이자의 효과였다. 과거 재방문율이 5% 미만이었던 것에 반해 현재 꿍다방 재방문율은 60~70%를 웃돈다.

나는 단골손님들에게 항상 감사하다. 그들은 내가 카페를 하는 이유다.

단골 형성은 지금도 현재진행형이다.

또 다른 고민의 시작

분명 예전보다 손님은 많아졌는데 그에 비해 매출은 기대치를 밑돌았다. 문제는 객단가였다. 작은 가게에서 발생하는 테이블당 매출은 중요했다. 그렇다고 커피 가격을 올리는 것은 좋은 방법이 아니었다.

아내와의 회의가 시작되었다. 아내는 가족이자 사업의 동반자이다. 서로에게 도움을 주면 주었지 절대 피해를 주지 않는 환상의 파트너.

"디저트를 판매해 볼까?"

'디저트라…'

꽁다방은 손으로 내리는 손 맛 나는 커피가 매력적이다. 디저트도 손맛 나게 만들어야 한다.

'그래! 베이킹도 한번 배워보자'

베이킹이란 작업은 커피를 처음 내릴 때만큼이나 나에게 몰입감을 주었다. 고민하고 노력할수록 맛있어지는 결과를 보면 대가가 정직해서 좋았다. 조금만 꾀를 부려 재료를 아끼려 들면 형편없는 맛으로 보답하는 것이 좋았다. 커피와 디저트란 녀석들은 참으로 정직했다.

처음 디저트를 시작하면서 시행착오도 많았다. 커피의 맛을 잡기 위해 노력했던 시간만큼이나 맛을 내기가 쉽지 않았다. 같은 레시피라도 어떤 재료를 먼저 넣느냐 어떻게 반죽하느냐에 따라 그 맛은 전혀 달랐다. 또 한 번의 열정이 폭발하는 순간이었다.

연습과 버리기를 수없이 반복하면서 나만의 맛을 드디어 찾아낼 수 있었다. 그렇게 완성된 디저트는 어느 순간부터 제법 판매되기 시작했고 자연스레 객단가가 높아졌다. 테이블 손님 외에 디저트만 포장해 가는 손님들도 많아졌다. 현재 분류별 매출 현황을 보면 커피와 디저트가 거의 50:50의 비율을 보인다. 디저트를 하고 난 후 커피 매출도 결과적으로 늘었으니 매출은 전에 비해 만족스러울 정도로 증가했다. 디저트 판매가 어느 정도 성공할 수 있었던 요인은 직접 손으로 만든 수제 디저트라는 것이었다. 요즘 디저트를 납품받아 판매하거나 생지를 구매하여 굽기만 하는 카페들을 많이 볼 수 있는데 반면 소비자들은 직접 만드는 디저트에 열광하고 깊은 신뢰를 보인다. 아침마다 디저트를 준비하느라 카페 출근이 빨라지고 몸은 두 배로 힘들어졌지만, 점점 카페를 찾아주시는 분들이 많아지는 것에 즐거웠다.

진심을 담은 커피

나는 참 어리석을 정도로 착한 사람이다. 그 착함이 타인의 욕심을 채우는 데 이용된 때도 많았다. 하지만 카페는 나를 악하게 이용하지도 배신하지도 않았다. 다만 게으름을 피우거나 악한 마음을 품으면 그 대가는 확실히 되돌려준다.

"주인의 몸이 고달플수록 손님들은 만족해하십니다."

요즘 티브이에 방송 중인 '백종원의 골목식당'에 출연했던 어느 돈가스집 사장님의 말이다.

브루잉 중인 최 실장

항상 손님들을 위해 노력하고 고민하고 변화해야 한다.

우리는 인생을 살면서 절대

같은 맛의 커피를 맛볼 수 없다. 그날의 날씨, 온도, 습도, 원두의 보관상태, 커피 내리는 물 온도, 물줄기, 원두 분쇄도 등 커피 한 잔을 내리는 3분 남짓한 시간 동안 발생하는 무수히 많은 변수에 따라 맛이 달라진다.

그중 제일 큰 변수는 커피 내리는 자의 마음가짐이라 말하고 싶다. 고객에게 판매하는 커피는 지금까지 내린 커피 중에 가장 정성을 다해 내려야 한다.

행복 직장

코로나 시대가 길어지면서 창업 시장은 급변하고 있다.

큰 가게 창업은 비싼 월 임차료와 인테리어 비용 등의 투자비용이 만만치 않다. 규모가 있으면 당연히 직원도 고용해야 한다.

현재 최저임금은 시간당 8,720원으로 직원 한 명 채용 시 하루 8시간, 주 5일 근무에 주휴수당까지 합쳐 계산하면 182만 2,480원이다. 물론 장사가 잘되어 직원을 고용한다면 더할 나위 없는 일이지만 매출액 대비 인건비의 지출이 20%를 넘는다면 장기적으로 볼 때 리스크가 상당하다.

작지만 주인장 혼자 운영할 수 있는 10평 카페 창업을 권한다.

최소한의 창업비용 대비 최대한의 매출을 일으켜야 살아남는다.

2020년 언론 보도에 따르면 자영업 창업 아이템 중 카페 창업은 매년 20% 이상 꾸준히 증가하고 있는 데 반해 폐업한 카페의 절반 이상이 오픈 3년 미만인 가게들이라고 한다. 지금의 소비자들은 단순히 커피를 음료로 즐기기보다 그들의 라이프 스타일을 대변하는 문화로서의 가치를 부여하기 때문에 다양하게 즐기려는 소비자들의 니즈를 분석하여 다른 카페와는 분명히 차별화되는 우리 카페만의 포지셔닝을 가져야 한다. 그 것이 메뉴가 되었든 예쁜 인테리어가 되었든 주인장 자신이 되었든 그 차별성을 찾지 못한다면 창업은 잠시 보류다. 그중 커피는 절대 싸구려 미끼 상품이 아닌 주 메뉴로서 자부심을 가지고 승부해야 한다. 창업 전 충분한 시간을 두어 생각하고 연구하고 찾아내어야 한다. 자신만의 색깔이 있는 창업과 주먹구구식으로 유동인구와 유행만을 따르는 창업의 결과는 극명하다. 그것을 찾고 운영을 하는 과정에서 오는 시행착오가 너무 많았기에 다른 카페 창업자들은 그 과정을 최소화하기 바라는 마음에서 전하는 애정 어린 조언이라고 생각해 주면 좋겠다.

과정은 힘들었지만, 현재 원하지 않는 일을 어쩔 수 없이 하던 직장 월급보다 소득도 높아졌다. 1인 카페다 보니 육체적 노동 강도는 생산직이던 직장 생활 시절과 비슷하나 머릿속 정서는 매우 맑음이다.

무엇보다 아내의 신뢰를 얻었다는 것에 가장으로서 큰 행복을 느끼며 살고 있다. 나에 대한 자존감을 느끼고 살아가는 것에 삶의 의미도 변화함을 느낀다. 내가 행복하기에 지금 우리 가정에는 웃음이 있다.

카페지기를 진정으로 원한다면 주저하지 말고 시작하라 말하고 싶다. 당장 가게를 계약하고 커피를 내리라는 말은 절대 아니다. 앞서 말했듯이 충분히 생각하고 찾고 공부하고 연구해야 한다. 그것이 시작이다.

카페창업을 상상하며 준비하는 과정은 그 어떤 일보다도 즐거웠다. 당신의 상상 속 카페가 현실화되는 순간 느끼는 카타르시스는 더할 나위 없을 것이다. 내게 맞는 옷을 입은 카페를 운영할 자신이 있다면 늦기 전에 준비하고 시작하자. 우리 40대는 아직 젊음의 열정이 남아있는 예전 신인류 X세대이지 않는가!

진정한 카페지기로 거듭난 요즘 예전에 조심스레 아내에게 했던 말을 생각하며 혼자 웃곤 한다.

"여보, 나 카페 한번 해 볼까?"

한국 사회에서
주체적인 이주민으로
살아가기

다문화소통 전문가 · 서영숙

서영숙 ▶ 다문화소통전문가

국제이주문화연구소 대표. 문화다양성이 공존하는 사회를 꿈꾸며, 전남대학교 일
반대학원에서 NGO학 석사졸업, 디아스포라학 박사과정을 수료했다. 경북 달성군
이 본적지인 동포후예 4세로 중국에서 태어나 1999년에 한국에 입국했다. 아시아
의 여러 나라에서 온 이주노동자, 결혼이주여성들과 함께 다문화를 주제로 한 연극
을 만들어 무대에 올리고 영화를 제작해 이주민영화제에 출품하면서 이주민들의
삶과 애환을 한국 사회에 알리는 데 기여했다. 다문화사회 발전방안에 대한 TV토
론자, 학회와 공공기관의 이주민, 다문화공동체 관련 토론자로도 활동하고 있다.
2021년에는 '사회적 공감을 위한 필수 합창단'을 기획하여 41주년 5.18 전야제에 참
석했다.

이메일 bul8674@daum.net
연구소 이메일 imci171223@naver.com
블로그 https://blog.naver.com/imci171223
홈페이지 http://www.gjw.or.kr/imci

한국 사회와 관계 맺기

有缘千里来相会 无缘对面不相识

인연이면 천리를 와서도 만나고, 인연이 아니면 서로 마주하고 있어도 알지 못한다.

- 중국 속담

중국, 한국 그리고 전라도 광주

일기일회(一期一會)라는 말이 있다. 일생에 단 한 번의 기회, 단 한 번의 만남이라는 뜻이다. 22년 전 나와 남편도 인생에 찾아온 일기일회(一期一會)의 기회가 인연이 되어 여기까지 오게 됐다.

우리 인연은 국제전화로 시작되었다.

지금의 남편이 된 그의 말에 의하면 어느 날, 회사 사장님과 함께 식사하러 간 식당에서 나오는 중학교 동창이었던 진소를 처음으로 보았고, 중국에서 왔다는 사실을 우연히 듣게 되었다고 했다. 평소 성실한 그를 무척이나 아끼던 사장님은 진소가 중국에서 왔다는 사실에 그보다 더 적극적이셨다고 했다. "내가 친동생처럼 아끼는 동생인데 어쩌다가 결혼 적령

기를 놓쳤으니 결혼 안 한 친구나 지인이 있으면 소개 좀 해 주라."고 틈만 나면 식당을 드나들며 진소를 귀찮게 했다고 했다.

처음에 진소는 몹시 난감했다고 했다. 그도 그럴 것이 우리가 20대를 보내던 그 시절에는 모두 결혼을 일찍 하거나 아니면 아예 안 하거나 늦게 하는 때라 주위를 둘러봐도 마땅히 떠오르는 사람이 없었고, 옆에서는 귀찮게 조르니 적잖이 당황스러웠을 것이다. 결국 진소는 사촌언니네 어린이집에서 교사로 일하는 중학교 동창 영이에게까지 도움을 청하게 되었다.

나와 영이는 초등학교, 중학교를 같이 다녔고, 특히 중학교 3년을 기숙사에서 함께 지낸 그 누구보다 돈독한 우정을 쌓은 사이다. 사연을 들은 영이는 대뜸 나를 지목하면서 "요즘 베이징에서 돌아와 쉬고 있으니 당사자들끼리 통화해 보라고 해라."라고 하면서 냉큼 우리 집 전화번호를 진소에게 알려주었다고 했다. 내 동의도 없이 말이다.

이런 일들을 상상조차 할 수 없던 나에게 어느 날, 한국에서 국제전화가 걸려왔고 수화기 넘어 낯선 남자가 자기는 아무개인데, 누구의 소개로 이 전화번호를 알게 됐다며 대뜸 내년 1월쯤 중국으로 가려고 하니 그때 공항에 마중 나와 줄 수 있겠냐고 물었다. 당황한 나는 친구의 이름을 듣고 얼떨결에 그러겠노라고 하고 끊었다. 속으로는 어차피 저 사람이 올지 안 올지도 알 수 없는 일이고 그때 가서 내키지 않으면 공항에 마중 안 나가면 그만이지 하면서 말이다.

그 후 가끔 안부를 묻는 국제전화가 걸려왔고 드디어 그가 중국으로 오는 날이 정해졌다. 걱정되었는지 입국 하루 전날에도 전화가 왔었다. 공항에서 만나자고. 나는 그러겠다고 약속했지만, 정작 그 사람이 입국하는 날 마중 나가지 않았다. 그날 그의 일행은 공항에서 2시간 넘게 영하 20도가 넘는 추위에 떨며 나를 기다리다 지쳐 한국에 있는 진소에게 전화하여 도움을 요청했고 결국 출산한 지 한 달되는 그녀의 여동생이 갓난아기를 업고 공항에 마중 나갔다.

이튿날 나는 부모님의 반대를 마다하고 그를 만나러 갔다. 로비에서 나를 기다리던 그의 첫인상은 나쁘지 않았다. 빼어나게 잘생긴 외모는 아니었지만 내가 바라는 큰 키에 건강해 보이는 남자였다. 키가 작은 나는 보통보다는 조금 더 큰 키에 가슴이 넓은 남자가 좋았다. 어린 나이에 수려한 외모에다 좋은 가정환경과 직업을 가진 첫사랑을 만났지만 서로 민족이 달랐던 탓에 우리는 연애도 제대로 해 보지 못하고 헤어졌다. 딸이 연애하는 걸 어떻게 눈치챘는지 아버지는 그 아무리 좋은 배경의 사람이라해도 민족이 다르면 절대 반대라고 하시며 그래도 계속 사귄다면 딸로 인정하지 않겠노라고 조용히 엄포를 놓으셨다. 이런 상황에서 시간이 길어질수록 서로에게 상처가 더 클 것 같아 일찌감치 포기하기로 했다. 첫사랑을 잊으려고 나는 한동안 가족을 멀리 떠나 오랜 시간을 객지에서 보내며 몇 년 동안 집으로 돌아가지 않았다.

그런데 지금 내 앞에 나쁘지 않은 외모에 내가 바라던 키도 크고 가슴도 넓은 '저 남자라면 마음고생 않고 살 수 있겠다.' 싶어 보이는 남자가 나를 바라보며 미소를 짓고 있지 않는가! 그는 나중에 2번이나 더 중국에 다녀갔고 우리는 부모님의 허락도 받았다. 아버지가 제일 많이 기뻐하셨다. 이렇게 내 인생에서 미처 예상치 못했던 국경을 넘는 결혼 이주를 선택하였다. 부랴부랴 출국 준비를 서둘렀고 7개월의 준비과정을 마치고 1999년 7월 28일 한국에 입국하면서 드디어 나의 '대한민국에서 이주민으로 살아가기'가 시작되었다.

문득 한국에 오기 전 기억이 떠오른다. 한국에는 광주라는 지명을 가진 도시가 2곳 있는데 앞으로 살 곳이 경기도 광주인지, 아니면 전라도 광주인지 누가 물었다. 전라도 광주라고 대답했더니 음식 맛은 대한민국 최고인데, 지역감정으로 인해 한국에서 제일 발전이 더딘 곳이라고 했다.

나는 이곳 전라도 광주에서 벌써 20여 년째 살고 있다. 지금 광주에서 이주민들이 제일 많이 모여 살고 있는 광산구 월곡동에 있는 '국제이주문화연구소'에서 오래전 기억을 더듬으며 이 글을 쓰고 있다.

나는 중국동포 후예 4세대. 우리 일가는 중국으로 이주한 지 한 세기가 훨씬 넘었지만, 우리 조상들은 재기에 성공하여 다시 고국으로 돌아가기를 잊은 적 없었다. 나는 꿈을 이루지 못하고 중국 땅에 묻힌 고조할아버지, 할아버지를 생각하며 부푼 마음으로 고국 땅을 밟았다. 하지만 대한민국에서 나의 위치는 환대받는 동포 후예가 아니라 가난 때문에 국제결혼을 선택한 중국에서 온 결혼이주여성에 훨씬 더 가까워 있었다.

외국인근로자선교회

큰애가 6살, 작은애가 4살 무렵인 2005년 4월 초의 어느 날, 봄비가 내리는 하늘을 멍하니 쳐다보고 있는데 외국인 근로자 선교회 석 목사님이 전화하셨다. 대교 차이홍 중국어는 잘 다니고 있냐는 안부 전화였다. 3월에 교사로 입사했는데 영업을 하라고 해서 어제 날짜로 딱 한 달 만에 그만두었다는 내 말에, 지금 외국인 근로자 선교회에 간사 1명이 필요하니 함께 일하자고 하셨다. 급여는 80만 원이었다. 나는 이렇게 광주광역시에서 이주민지원 비영리민간단체의 첫 결혼이주민 간사가 되었다.

외국인 근로자 선교회는 한국에서 나의 첫 직장이자 학교이기도 했다. 이곳에서 나는 이주민 인권 복지를 위한 여러 가지 일을 하면서 다양한 사연을 안고 한국으로 온 노동이주민들과 결혼이주민들을 만났다. 우리가 함께 이주에 관한 연극을 만들어 무대에 올리고 영화를 만들던 때가 지금도 내 기억에 아름답고 가슴 찡한 추억으로 남아있다.

2006년, 한국 정부가 '다문화 국가 건설'을 선언하면서 많은 이주민들이 한국으로 유입되었고 내 역할도 더 많아졌다. 학계에서는 이주와 이주민에 관한 논문들이 홍수처럼 쏟아졌고 이주민 지원 현장에서는 각종 토론회, 세미나 그리고 행사들이 진행되었다. 내가 결혼이주민 출신이라는 것을 알게 된 사람들은 사회복지학 공부를 해 보라고 권했다. 이제는 현장에 이주민당사자 사회복지사가 있어야 한다는 게 한결같은 그들의 의견이었다.

30대 초반이던 나는 공부하는 걸 극구 꺼렸지만, 주위 분위기가 모두 공부를 하고 있는 터라 마지못해 2008년 3월 사회복지학과 야간반에 입학하게 되었다. 이때부터 나는 잘 하지도 못하는 공부와 질긴 인연이 되어 전문 학사, 학사, 석사를 거쳐 박사과정까지 지난 10여 년을 낮에는 일하고, 퇴근하면 학교 가기를 얼마 전까지 반복했다. 코로나19가 급물살을 타기 직전인 2019년 2학기까지 박사과정 수료를 마치고, 논문 마무리만 남기고 있다.

사회복지학과에 재학 중이던 2년 동안 그 누구보다 더 치열하게 살았던 것 같다. 학교수업 외에도 일주일에 한 번씩 새벽 첫 버스를 타고 서울로 다니면서 문화관광부가 주관하는 '다문화강사 양성과정'(15주)을 한 번도 빠지지 않고 성실히 이수하였다.

지금 돌아보면 그런 미친 열정이 어디에서 나왔는지 모르겠다. 분명한 것은 연극을 무대에 올리고 극영화를 만들 수 있었던 것 모두가 훗날 학문을 하는 자양분이 되어 주었다는 사실이다. 그러던 2009년 추석 무렵 건강에 적신호가 온 나는 5년 넘게 다니던 대한민국에서의 첫 직장에 사직서를 제출하고 수술 후 한동안 쉼에 들어가야 했다. 배우면서 성장해 나가는 길에는 즐거움, 고독, 열정, 과로가 함께 공존했고 얻은 것이 있으니 잃는 것도 있었다.

한국 사회로의
완전한 참여를 위한 몸부림

> 참여하는 사람은 주인이요, 참여하지 않은 사람은 손님이다.
>
> – 도산 안창호

새로운 경험: 노동부 고용지원센터

이주민이 한국 사회에서 온전한 한국인으로 자리매김해 나가는 것을 기어코 증명해내고 싶었다. 그렇지만 아쉽게도 나는 한 달 만에 큰 걸림돌에 부딪치고 말았다.

실업급여를 받으며 6개월가량 쉬고 나니 노동부 고용지원센터에서 인턴으로 일할 기회가 생겼다. 나는 취업지원과에 배정되었는데, 워크넷에 구직신청서를 입력하는 일부터 디딤돌지원사업 업무보조, 결혼이주여성들을 대상으로 취업상담을 했다.

님들은 좋은 직장에 취직했다고 부러워했지만 지금 생각해 보아도 그곳에서의 한 달은 온통 긴장과 스트레스로 끔찍하게 괴로운 시간이었다. 지나가는 사람을 뜬금없이 불러 세워서는 "선생님, 이곳에서는 저만 조심하면 돼요."라고 하는 정규직이 있는가 하면, 인내심 테스트인지, 3일 연속 옆자리에서 옆자리 또 그 옆자리로 자리이동을 시키는 상사도 있었다. 짧은 시간이었지만 정규직과 비정규직 사이에 드리워진 넘지 못할 장벽, 숨 막히는 수직적 조직구조, 결혼이주여성들을 대하는 사람들의 태도를 보고 있으니 회의감이 들어 하루빨리 이곳에서 벗어나고 싶었다. 결국 한 달 만에 공부를 더 해야겠다는 핑계로 사직서를 제출했다.

가끔 이런 생각이 든다. 그때 참고 견뎌 냈더라면 지금쯤 어떤 삶을 살고 있을까? 혹 정규직으로 전환이 되어 고용노동부 정직원이 됐을까? 그리고는 이내 머리를 흔든다. 그때 함께 입사한 동기들 중 정규직으로 전환된 사람은 한 명도 보지 못했다. 선택 역시 자신이 책임져야 할 몫이다. 나는 노동부 고용지원센터에서 보낸 한 달을 단 한 번도 후회한 적은 없다. 사직서 제출에 대해서도 같은 생각이다. 그저 좋은 사회경험의 기회를 허락해 주신 분들에게 감사할 뿐이다.

사원증을 반납하고 문을 나선 나는 한참을 웅장한 건물을 올려다보면서 생각에 잠겼다. 외국인 근로자 선교회는 광주거주 이주민의 인권복지를 위한 현장으로 나처럼 한국어에 능숙하고 중국어 통역도 할 수 있는 이주민이 적임자인지 모르겠지만 한국 사회에서 그 외의 다른 영역에서는 아직은 이주민을 받아줄 만한 준비가 안 되어 있는 것 같았다.

커리어가 되어버린 전남대학교사범대학 부설 중학교

정말 나는 안 되는 걸까? 실의에 빠져 울적한 나날을 보내고 있는데 반가운 전화 한 통이 걸려왔다. 전남대학교 사범대학 부설 중학교(이하 전대사대부중)상담실에서 급하게 상담지원인력 한 명을 채용하니 서류를 제출해 보라고 했다. 학교가, 나를? 고개를 갸우뚱했지만 한국의 중학교에 대한 호기심을 감출 수 없었던 나는 이튿날 이력서와 자격증을 챙겨들고 교장 선생님 집무실을 노크했다.

교장 선생님, 교감 선생님 그리고 담당자 선생님과 마주한 나는 이주민 출신이라 학교가 나를 어떻게 생각할지 많은 고민을 하면서 오게 되었다고 솔직하게 말씀드렸다. 의외로 그동안의 노력을 치하하며 이주민이라는 출신은 전혀 문제가 되지 않는다고 했다. 학생상담, 학부모 상담 외에도 국제이해교실을 운영하고 중국어를 가르칠 기회를 주신 교장 선생님, 교감 선생님, 그리고 함께했던 모든 선생님들께 이 기회를 빌려 고마움을 전한다. 학교에서 만났던 학생들이 어엿한 어른이 된 지금도 가끔 내게 연락을 해 올 때면 코끝이 찡해 온다. 비록 한 학기라는 짧은 시간이었지만 전대사대부중에서 보냈던 시간은 내 생애 빼놓을 수 없는 자랑스러운 한 페이지로 기록되었다.

나를 찾은 여성장애인성폭력상담소

학교가 여름방학을 하여 집에서 쉬고 있는데 미술심리치료 자격증과정에서 만난 은채 선생님이 전화가 왔다. 언제까지 학교로 출근하냐고 물었다. 예산 문제로 한 학기씩 계약하는 계약직이라 개학이 돼 봐야 알 수 있다고 했더니 그럼 광주여성장애인연대 부설 여성장애인 성폭력상담소에 지원해 보라고 했다. 마땅한 사람이 없어 상담원 자리가 몇 개월째 공석인데 상담이 나와 맞는 것 같기도 하고 채용이 되면 안정적으로 직장생활을 할 수 있고, 또 여성단체이니 나와 잘 맞을 것 같다며 적극 추천했다. 그동안 이주민 상담을 시작으로 노동상담, 취업상담, 학생상담에 이르기까지 여러 영역들을 아울러 왔기에 이튿날 가벼운 마음으로 지원서를 제출하고 돌아왔다.

방학 동안 나는 서류심사와 면접심사를 무사히 통과하고 여성장애인 성폭력상담소에 채용 되어 2010년 8월부터 상담원으로 근무하게 되었다.

(사)광주여성장애인연대는 여성장애인의 인권향상을 통해 평등한 사회, 행복한 세상을 만들어가기 위해 활동하는 여성장애인 당사자 인권단체이다. 광주전남여성단체연합 회원단체인 광주여성장애인연대 부설 여성장애인성폭력상담소에서 보낸 5년의 시간은 내가 여성과 장애, 돌봄, 인권, 페미니즘에 대해 깊이 성찰하고 자신을 새롭게 변화시켜 나아가는 시간들이었다고 말하고 싶다.

이곳에서 나는 단순한 직장인이 아니라 '활동가'라는 분에 넘치는 이름도 얻게 되었다. 무엇보다 가치를 우선시 여기는 삶은 이곳에서부터 싹트지 않았나 싶다. 비영리공익단체가 모두 그러하듯 열악한 환경에서 근무한 보상으로 전남대학교대학원 NGO협동과정에 설치된 '차세대여성정책전문가과정'에서 1년간 장학금을 받고 여성학을 수학할 기회가 생겼다. 1년 뒤 함께했던 대부분의 선생님들은 특별과정 수료와 함께 학교를 떠났지만 나는 1년을 자부담으로 석사과정 수료를 마쳤다. 성폭력상담소 근무를 그만둔 계기도 논문을 쓰기 위함이었다.

일과 학업을 병행하는 일은 너무 힘들다. 성폭력 사건이 인지되면 외근 나갈 일이 너무나 빈번하게 발생한다. 여성장애인성폭력상담소의 특성상 다른 상담소에서는 하지 않는 피해자 방문상담도 해야 했고 경찰 수사 동석, 법원의 재판 모니터링도 나가야 했다. 깊은 고민 끝에 석사논문 완성을 위해 주위의 만류를 뒤로하고 2015년 7월 말일을 끝으로 사직서를 제출했다.

그리고 2016년 2월 전남대학교 NGO협동과정에서 '이주민제작자 영화 작품의 특징과 내용에 관한 연구: 영화를 통한 이주민의 한국이미지 재현을 중심으로'로 석사학위를 취득했다. 30대 초반에 등 떠밀려 사회복지학을 공부할 때에만 해도 불만에 가득 차 '이 나이에 공부를 하려면 박사는 몰라도 석사까지는 해야지.'라고 중얼거렸는데 놀랍게도 8년 뒤 정말로 나는 석사학위 소지자가 되어있었다. 말이 씨가 된 것이다.

지금도 생생히 기억된다. 논문을 쓰려면 먼저 무엇을 준비해야 할지 오랜 고민을 하다가 결국 자기 자신과의 싸움이라고 판단했다. 내안의 게으름과 싸워서 이기려면 무엇을 해야 할까 생각하다가 엉뚱하게 새벽기도를 나가기로 결심했다. 그래서 근처에 사시는 권사님께 나를 데리고 새벽기도에 가달라고 부탁드렸다. 그리고 2018년 3월 18일부터 4시 25분에 알람을 맞춰놓았다. 알람이 울리면 빌떡 일어나 양치하고 세안도 내충 하고 부랴부랴 엘리베이터를 타고 1층으로 내려와서는 권사님이 나를 기다리고 있을 초등학교 후문까지 쉬지 않고 냅다 뛰었다. 4시 40분까지 만나기로 한 권사님과의 약속을 지키기 위해, 그리고 행여 게으름이 나를 멈춰 세우지

나 않을까 싶어서 말이다. 논문을 완성하는 동안 나는 새벽기도를 단 하루도 멈추지 않았다. 논문을 완성하고 나서도 오랜 기간 새벽기도를 나갔다. 훈련이 습관이 되었던 것이다. 컨디션이 악화되면서 새벽기도는 멈추었지만 지금도 여전히 이른 새벽이면 눈을 뜬다. 비록 간절한 새벽기도 시간보다는 끄덕끄덕 조는 시간이 훨씬 더 많았다. 하지만 추우나 더우나 비가 오나 바람이 부나 새벽마다 눈을 비비며 일어났던 그 시간들은 나에게 논문을 완수할 수 있다는 끈기와 인내 그리고 용기를 선물해 주었다. 학위 증서를 받아 든 나는 과정이 결과보다 더 소중하다는 사실을 가슴 뜨겁게 느꼈다. 만약 내가 결과를 내지 못하였다면 지금 이 순간, 과정이 결과보다 더 소중하다는 말을 어떻게 이리 당당히 할 수 있으랴!

문화관광해설사 도전

인쇄소에 논문 원고를 넘기고 나니 할 일이 사라졌다. 그동안 밤새며 보낸 시간들에 대한 보상으로 한동안 마음껏 자고, 먹고 나니 어느덧 개학이 돌아왔다. 큰아이가 고등학생이 되어 본인이 원하던 예술특목고등학교에 입학하여 기숙사로 가니 나는 더 한가해졌다.

어느 날, 광주시에서 문화관광해설사 모집이 있다는 전화가 왔다. 한국어와 중국어로 동시에 문화관광 해설을 해야 하는 자리였다.

그 후 몇 달 동안 나는 문화관광해설사 공부에만 집중했다. 평일에는 아침부터 오후 6시까지, 토요일, 일요일에는 주최측에서 제공하는 도시락으로 점심을 해결하며 7시까지 교육과정이 진행되었다. 이론교육이 끝나자 '문화관광해설사의 집'이 있는 광주시의 모든 관광지를 돌며 선배 해설사의 해설을 듣고, 또 직접 시연을 하는 시간도 가졌다. 이론과 실기(시연)를 모두 통과해야 하는 녹록지 않았던 시간이었다. 몇 개월을 한 교실에서 공부했는데 안타깝게도 실기에서 탈락자도 발생했다. 문화관광해설사 교육을 통해 그동안 광주에서 살면서도 전혀 몰랐던 광주의 역사와 문화에 대해 배우고 지역의 관광지를 하나하나씩 답사하면서 돌아보는 새로운 경험을 하였다.

긴 교육과정을 마치고 광주시립민속박물관에 배정되었다. 한 주에 2일씩 주말에만 근무하기로 했다. 월 40만 원의 고정수입이 생겼다. 평일에는 번역물을 받아서 번역작업을 하고 국제박람회 통역, 기업의 통역도 수행했다. 가을이 되자 대학원 박사과정에 등록하였다. 이렇게 문화관광해설사 도전으로 한 해의 절반을 보낸 2016년도 한가할 틈 없이 분주히 흘러갔다.

또 다른 도전 – 프리랜서 선언

2017년이 시작되자 나는 프리랜서를 선인했다. 이제부터 취직은 절대로 하지 않을 것이며 돈은 최소한 쓸 만큼만 벌면서 내가 하고 싶은 것을 최대한 하면서 살겠노라고 가족들에게 선포했다. 애들에게도 20살만 되면 다 독립하라고 했다.

오랜 시간 직장생활에 얽매여 있다가 시간을 주도적으로 자유롭게 사용하니 마음이 많이 홀가분했다. 가끔 하늘을 올려다 볼 여유도 있었고 길옆에 피어난 이름 모를 작은 꽃들과 눈 맞추며 인사 나눌 시간도 생겼다. 한 달에 70~80만 원 남짓한 수입은 직장을 다닐 때와 투자한 시간을 비교해 보면 그리 적은 편은 아니었으나 괜히 배우자의 눈치를 한 번씩 살피게 되는 건 어쩔 수 없는 현실이었다.

2월이 막 시작되고 임의단체인 '시민의 힘'에서 간사 제안이 들어왔다. 비상근에 활동비 30만 원씩 지원되는 자유로운 자리였다. 회원관리, CMS관리, 자료정리, 회의준비 등 그다지 어렵고 복잡한 업무가 없어 동의했다.

나는 3월부터 '시민의 힘' 간사를 역임하면서 먼발치에서 남의 집 일처럼 방관했던 정치에 대해서 조금씩 관심을 갖기 시작했다. 그동안 가까운 곳에 있으면서도 미처 보지도 느끼지도 못했던 변화와 혁신을 위해 힘과 마음을 모으고 열정을 쏟아내는 깨어있는 시민의 힘 구성원 한 사람 한 사람의 모습을 인상 깊게 눈과 마음에 담았다.

이런 시간들은 이주사회에서 어떻게 하면 주체적으로 살아갈 것인지를 고민해 온 내게 매우 흥미롭고 소중한 기회가 되었다.

4월의 어느 날, 디아스포라학과에서 열리는 학술세미나에 함께 참석하자며 몽골에서 이주하여 얼마 전, 사회학과에서 박사학위를 취득한 난딩 박사가 연락해 왔다. '이주와 다문화'라는 주제의 세미나였는데 세미나 참석자들은 하나같이 대통령 후보자들이 이주민에 대한 정책들을 내놓는 사람이 없다고 비판했다. 나는 정수리를 한 대 얻어맞은 기분이었고, 문득 이런 생각이 들었다. 본인들이 자신들의 문제에 대해 주체적인 목소리를 내지 않는데 누가 대변해 주겠는가.

학술세미나 중 나는 당시 '시민의 힘' 상임대표를 맡고 있던 박시종 대표에게 문자를 보냈다.

"지금 세미나 진행 중인데요, 대통령 후보자들이 이주민에 대한 공약들을 내놓는 후보자가 한 명도 없다고 한 목소리로 비판하고 있습니다. 문재인 후보 캠프에도 이주민 정책이 아예 없는 건가요?"

한참 뒤 연락이 왔고 공약도 보내왔다. '상호문화청' 건립에 관한 내용이었다. 세미나가 끝나고 나는 박시종 상임대표와 긴 통화를 나누었고, 만남을 약속했다.

며칠 뒤 필리핀 리더 이사벨 선생님과 함께 더불어 민주당 선거캠프를 방문했다. 필리핀 이주여성들은 지난 대선에서 유일하게 자발적으로 선거운동에 참여한 경험을 가지고 있다. 하지만 그 누구도 그녀들에게 관심을 가져주지는 않았다. 이번 기회에 다시 한 번 결혼이주민들의 선거참여를 독려하고 정치인들과 지역 사회에 이주민의 참정권을 간과해서는 안 된다는 메시지도 던지고 싶었다. 지역 사회 정치조직의 간사로서 나는 그들에게 도움이 되고 싶었다.

충분한 논의 속에서 타 지역의 경험도 반영하여 우리는 '다문화행복누리특별위원회'를 설치하고 이사벨 선생님과 내가 공동위원장이 되어 선거캠프에 합류했다. 나는 이렇게 선거 과정에서 정치의 중요성을 깨닫게 되었고 정치는 정치인의 특권이 아니라 사회구성원 모두의 책임 있는 역할이라는 사실을 배우게 되었다.

만약 우리가 정치에 무관심하고 정치참여에 소홀히 한다면 국민으로부터 권력을 위임받은 정치인은 국민 모두의 이익보다는 개인적인 이익을 추구하고 일부 특권층의 이익만을 보장하는 위험한 정책을 펴 나갈 수도 있다.

정치는 특별히 정치인이 되어 선거를 치르는 등의 행보 외에도 일상의 삶 속에서도 충분히 드러낼 수 있다. 자기 목소리로 자신의 권리를 주장하며 온전한 주체로 살아가고자 하는 모든 행위 자체가 정치적인 것이다. 정치는 존엄성을 지키는 일이고 행동하는 양심이다. 참고, 침묵하며 외면하는 행동은 변화를 이끌어낼 수 없다.

그 어떤 정당도 이주민의 의견과 권리를 대변해 주지는 않는다. 그러므로 변화를 기다리기 보다는 변화의 주인이 되고 참여자가 되어 변화를 이끌어내야 한다. 논쟁을 두려워하지 말고 설득하고 협상해서 자신의 권리를 지켜내야 한다. 정치는 모여서 한목소리를 내고 힘을 모으는 일이다.

2017년 대선 이후, 지역 사회에도 결혼이주민들의 정치참여를 독려하고 투표권을 중요시하는 정치인들이 눈에 띄기 시작했다. 반가운 현상이다. 이 기회에 역량 있는 결혼이주민 여성들이 한국 사회에서 활발한 사회참여와 더불어 정치에도 적극 참여했으면 하는 바람을 가져본다.

나는 지역에서 작은 변화의 바람을 일으킨 것만으로 충분히 행복했고 뿌듯했다.

새로운 시작-이주민당사자 비영리공익단체 국제이주문화연구소 설립

대선이 마무리되어가고 있을 무렵, 그동안 머릿속에 저장해 두었던 퍼즐들을 꺼내 하나씩 차곡차곡 맞춰나가면서 새로운 도전을 위한 본격적인 준비과정에 들어갔다. 오랜 시간 함께 해온 민다, 이사벨과 만날 때마다 이주민의 역량강화를 위한 지역 사회의 지지와 연대모임의 필요성을 확인했다. 이를 위해 '시민의 힘'과 함께하는 공익활동에 적극 참여하면서 그 첫 목표를 광주광역시에 결혼이주민 당사자들이 설립한 비영리 공익단체를 최초로 등록하는 것으로 정했다.

7월이 되어 이 모임에 참여하고자 하는 회원수가 75명이 되자 나는 단체 설립 취지를 말씀드리고 자문을 구하고자 지도교수님을 찾아뵈었다.

매일매일 가슴이 벅찼던 그때의 생각이 떠올라 글을 쓰다 말고 「국제이주문화연구소 1주년기념 보고서」를 찾아보았다. 2017년 단체 설립 준비를 위한 회의록을 살펴보니 소회의 5차례, 이사회의 2차례가 일시, 장소, 내용을 포함하여 구체적으로 정리되어 있었다. 2차 이사회의 내용을 살펴보니 '내용: 창립총회 준비위원회 구성, 날짜: 2017년 12월 23일, 장소: 광산구 신가동 다온소셜트리'라고 적혀있다.

이런 어마어마한 용기와 추진력이 어디에서 나왔는지 지금 생각해도 모르겠다. 아무깃도 없는 상황에서 지인의 세미나실을 빌려 창립총회를 개최했고, 우리는 희망의 2018년을 맞이했다. 정말로 맨땅의 헤딩이었다.

추운 겨울이 지나 날씨가 조금 풀리자 나는 주위 사람들에게 관리비만 부담하고 사용할 수 있는 비어있는 사무실 공간을 알아봐 달라고 부탁했다. 4월의 어느 날, 자그마한 공간이 있는데 보러 오라고 연락이 왔다. 이리하여 감사하게도 2평 남짓한 인테리어가 잘 된 공간을 보증금 없이 월 10만 원에 계약했다. 바로 옆에는 40명이 들어갈 수 있는 회의실이 있었는데 필요시 이곳도 사용하기로 했다.

이곳에서 리더들과 함께 광주시 첫 비영리민간단체 등록을 위한 서류들을 준비했고, 임시 이사회의를 개최하였으며, 회원 역량강화교육, 리더 독서 모임, 지역 사회와의 연대 활동, 한국문화 체험프로그램, 청와대 견학을 다녀오면서 분주하고 알찬 한 해를 보냈다.

2018년 12월 18일 오후 5시쯤, 시청 담당자로부터 축하의 인사와 함께 비영리단체 등록증이 발급되었으니 찾아가라는 연락이 왔다. 노심초사 기다렸던 한 해의 수고에 보답을 받은 기분은 뭐라 형언할 수 없이 기뻤고 수화기를 내려놓은 두 눈에서는 뜨거운 것이 볼을 타고 흘러내리고 있었다.

이렇게 나는 이주여성이 어떻게 비영리공익단체 대표가 될 수 있느냐는 의문과 편견을 깨고 광주광역시 첫 결혼이주민 당사자 설립 비영리공익단체의 이주여성 출신 대표가 되었다. 용기 내어 내딛는 작은 발걸음은 거름이 되었고 조직의 성장과 더불어 나도 거듭났다.

지난 4년간 많은 일과 변화가 일어났다.

우리는 예상치 못한 코로나 위기를 맞았고, 여러 가지 어려움과 곤경 앞에서 휘청하기도 했다. 하지만 마스크 부족으로 약국 앞에 줄 서서 주민등록증을 제시하고 마스크를 구입하던 그 시절에도 마스크 1,300장과 손소독제를 서울로부터 지원받아 감염병의 사각지대에 고스란히 노출된 지역의 미등록 이주노동자들에게 무료 배분했다. 이주민이라 하여 감염병에 걸리지 말라는 보장이 없고, 미등록이라는 노출하기 어려운 신분 때문에 코로나에 감염되면 지역 사회 안전에도 큰 어려움이 생길 수 있다고 호소하여 구청으로부터 면 마스크 500장을 지원받았다. 그 외에도 이곳저곳에서 지원받은 다양한 마스크들은 포장용기를 구입하여 골고루 포장하고, 마스크 목걸이와 함께 무료 나눔했다. 그뿐만 아니라 매주 토요일마다 모여 '담꽁데이(담배꽁초 줍는 날)'를 진행하면서 지역의 환경개선에도 노력했다.

미혼모로 아이를 출산한 결혼이주여성이 도움의 손길을 내밀었을 때에도 외면하지 않고 연대하고 협력하여 병원비와 유아용품을 지원하고 생활비를 후원했다.

지금도 많은 사람들이 국제이주문화연구소를 운영하는 이유에 대해 묻는다. 어떤 이들은 돈을 얼마나 버는지 묻고 또 어떤 이들은 정치에 입문하기 위함이냐고 묻는다. 이런 질문 앞에서 처음에는 매우 언짢고 불쾌했지만, 지금은 미소로 답할 수 있다. 사람들은 나를 오해할 권리가 있고, 나는 해석할 의무가 없다는 것을 깨달았기 때문이다.

아시아의 여러 나라에서 온 결혼이주민들이 한국의 다문화사회 형성에 기여했다. 초국적 삶을 살아가는 그들은 한국특색의 다문화사회 건설을 위해 우리가 마주해야 할 좋은 파트너이자 대한민국 국민이다.

나는 지금껏 단 한 번도 그들보다 내가 우월하다고 생각해 본 적이 없으며 그들을 프로그램 대상자로 생각한 적은 더더구나 없다. 나는 그들보다 한국어를 조금 더 유창하게 잘할 뿐이고 조금 더 일찍 한국으로 와서 조금 더 많은 것을 알고 있을 뿐이다. 나는 그들과 함께 한국 사회로의 완전한 참여를 꿈꾸며 더 나은 삶으로의 변화를 바란다.

오늘날 우리 결혼이주민들은 자신들이 살고 있는 지역 사회에서 주체적으로 공익단체를 설립하고 전국적으로는 연대하며 네트워크를 형성해 나아가면서 한국 사회 구성원으로서 주체적인 목소리를 내기에 이르렀다.

며칠 전, 전국의 결혼이주민들이 우리도 소중한 한 표를 행사할 수 있는 우리 사회의 구성원이며 시민임을 알리고자 전국에서 한자리에 모였다. 다가오는 대통령선거에서 불공정과 양극화의 문제를 적극적으로 해결하고 다양한 이주민 정책들을 제안하고 협상의 테이블에서 논의와 더불어 우리를 위한 정책들을 우리가 스스로 만들어 내자는 의견을 모으는 자리였다. 비록 짧은 시간이었지만 선주민·이주민 모두 평등하고 살기 좋은 대한민국을 만들어가자는 서로의 의지를 확인했다. 오늘이 선거 때뿐만 아니라 평소에도 이주민과 정치인의 만남이 지속적으로 이루어지는 계기가 되길 바란다.

나는 오늘도
걷는다

> 우리는 단 하루 만에 대인이 되었다가 소인이 되었다가 할 수 있다.
>
> – 폴 클리(paul kiee)

삶의 보따리

결혼하고 3년쯤 되면서 명절증후군이 생겼다. 언제부턴가 명절이 가까워 올수록 극도로 예민해서 화를 내고 분노를 터뜨렸다. 친정이 멀리 떨어져있는 죄로 명절 때마다 시댁에서 1~2일은 기본이고 연휴가 길면 3일까지도 살아야 했다. 그때마다 명절날 오전까지 시댁에서, 오후에는 친정으로 가는 작은집 동서가 그렇게 부러울 수 없었다. 10년만 이렇게 참고 살리라 다짐했지만, 아버님이 돌아가시기 전인 몇 년 전까지 15~16년을 그렇게 살았던 것 같다. 결혼 초기에 친정아버지와 함께 3년쯤 살았는데 죄송하게도 나는 시댁에 가느라 단 한 번도 아버지와 함께 명절을 보낸 적이 없다. 아버지를 외롭고 쓸쓸한 명절을 보내게 한 지난 일들을 생각하면 지금도 미안하고 또 미안하다. 왜 당당하게 '이번 명절은 친정아버지와 함께 보내겠다.'고 말을 못했는지 지금도 생각하면 내가 원망스럽다.

몇 년 전부터 굳이 명절이라고 시댁을 찾지 않는다. 내 마음이 내키는 대로 한다. 두 아이의 의견을 물어 명절에 가지 않겠다고 하는 아이를 데리고 어머니가 좋아하는 봉투에 약간의 선물을 사서 먼저 다녀온다. 나의 행동이 처음에는 주위로부터 온갖 질책과 노여움을 몰고 왔지만, 지금은 아주 자연스러운 일이 되어 버렸다. "시간 되면 와라." 돌아올 때면 어머니가 꼭 하시는 말씀이다. 어르신들이 사위는 '천년손님'이라고 하던데 며느리도 천년손님 대접을 받으면 안 되라는 법이 없지 않는가. 누구는 고대하는 명절이 누구에게는 스트레스와 슬픔이 되어서는 안 된다고 생각한다. 모두가 기다리고 기다려지는 즐거운 명절을 만들어가자. 내가 명절증후군을 온전히 극복하고 치유되는 날이 얼마 멀지 않았다는 생각이 든다.

이주민으로 살아가면서 어떤 차별을 받았는지에 대한 질문을 자주 받았다. 내가 이주민이어서 받은 차별을 굳이 말하라고 한다면 석사과정에서 공부하던 때를 들고 싶다. '국제이주와 사회통합'이라는 수업시간이었는데, 인종과 차별에 관한 논문을 읽고 토론이 있었다. 토론 중 문득 교수님이 나를 지목하면서 내가 만약 피부색이 검은 흑인이었다면 목욕탕에 갈 수 있겠느냐는 황당한 얘기를 하였다. 그의 눈에 나는 뭔가가 아쉬운 한국 남자와 결혼한 이주여성으로 보였던 것 같다. 수업 마치고 나오는데 학생들도 과했다는 생각이 들었는지, 아니면 걸어가는 내 어깨가 너무 축 처져있었던지 몇몇 선생님들이 내게 다가와 한마디씩 건넸다. "선생님, 힘내세요!"

한국 사회에서 이주민으로 결혼이주여성으로 살아간다는 것은 그리 쉬운 일이 아니다. 이주민을 대하는 사회적 인식은 아직도 '동남아시아에서 온 가난한 사람, 가방끈이 짧은 사람, 한국인보다 못한 사람'으로 낙인찍어 놓고 평가하려는 경향이 강하다.

이 편견에서 나도 지금껏 자유롭지 못했다. 나의 학력, 이력, 사회적 배경, 심지어 옷차림, 배우자는 물론 한국에 오는 과정에 이르기까지 온갖 상상력을 발휘해서 이야기를 지어내기 좋아하는 사람들이 있었다. 얼마 전에도 박사논문 때문에 학교에 들렀더니 누가 북한으로부터 한국에 어렵게 입국했다고 하던데 사실이냐는 질문을 받았다. 나는 지금도 이렇게 종종 주변으로부터 이유 없이 의문과 질투와 시기의 대상이 되곤 한다. 그중 온갖 추측을 몰고 오는 또 한 가지가 배우자에 대한 웃지도 울지도 못할 억측이다.

우리 두 사람이 혼사가 오갈 무렵, 그 사람은 전북에서 사업을 하다 망하고 부모님이 계시는 전남으로 돌아온 지 얼마 되지 않은 상황이었고, 수중에 있는 돈을 모두 털어 광주에 아파트 한 채 구입하고 막 새로운 직장을 준비하고 있던 시기였다. 한국에 오자마자 새 아파트에서 시작했으니 어떻게 보면 내가 제일 큰 수혜자가 맞긴 하다. 그런데 그게 뭐가 잘못됐단 말인가?

몇 년 전, 누가 나의 배우자가 외국 원양어선을 타는 미쓰로스리서 내가 하고 싶은 것 마음대로 하고 다닌다는 소리를 나도 풍문으로 들었다. 그리고 몇 년이 지나 내가 '국제이주문화연구소' 비영리단체 등록을 마치자 주위에서는 "남편이 뭐하는 사람이냐? 서영숙이 남자가 누구냐?"며 또 한 번 관심을 불러일으켰다.

그는 원양어선을 타는 마도로스도 아니요, 돈을 많이 벌어다 주는 잘나가는 사람도 아니다. 그저 성실하고 평범한 직장인이다. 결혼 초기에는 내가 시댁 문화에 적응하지 못해 종종 얼굴을 붉히기도 했고, 큰아이 고등학교 진학을 앞두고는 처음으로 언성을 높이며 싸우기도 했다. 그는 술·담배를 전혀 하지 않았고, 365일 매일같이 속옷은 꼭 샤워 후 스스로 손빨래를 하는 사람이다. 언젠가 페미니즘 모임에서 이 얘기를 꺼냈다가 또 한 번 질투의 대상이 되기도 했다.

2002년에 둘째아이를 출산하고 생긴 자궁출혈로 건강이 많이 악화되어 있었다. 거기에다 여러 가지 안 좋은 상황들이 겹치면서 우리 부부는 최대의 위기를 맞았다. 2018년 9월, 사소한 언쟁에 자존심이 상한 나는 아이들을 데리고 정말로 집을 나왔고, 우리는 웃으면서 협의이혼에 서명했다. 화끈하게 싸우고 진지하게 소통했더라면 상황을 이렇게까지 악화시키지 않았을 수도 있었을 텐데, 그동안 우리는 마치 참는 게 미덕인 것마냥 서로 참으면서 문제를 외면해 오다가 수습하기 힘든 상황으로 만들어 버렸다. 참아온 시간들 때문에 한동안 서로 스스로가 스스로를 가장 힘들게 하는 시간들을 견뎌야 했다.

다행인지 불행인지, 아직은 알 수 없지만 얼마 전 아이들 아빠가 우리 곁으로 돌아오기를 원해 무엇보다 두 아이의 뜻을 존중해 우리는 다시 4명이 되었다. 고등학교 진학문제로 아빠와 많은 갈등을 겪었던 큰애가 조금씩 마음을 열어가는 것 같아 다행스럽고, 늘 아빠를 염려하면서도 내 곁을 든든히 지켜 주던 작은애 얼굴에 요즘 들어 더 많은 미소가 번지는 것 같아 한시름 놓인다.

결혼을 선택했고, 아이가 있기에 내 자신의 행복보다는 우선 부모라는 책임에서 자유로울 수 없었다. 그래서 우리는 어쩌면 많은 순간들이 괜찮지 않은데도 괜찮은 척할 수밖에 없었는지 모르겠다. 누군가 했던 말이 떠오른다.

"당신이 많은 순간을 괜찮지 않은데 괜찮은 척하며 살아왔다면 정말 많이 애쓰셨습니다. …이제 괜찮을 겁니다."

대안적 삶의 맛과 멋에 대한 상상과 열정으로 춤추며

살고 사랑하고 웃으라. 그리고 배우라.

- 엘리자베스 퀴블러 로스 박사의 『인생수업』 중에서

6살 무렵, 외갓집 근처로 출장을 가시는 아버지를 따라나섰다가 외갓집에서 유년시절과 학창시절을 보냈다. 경상도 사투리를 사용하는 6살 꼬마를 함경북도 사투리를 쓰는 외가의 가족들은 물론 선생님과 친구들도 모두 반겨 주었다. 그래서인지 세월이 흐르고 나이가 들수록 선생님과 친구들이 사무치게 그리워진다.

내게도 여유가 생겨 지난 기억들을 소환할 때쯤 나를 위로해 주기라도 하듯 내게도 스승님이 생겼다. 석사 논문의 지도교수로 만나 논문완성을 이끌어 주셨고 예상치도 않았던 박사과정의 학업을 이어 가도록 지지해 주었다. 주정민 교수님은 내가 국제이주문화연구소를 이끌어가면서 어려운 일에 부딪힐 때마다 자문과 피드백을 구하고 또 편하고 자유롭게 내 생각을 말할 수 있는 분이다. '국제이주문화연구소'라는 단체명도 그이께서 지어주셨다. 훌륭한 스승님을 마음에 담아 둘 수 있어 감사하고 행복하다.

삶의 여정에서 끊임없이 내 자신의 가치와 존재, 쓸모에 대해 자문할 수 있었던 건 많은 이들로부터 받은 넘치는 사랑이 있었던 덕분이다. 내게는 무한한 사랑을 주신 조부모님, 부모님, 은사님, 친구들이 있다. 이외에도 삶의 여정에서 만난 수많은 괜찮은 사람들이 있다. 그들은 삶의 순간순간마다 내게 나타나 필요한 조언과 신뢰와 사랑을 주었다.

잘 사는 삶이란 할 수 있는 일에 최선을 다하고 조금은 덜 이기적이며 사회적 책임을 외면하거나 회피하지 않는 삶이 아닌가 생각한다. 가장 가까운 주위 사람들부터 살피고 나누고 배려하는 삶이 일상이 된다면 그 삶은 스티브 잡스나 마윈 회장처럼 화려하지 않아도 충분히 가치 있고 의미 있는 삶이라 하겠다.

사회를 위해 할 수 있는 일이 무엇일까 고민하고 찾다가 작년부터 헌혈을 시작했다. 종종 건강상태가 좋지 못해 그냥 돌아오는 날도 있지만 헌혈을 시작하면서 나에게도 나눌 수 있는 것이 있음에 감사하고 헌혈을 위해 건강관리에도 신경 써야 하니 더욱 감사하다. 내가 다른 사람들에게 조금이라도 도움이 되면 좋겠다.

지난 4년간 국제이주문화연구소를 경영하면서 많은 사람들로부터 마음의 빚을 졌다. 어려운 가운데서도 후원금을 보내주시고 응원해 주신 많은 선생님들께 이 기회에 고마움을 전한다. 후원금 신청서를 써 주시겠다고 먼저 말씀하시고 첫 신청서를 작성해 주신 김천수 교수님, 나에게 페미니즘을 가르쳐 준 권현희 선생님, 황정아 선배님, 일부러 찾아오셔서 후원회원 신청서를 써주고 가신 주경미 선배님, 항상 먼저 "제가 도와드릴 것 있을까요?" 물어오는 정성주 센터장님, 옆에서 늘 용기와 힘을 북돋아 주고 계시는 든든한 어른 오월민주여성회 윤청자 회장님, 국제이주문화연구소 일이라면 내 일처럼 언제나 꼼꼼히 신경 써 주시는 평화포럼의 박미옥 대표님, 이천영 목사님, 오혜경 약사님, 김삼호 구청장님, 차승세 선생님, 신정호 대표님, 김용태 교장선생님…. 모든 분들의 이름을 불러드리지 못해 미안하다. 내가 무슨 인복이 이리도 많아 돈으로는 살 수 없는 것들을 이렇게나 많이 가졌는지 모르겠다.

비록 결혼이주가 내 삶의 많은 것들을 바꿔놓았지만 내가 받은 사랑은 지금 이곳 대한민국에서도 싹트고 꽃 피우고 있다. 포용국가와 문화다양성 사회를 위한 인식 개선, 평등한 사회구조와 개선되어야 할 다문화 정책과 제도, 한국 사회에서 결혼이주민의 완전한 사회 참여와 사회 진출을 위한 역량 강화교육…. 아직 나를 필요로 하는 사람들이 있고 해야 할 일들이 많이 남아 있다. 의미 있고 가치 있는 이 길에 그대의 동참을 기다리며 정중히 초대장을 보내드린다.

나는 오늘도 걷는다. 대안적 삶의 맛과 멋에 대한 상상과 열정으로 춤추며, 그리고 끝까지 이 글을 읽어 준 그대에게 고마움을 진하며 오늘도 힘차게 걷는다.

칭찬과 믿음이
수학바보를
수학영재로

초등수학 부모교육 전문가 · 김정

김정 ▶ 초등수학 부모교육 전문가

초등학생 부모들은 아이들이 자연스럽게 수학의 개념을 이해하고 연산을 능숙하게 하도록 해야 한다. 연산은 논리적인 사고의 디딤돌이다. 4차 산업혁명 시대, AI를 기반으로 하는 미래 사회에서는 수학이 기본이다. 자녀를 수학의 기초가 되는 연산의 신으로 만들어 수학에 대한 자신감을 갖게 해야 한다.

특목입시컨설턴트
청소년비전코치전문강사
학습코칭컨설턴트
고려대학교 교육대학원
서울교육대학교 대학원
(전) 종로학원수학강사
(현) 방배동 김정수학 학원 원장
대한민국 가치경영대상수상(2014)

대입컨설턴트 2급
진로독서컨설턴트 2급
수학스토리텔링지도사 3급

이메일 kimjung5757@naver.com
블로그 https://blog.naver.com/try9911/222533719729
카카오톡 https://open.kakao.com/o/gKXSs1Xc

초2 구구단도 못 외우던 아이가 수학 학원 원장이 되다

나를 괴롭히던 구구단

내가 초등학교 2학년 때 일이다.

시골에서 학교를 다녔기 때문에 학교에서 공부하는 시간 외에는 모든 시간은 노는 시간이었다. 언니, 오빠들은 공부 안 하면 야단을 맞곤 했는데 나는 마냥 놀고먹고 해도 아무도 관심을 주지 않았다. 방학숙제 중 가장 어려운 일기쓰기도 언니, 오빠 것 다 베껴서 내면 그걸로 끝이었다.

2학년 어느 날 구구단을 못 외워서 방과 후에 남아서 외운 기억이 난다. 선생님께 "왜 구구단을 외워야 하나요?"라고 물었더니 "쓸데없는 소리 하지 말고 외우기나 해."라고 핀잔을 주셨다. 구구단을 못 외우는 학생들은 남는다는 것을 알면서도 왜 난 집에서 구구단을 외우지 않았을까? 지금 생각해 보면 수학을 정말 싫어한 것이 분명한 것 같다.

하루는 나만 남게 되었다. 담임 선생님께서 나를 남겨놓은 줄도 모르시고 퇴근 하신 거였다. 학교 문 잠근다고 빨리 집에 가라는 소사아저씨(요즘 경비아저씨) 말을 듣고 집에 갔는데 집에 가서 엄청 야단을 들었다. 이유도 묻지 않고 말이다. 단지 늦게 집에 왔다는 이유였다. 저녁 먹으면서 우리 선생님은 너무 나쁜 사람이라고 고자질했다. 온 가족이 동시에 왜? 라고 물으며 나를 응시했다. "구구단을 못 외워서."라고 아무렇지도 않게 대답했다.

저녁을 먹자마자 오빠가 따라 나오라고 했다. 구구단의 원리와 왜 외워야 하는지를 설명해 주겠다며 "마당에 선을 2개, 3개, 4개… 9개를 그려."라고 했다. 난 일단 기가 죽어서 시키는 대로 했다. 곱셈을 할 때 몇 개의 선만 그어보면 구구단을 할 필요 없이 답이 구해졌다. 숫자의 개수만큼 선을 그은 뒤 교차점의 개수를 더하면 결과가 나오는 것이었다. 예를 들어 3단을 알려면 세로선 3개를 그어놓고 가로선을 1개, 2개, 3개… 9개를 그어본다.

선이 하나씩 늘어나면서 달라지는 규칙을 눈과 손으로 느꼈다. 그날 저녁 너무 신기하고 재밌어서 선과 선이 만난 점 위에 구슬을 올려 놓아보고 신나 했다. 배운 곱셈의 원리를 알고 11×11, 12×12, 13×13… 19×19를 익혔다. 선생님한테 너무 자랑하고 싶어서 잠을 설쳤던 기억이 난다. 다음 날 수학시간이 되자마자 "선생님, 저 구구단 다 외웠어요! 선생님, 17×17이 얼마예요?"라고 물었더니 선생님은 칠판에 17×17를 써 놓으시고 "7, 7은 49" 하면서 직접 계산을 하셨다. 그때 "289입니다."라고 대답했다. 선생님은 "어떻게 알았어?"라고 물으셨다. 난 외웠다고 했다. "쓸데없는 것을 외웠구나."라고 또 핀잔을 들었다. 그날 이후로 선생님이 칠판에 수학문제를 내면 제일 먼저 손을 들고 대답했다. 하지만 칭찬을 들었던 기억이 거의 없다. 물론 틀린 답도 많았다.

나를 바꿔 놓은 칭찬의 힘

그렇게 2학년, 3학년이 지나고 4학년 2반이 되었다. 아주 깐깐한 여선생님이 담임 선생님이셨다. 여름방학 시작되기 전 수학경시대회 예선전을 보았다. 선생님께서 "야, 너는 수학감각이 좀 있는 것 같구나. 우리 반 최고 점수다."라고 하시면서 내일 2차 예선전을 해서 성적순 2명을 뽑는다고 하셨다. 기분이 좋았다. 하지만 이어서 선생님께서 "뽑힌 2명은 여름방학동안 학교에 나와서 경시대비 공부를 해야 한다."라고 말씀하셨다. '방학 동안은 노는 건데 학교를?' 순간 나는 실망을 했다. 그리고 다음 날 시험지에 답을 쓰지 않고 그냥 냈다. 난 방학 때 곤충 잡으며 노는 게 제일 재미있었다. 그 즐거운 곤충놀이를 수학경시 대비로 빼앗길 수는 없었기 때문이었다.

이틀 후 담임 선생님께서 가정방문을 오셨다. 난 아무런 이유도 없이 무서워서 집 밖으로 도망가 버렸다. 선생님이 가셨다는 친구의 말을 듣고 집으로 갔다. "이번 방학은 학교에서 보내야겠다."라고 엄마가 말씀하셨다. 난 1초도 안 걸려서 "싫어. 방학 때 학교 가는 건 싫어."라고 짜증을 냈지만 결국은 방학 내내 학교에서 수학공부하며 보냈고 학교 대표로 경시대회에 출전하게 됐다.

그런데 이게 웬일인가? 1등을 한 것이다. 개학 후 운동장에서 시상식을 했다. 그날 이후로 난 학생들 사이에서 수학을 잘하는 아이로 여겨졌다. 선생님께서는 학교를 빛냈다고 운동장 풀 뽑는 봉사활동도 면제시켜주셨다. 그 후로 학교 등교시간이 달라지기 시작했다. 일찍 도착해서 선생님께 수학문제를 질문하면서 선생님의 관심을 받는 재미였다. 그 덕분에 집에서도 수학공부를 하는 습관이 생겼다. 돌이켜보면 4학년 담임 선생님의 칭찬덕분에 수학을 좋아하게 되었다.

4학년 담임 선생님을 생각하면 또 하나의 추억이 있다. 생각하면 웃음이 난다. 요즘 학교에서는 상상도 할 수 없는 일이다. 전교생 가을 글짓기 대회를 하는데 우리 반 대표로 나가게 되었다. 동시 파트였다. 아마도 나를 대표로 내보낸 이유는 아침마다 수학을 질문했기 때문인 것 같았다.

대회준비로 연습하는데 너무 못하고 있었다. 담임 선생님이 오시더니 첫머리에 "우리 엄마. 머리에 이고 장사 가시는 우리 엄마."라고 쓰셨다 "우리 엄마 장사 안 하시는데요?"라고 말했더니 "동시는 현실이 아니라도 괜찮은 거야."라고 말씀하셨다. 나도 선생님이 잡아주신 초안에 맞춰서 우리 엄마를 보따리 장사꾼으로 만들었다. 선생님께서는 "동시는 그런 거야. 아주 잘했어."라고 칭찬해 주셨다. 담임 선생님이 복도에서 옆 반 선생님한테 나를 칭찬하는 이야기를 들었다. 눈물이 핑 돌았다. 그날 이후로 나의 꿈이 생겼다. 글 쓰는 작가가 되고 싶은 꿈이었다. 그 덕분에 책 읽는 게 취미가 된 때도 있었다.

나는 수학 학원을 18년간 운영하면서 4학년 때 담임 선생님처럼 학생들에게 칭찬하며 집요하게 지도하고 있다. 여러분의 자녀도 칭찬을 해 주면 수학을 잘 할 수 있다고 자신 있게 이야기할 수 있다. 당신의 자녀가 수학의 어려움을 겪고 있다고 실망하지 마라. 나 역시 구구단도 못 외우던 수학 바보, 수학 찌질이 취급을 받았던 아이였지만, 작은 성공경험과 선생님의 칭찬으로 수학을 좋아하게 되었다.

2학년 때 구구단도 못 외우던 내가 4학년이 되어 학교 대표로 수학경시대회를 나가게 되고, 시를 지어보고…. 이렇듯 아이들에게 칭찬과 관심은 무한한 가능성을 만들어준다.

구구단도 못 외웠던 수학 학원 원장

지금도 학생들이 구구단 때문에 힘들어하는 아이들을 보면 어김없이 나의 강의실로 불러서 오빠가 나에게 설명해준 방법대로 알려주며 외우면 얼마나 편리한지도 설명해 주면 "구구단이 이런 거였어요?"라고 대부분 쉽다고 말한다.

그 아이들의 표정을 보면서 나의 어린 시절을 상상해 본다. 그 후 5학년 때 언니가 부모님을 설득해서 주산 학원을 다니기 시작했다. 그것이 나에게 사교육의 시작이며 연산의 신이 될 수 있게 만들어줬고 수학에 자신감을 갖게 해준 첫걸음이 되어주었다. 수학교육을 엄밀히 말하자면 '연산'을 포함하여 '추론', '이해', '문제해결력' 등을 목표로 삼는 과목이다. 초등학교 수학이 대부분 계산 위주로 되어있는 이유는, 아동 발달기부터 고등의 추론 과정을 요구하기엔 적합하지 않아서다. 일단 수학에 친근함을 가지는 게 우선이기 때문이다.

그래서 초등시절 수학을 잘 하고 즐거워할 첫 번째 조건이 연산이라고 생각한다. 연산의 속도와 정확도는 수학실력의 기본중의 기본이다. 연산은 훈련으로 최상위가 될 수 있다.

당신 자녀를 수학을 잘하는 아이로 키우고 싶다면 초등 저학년 때 사칙연산의 훈련으로 연산의 신을 만들면 수학 상위 1%의 가능성은 매우 크다.

신이 나에게 주신 가장 큰 은혜가 어떤 학생도 내 손에 오면 수학을 할만한 과목으로 만들어준다는 것이다. 아니, 만들고 만다. 가끔 "쌤, 수학은 이제 껌이네요."라며 농담하는 아이들도 있다. 그만큼 수학이랑 친해졌다는 이야기다.

나는 오늘도 수학을 가르칠 수 있어서 좋다. 방배동에서 18년째 수학을 가르치며 학생들과 수학과 즐거운 씨름을 하며 지낸다. 내 삶이 그냥 수학으로 똘똘 뭉쳐버렸다. 학생들과 수학공부 할 때가 가장 행복한 사람이 돼 버렸다. 아마도 죽기 전날까지 수학을 할 것 같다.

"엄마 아빠, 수학선생님 만들기 프로젝트를 만들어 볼까나?" 하고 혼자 중얼거리며 뭔가 하나둘 만들어가고 있다. 벌써 200여 개 강좌가 완성되어가고 있다. 전국에 있는 초등학생 자녀를 둔 엄마, 아빠들을 온라인에서 만날 날을 생각하면서 만들고 있다. 엄마, 아빠가 배워서 자녀들과 함께 수학개념을 토론하며 익히고 모르는 문제는 zoom을 이용해서 실시간으로 질의응답을 하는 시스템이다. 이 시스템이 자리를 잘 잡으면 아마도 대한민국 초등학생들에게 수학을 할 만 한 과목으로 만들어주는 최선의 방법이 아닐까? 이런 시스템을 통해서 공부하면 "이게 수학이란 말이야? 수학이 이렇게 쉽단 말이야?"라는 자녀들의 목소리가 들려올 것 만 같다. 온 가족이 수학을 생활화 하면 가족행복 지수도 엄청 상승할 것 같다. 생각만 해도 기분이 좋다.

미래를 바꾸는
전략적 초등수학 교육

시작부터 남다른 상위 1% 전략

수학 내공의 힘을 기르기 위해서 부모가 해야 할 일은 뭘까?

초등부터 대입까지 흔들리지 않는 수학 실력을 쌓기 위해서는 어떻게 공부해야 할까?

늘 고민하면서 더 좋은 방법을 찾아서 설명회를 하며 학부모님들과도 손발을 맞추며 학생들을 케어하고 있다.

수학은 개념적 연계성이 높은 학문이다. 따라서 단편적인 개념의 정의만 알고 이해하는 것보다 연결되는 개념의 관계를 아는 것이 중요하다. 이러한 수학적 특성을 고려한 학습법이 필요하다. 요즘엔 나만의 BGN공부법 (https://blog.naver.com/try9911/222420803635)을 만들어서 몇몇 학생들에게 방학 동안 실천해 보았다. 결과는 대만족이었다. 1학기 중간고사에서 이 공부법으로 전 과목 만점자를 만들었다. 이미 검증된 공부법이다.

초등학교 때 수학을 곧잘 하던 학생이 중학교에 가서 갑자기 성적이 떨어지는 경우, 앞서 배운 개념 이해가 부족하거나 배운 개념을 다른 개념과 연결하는 학습 능력이 부족하기 때문이다. 연결된 개념을 완벽하게 이해하고 깊이 있는 심화 학습으로 응용력을 탄탄하게 길러야 된다. 특히 초등학생들은 학교시험이 없어서 객관적인 평가가 쉽지 않다. 이럴 때 엄마 아빠의 할 일이 있다. 외부경시대회에 관심을 갖는 것이다.

자녀들의 수학실력을 평가해 볼 수 있는 것이 경시대회이다. 외부 경시대회를 참가해 보면 성적이 결과를 말해준다. 그 성적을 토대로 부족한 부분을 집중적으로 케어해서 올리면 수학성적이 확 올라간다.

수학은 문제를 해결하며 실력이 늘어가는 과목이다. 문제를 읽자마자 이 문제에서 요구하는 수학적 개념이 저절로 떠올라서 그 문제를 해결할 수 있어야 정확하게 알고 있다고 본다.

또한 문제를 풀고 나면 틀린 유형을 분석하여 유사문제와 응용문제로 실력을 다지고 오답 학습을 하게 되면 자녀들의 수학은 완벽해진다.

자녀들이 틀린 문제나 어려운 문제는 반복해서 오답노트로 정리하고 문제에 담긴 본질적인 개념을 완벽하게 이해할 때까지 여러 번 반복해서 풀어보게 하면 실수가 줄고 자신감이 생긴다. 실수를 줄이는 것이 수학 실력을 높일 수 있는 지름길이다. 아이들은 종종 자기가 어려워하는 부분을 하기 싫어하고 자꾸 미루게 된다. 멘토들은 이런 부분을 잘 케어해 줘서 성적을 올려주기 때문에 좋은 멘토 고르기 좋은 학원을 고르기가 부모의 할 일이다. 이것이 상위 1% 안에 들어가는 전략의 한 가지다.

학부모님과 학생들은 학년이 바뀔 때보다 초등에서 중등으로, 중등에서 고등으로 학교가 바뀔 때에 더 많이 긴장할 수밖에 없다. 초등학교에서 중학교, 중학교에서 고등학교로 올라갈 때마다 교육과정이 바뀌고 또

학습 방향과 방법이 많이 달라지기 때문이다. 그래서 학부모님들도 힘들다. 하지만 내 자녀의 미래를 위해서 노력이 필요한 것이다.

아이들의 좋은 성적을 위해서 초등 때부터 무엇을 챙겨야 할까

첫 번째로 자기주도적 학습이다.

초등 때는 학습 방법이나 문제 유형이 한순간에 달라지기 때문에 이에 적응하는 일이 쉬운 일은 아니다. 그중에서도 특히 어려움을 겪는 과목이 바로 수학이다. 수학은 욕심부린다고 하루아침에 완성되는 과목이 아니다. 많은 학생들이 선행과 심화 학습을 한다고는 하지만 그래도 어려운 과목이 수학이기 때문에 대부분 학생들이 싫어한다. 특히 초등학생 때와는 다르게 교복을 입고 달라진 환경에서 스스로 공부를 하고 계획을 짜야 하는 중학생 시기에 수학 학습을 제대로 익히지 못한다면 나중에 흔히 말하는 '수포자'가 될 가능성도 높아지게 된다. 그래서 나는 초등수학이 대학을 결정한다고 부르짖는다.

따라서 어린 초등학생 시절 스스로 공부하는 습관을 가지지 못한다면 더더욱 중학생 시기엔 어려워진다고 본다. 부모님에 대한 반항심이 더 심해지는 사춘기에 접어들기 때문에 싫은 것을 억지로 강요하다간 반발심만 커질 수도 있기 때문이다. 초등수학의 중요성은 아무리 부르짖어도 나쁘지 않다고 생각하는 이유다.

사실 이미 많은 초등학생들이 선행학습을 해서 중학교 수학을 배웠다고는 하지만 그럼에도 소홀히 해서는 안 되는 게 수학이다. 초5~6부터는 공부하는 시간 총량 중 75% 이상을 아니 85% 이상을 수학에 치중해야 된다. 이것은 내가 그동안 가르쳤던 수천 명의 학생들의 결과로 확인한 데 이터다.

두 번째로 개념을 익혔다면 응용문제와 심화문제를 하나씩 풀어보는 것이 좋다.

"원장님, 우리 아이는 중1 과정을 했는데 또 하나요?"

대부분 초5, 6 학부모님들의 질문이다.

중등과정을 선행할 때 절대로 서두르면 안 되고 옆집아이와도 비교해서도 안 된다. 꼭 비교하고 싶다면 한 달 전 우리 아이의 모습과 비교하면 된다.

특히 중1 과정은 아주 촘촘히 잘 다져놓고 지나가야 한다. 중1은 학교에서 정기시험이 없어서 실력체크가 어렵다. 물론 수행평가로 실력을 평가하고는 있지만 대충 넘어갈 확률이 매우 높다. 중1 선행은 어떤 학생을 막론하고 최상위수학까지 공부하기를 강력히 추천한다. 그래야 후회하지 않는다.

개념과 관련된 문제를 반복해서 풀어봄으로써 단원에 자주 쓰이는 공식을 자연스럽게 암기하게 되고 이를 잊어버리지 않도록 만드는 것이 중요하기 때문이다.

다양한 유형을 접한다면 나중에 공식을 응용하게 되는 문제를 만났을 때에도 필요한 공식을 활용하면서 풀 수 있게 된다.

만약 초등학교 저학년 때부터 꾸준하게 수학을 잘해 상위권을 유지한 학생이라면 기본 개념이 탄탄하게 잡혀있는 상태라고 볼 수 있다. 이럴 때에는 멘토나 학원을 통해서 고난도 수학 학습을 보다 확장시키는 것이 필요하다.

상위권의 학생들이라면 공식을 응용해서 푸는 방법을 통해 최대한 다양한 유형 및 문제를 접해 보는 것이 좋다. 초등학생 때 중학교과정을 공부하면서 미리 응용문제를 접하고 풀어나가며 창의력을 기른다면 고등학교에 들어가서도 응용문제를 익숙하게 풀 수 있게 된다는 장점도 있다.

수학을 잘 해야 되는 진짜 이유는?

AI시대 인공지능 로봇이 바꿀 세상에 대한 관심이 매우 높다. 우리 아이들이 살아갈 미래 사회는 로봇이 대체되는 일과 로봇으로 대체할 수 없는 일로 구분해서 미래의 유망 직업을 판단하고 있는 현실이다. 앞으로 새롭게 생길 직업보다는 없어질 직업이 더 많아진다는 뉴스가 눈만 뜨면 나온다.

그렇기 때문에 요즈음 부모님들은 우리 아이들을 위해서 10년 후를 예측하면서 진로목표와 진학목표를 세우는 것을 시작해야 한다.

2025년부터 실시되는 고교학점제에 대해서도 정확히 공부해서 자녀의 진로선택에 도움을 줘야 한다. 도움을 받은 학생들은 미리미리 준비하게 되면 진로선택에 큰 힘이 된다. 분명한 현실이다. 언론에서는 미래의 유망한 직업에 대한 기사가 넘쳐나고 있다. 직업탐구활동에서도 로봇이나 인공지능에 대한 관심을 기울여야 한다. 특히 자유학기제를 맞는 중1 학생들은 미래의 직업세계에 대해 다양하고 좀 더 깊게 해야 한다. 로봇이 대중화되면 공부하는 방법도 달라져야 하기 때문이다. 자녀와의 많은 대화를 통해 자녀가 좋아하는 관심부분을 경험하면서 문제 해결하는 방법을 알아내는 힘을 키워주는 게 가장 좋은 방법이다.

로봇, 인공지능, 사물인터넷, 무인자동차, 드론 등으로 대표되어지는 제4차 산업혁명을 맞으면서 수학의 중요성이 점점 더 커지고 있다. 이 분야는 모두 수학을 근간으로 사고력과 문제해결력이 있어야 가능한 분야이기 때문이다.

이에 따라 산업수학 전공자의 수요가 기하급수적으로 늘어날 전망이며, 수학실력이 바탕이 되어야 하는 이공계열에 대한 정원 확대와 취업 수요 또한 매우 밝다. 수학능력의 중요성이 커지고 있는데 어떻게 하면 수학을 포기하지 않고, 수학공부를 잘 할 수 있을까? 초등수학이 이 모든 방향을 결정한다 해도 과언이 아니다.

요즘 과정 중심의 평가가 늘어나면서 수포자의 비율 또한 늘고 있다. 지난해 기준으로 수포자의 비율은 초등학생 36.5%, 중학생 46.2%, 고등학생 59.7%에 이른다.

초등학생이 수포자가 36.5%라는 것은 너무나 가슴 아픈 일이다. 내가 18년 동안 수학 학원을 하면서 수많은 학생과 다양한 학부모를 만나 경험한 바에 따르면 대부분 초등학생이 수포자가 되는 이유 중 하나는 학부모 그것도 엄마의 사고가 가장 크게 작용을 하는 것 같다. "원장님, 우리 아이는 선행은 시키지 말고 현행만 시켜주세요. 그런 반에 넣어주세요."라

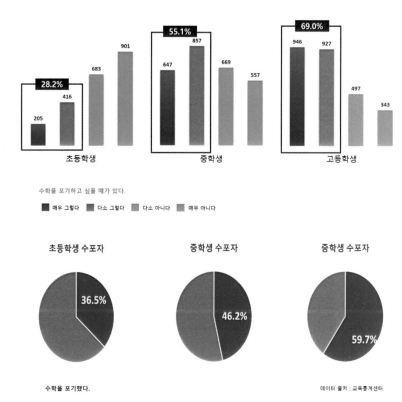

수학을 포기하고 싶을 때가 있다.

■ 매우 그렇다 ■ 다소 그렇다 ■ 다소 아니다 ■ 매우 아니다

초등학생 수포자	중학생 수포자	중학생 수포자
36.5%	46.2%	59.7%

수학을 포기했다.

데이터 출처 : 교육통계센터

초중고 수포자 통계

고 미리 주문하고 상담 오시는 학부모님들도 있다. 이럴 때 나는 '엄마가 수학을 못했으면 엄마 선에서 끝나야지, 왜 아이까지 수학을 못하게 미리 결정을 하고 오는지?'라고 한다. 물론 마음속으로만. 수학에서 선행과 심화가 얼마나 중요한지 말하지 않아도 안다. 안타깝게도 대부분 자녀가 고1쯤 될 때 이해를 하게 된다. 이미 때는 늦었으리라.

중학교 2학년이 된 연재는 우리 학원에 초등학교 5학년 말에 등록을 했다. 과제 이수율이 떨어져서 자주 보충을 하던 중 하루는 과제 담당 선생님이 부재라서 내가 지도하게 되었다. 엄마 아빠가 직장인이라서 잘 챙겨주지 못하는 상황이라는 것을 알고 관심을 기울여줬다. "연재야, 숙제가 어려워서 못하는 부분이 생기면 수업시간 전에 내 방으로 오거라." 했더니, 연재는 "숙제가 어렵기도 하지만 양이 너무 많아서…."라고 자신 없게 말했다.

시간이 흘러가면서 함께하는 시간이 많아지기 시작했다 어느 토요일에는 아침부터 저녁까지 하루 종일 수학만 했다 "연재야 수학 힘들지?"라고 물었더니 "아뇨? 수학이 재미있어져요."라는 연재 말에 내 가슴이 설레기 시작했다. 너무 예쁘고 사랑스러웠다.

초등 6학년 어느 날 "원장 쌤, 저 꿈이 생겼어요!"라고 큰소리로 자신 있게 말했다 내가 "뭔데?"라고 물었더니 "저 미국 MIT대학에 가서 수학을 전공해서 김정수학 원장이 되고 싶어요."라고 큰소리로 자신 있게 대답을 했다. 난 칭찬과 격려를 아끼지 않았고, "수학 전공해서 수학선생님 되었으면 좋겠다."고 힘을 실어주었다. 오늘도 수학에 몰입하며 꿈을 향해 달려가고 있다. 학원에서 함께 공부하다가 유튜브(https://www.youtube.com/watch?v=k6t8jtzJymc)를 찍었다. 꿈을 키우는 데 도움이 될 거라 믿고 찍었

다. 그 덕분인지 그 영상을 본 주변 아이들이 연재가 수학에 관련 꿈을 가지고 있다는 것을 알고 있다. 이런 사실들이 연재가 꿈을 이루어가는 데 큰 힘이 될 거라 믿는다. 이것이 칭찬과 격려의 힘이다.

수학에 대한 무궁한 잠재력을 가지고 있는 초등시기

시기별로 수학공부의 중요도를 알아보자.

초등 저학년은 수학의 기초를 쌓는 시기이다.

이때 가장 기본이 되는 학습은 연산학습이다. 연산훈련을 통해서 수와 친해지도록 하며, 연산학습의 가장 중요한 것은 속도와 정확도다. 초등 저학년 때 연산의 신을 만들어 놓아야 한다. 연산의 중요성은 수학공부에 있어서 아무리 강조해도 지나침이 없다. 교과내용 또한 대부분 수와 연산이 대부분이다. 초등 저학년 시기에 연산력을 갖춘 아이들이 좋은 성적을 받을뿐 만 아니라 수학적 자신감을 가지고, 수학을 좋아하는 과목으로 생각하게 된다. 수학은 초등 과정부터 고등수학까지 계속 이어져 있어서 기초가 없으면 다음 단계로 넘어갈 수가 없는 과목이다. 연산이 초등수학의 기초이자 핵심이다. 내 경우도 연산의 힘이 수학을 좋아하게 된 가장 큰 계기가 아닌가 싶다.

초등 고학년은 수학공부의 절대적 시간이 필요하다.

수학의 정확한 개념을 익히고 활용능력을 키우기 위해 다양한 문제풀이가 필요하다. 학년이 올라가면서 수와 연산뿐만 아니라 도형, 확률과 통계, 측정, 규칙성과 문제 해결 등으로 공부해야 하는 영역이 확대된다. 문제풀이를 통해서 다양한 영역을 경험해 보고 싫어하는 분야나 취약한 영역은 반드시 충분한 시간을 확보해서 복습을 통해 부족한 부분을 메워 주어야 한다.

이때 절대적인 수학 공부시간이 필요하다. 수학 과목은 계통성이 강해서 한 번 어렵게 느껴졌던 분야는 다음 학년의 진도를 나갈 때도 어렵기 때문이다. 그냥 가볍게 지나갈 경우 수학을 포기하게 되는 시발점이 된다. 또한 공부습관을 잡아야 하는 시기인데 초등 고학년 시기에 공부습관이 잘 잡혀 있어야 중학교 이후의 본격적인 성적경쟁에서 밀리지 않기 때문이다. 수학은 특히 더 중요한 이유는 하루아침에 해결되는 과목이 아니기 때문이다.

학생들을 지도하다 보면 집중력이 약한 학생일수록 개념을 대충 하고 문제풀이에 더 관심을 보인다. 또한 문제풀이 과정을 차근차근 잘 써내려 가지 못하는 공통점이 보인다. 수학을 머리로 한다고 생각하는 사람이 많지만 사실 수학 과목은 손으로 하는 과목이다.

첫째로 문제를 읽고 주어진 조건에 손으로 밑줄을 긋고, 무엇을 구해야 하는지 확인을 해야 한다.

둘째는 문제 해결하기 위한 과정에서 필요한 수학적 개념과 활용할 원리가 무엇인지를 정확히 알아야 한다. 그리고 나서 풀이과정을 하나씩 풀어내려가는 과정이나 답을 확인하는 과정들은 모두 손으로 할 때 오랫동안 기억할 수 있다. 이렇게 습관이 들면 수학 시야가 넓어지고, 자신이 무엇이 부족한지 한눈에 파악할 수 있게 된다. 이렇듯 꾸준히 시간과 노력을 투자하면 결국 수학으로 성공할 수 있다.

2021년 올해 5월부터 지도하고 있는 초등학교 3학년 학생이 있다. 3월에 우리학원에 처음 온 학생이다. 담당 강사가 "원장님, 이 학생이 너무 산만해서 다른 학생들에게 방해가 돼서 못 가르치겠어요."라고 말하기에 "나한테 가방 싸서 보내 봐." 했더니 잠시 후 해맑은 아이가 가방을 덜렁덜

렁 들고 내 방으로 들어왔다. 두 시간 동안 가르쳐봤다. 분명한 이유가 있었다. 담당 강사의 말도 이해가 되었다. 과연 이 학생을 우리 학원에서 학습할 수 있도록 도와줘야 할지, 아니면 보내야 할지, 잠시 고민이 된 게 사실이다. 눈망울이 똘망똘망한 이쁜 남학생이다. 가엽기도 하고 안쓰럽기도 했다. 하지만 난 답을 알고 있기에 그 학생을 내려놓을 수가 없었다. 주의력 결핍과 과잉행동으로 주의가 산만한 것으로 보였다. 부모와 상담을 해야 되나? 고민도 되었지만 일단 그 학생과 친하게 지내면서 그 학생의 궁금증을 다 들어주고 공감해 주면서 한 달을 지도했다.

이 학생의 장점이 기억력이 매우 좋은 것이다. 수학을 잘 이해하고 좋아하기 시작했다.

"쌤, 수학 재밌어요."

그 학생의 말이다. 한 달이 되어가는 어느 날 장래희망이 수학자로 바뀌었다고 이야기를 하는데, 가슴이 뭉클했다. "그래, 넌 할 수 있어."라고 격려해 줬다. 학교에서도 주의가 산만하다 보니 선생님들한테 귀여움을 못 받고 그 학생의 학교생활을 들어보니 약간의 문제아 취급을 받는 느낌을 받았다. 그럴 수도 있다고 생각한다. 부모님과 상담을 했다. 감사하게도 믿고 맡겨주서서 오늘도 옆에서 한 시간 공부하고 갔다. 중등수학을 배우고 있고 하나를 가르쳐주면 적어도 둘, 셋을 알아내는 역량을 가지고 있는 학생이다. 요즘은 수학이 좋다고 학원을 매일 온다.

"쌤, 저 지금 공부하러 학원에 가도 되나요?"

매일 휴대폰으로 전화를 한다. 어찌 안 예쁠 수가 있을까? 부모의 역할이 한 몫을 한 것이다. 부모가 인정하고 받아들여준 덕분이다. 일반적인 부모는 받아들이지 못한다. 그 학생의 엄마, 아빠께 감사한 마음이다.

이런 학생은 한 학원을 오래 다닐 수가 없는 게 현실이다. 우리학원을 가장 오래 다니고 있다고 한다. 내가 편한지 집에서 엄마 아빠한테 야단 듣는 이야기까지 한다. 물론 부모님께 절대로 이 아이를 매로 때리지 말라고 부탁했다. 무조건 칭찬만 해 주라고 주문했다. 답은 칭찬밖에 없다. 자녀가 문제점이 보이면 무조건 학원을 옮기는 게 답이 아니다. 부모가 학원을 찾아가서 상담하고 서로 공유하고 잘 될 때까지 기다려주는 게 답이다. 내 생각은 수학 학원은 다 비슷하다고 생각한다. 어떤 학원이든 선택을 했으면 최소 1년간은 보내라고 말하고 싶다. 양쪽이(학원과 엄마) 아이를 지켜보면서 자주 소통하며 기다려주는 게 맞다. 그래서 초등학교 때 자녀의 수학성적은 엄마한테 달려있다는 것이다.

초등 고학년 때부터 준비해야 하는 대입을 위한 수학공부

요즘 학생들은 수학 선행을 빨리 시작한다. 그러나 중등 심화가 많이 부족한 상태로 고등과정의 수학 선행을 하게 되면서, 수학에 많은 시간과 노력을 투자하지만 정작 고등학교 과정을 제대로 습득하지 못하고 수박 겉핥기로 선행속도만 내고 있는 경우가 종종 있다.

알다시피 수학에서는 기본과 문제 해결, 그리고 추론능력이 매우 중요한 기준이며 초등과 중등시기에 수학의 문제 해결과 추론능력의 역량을 키우는 공부 과정이 기반이 되어야 한다. 기본 이해가 필요한 학생은 개

넘 위주로, 문제 해결이 필요한 학생은 다양한 유사·유형 수학문제를 다루게 해서 심화개념을 자연스럽게 터득하게 되고 식을 쓰는 방법이 어려울 경우에는 한글로 요약하거나 표로 그려보는 방법으로 공부하면 수학적 추론능력도 키우는 데 도움이 된다.

고교학점제가 실시되면 수학의 일반선택과 진로선택 중에 자신의 진로와 맞는 과목이 무엇인지? 과목 선택 이후 과정을 어떻게 이어가야 할지? 등 수학 선택과목의 기준을 갖게 될 것이다 교육과정이 문·이과 통합교과의 방향으로 가고 있지만, 결국 대입을 위해서는 기초를 익히는 초등 고학년 시기부터 대입에 맞춘 수학공부를 해야 고등학생이 되어서 자신의 선택 진로에 맞고, 수시전형에 적합한 과목을 선택할 수 있는 폭을 넓힐 수 있을 것이다. 구체적인 진로가 있는 학생들은 열심히 한다. 초등부터 진로목표가 생기면 구체적인 학교, 학과가 나온다.

고교학점제로 학생 개개인이 자신이 무엇을 잘하고, 무엇을 하고 싶은지 등 자기 자신을 이해하여 자신의 적성과 진로에 따라 대학 계열(학과)를 탐색하고 관리하는 역량을 기를 수 있도록 도와주고 함께 찾아봐야 한다. 이제 대학들은 학업 평가에 있어 결과적인 '성적'이 아닌 과정에 다른 '역량'을 평가하기 때문에 초등 고학년 시기부터 맞춤 로드맵을 준비해야 한다.

특히 수학 과목은 자녀에게 딱 맞는 로드맵을 준비하면서 참고힐 사항이 있다.

첫 번째로 중학과정 수학공부를 할 때 주요 개념을 익히는데, 그림으로 그리면서 하면 이해가 빠르고 좀 쉽다. 연산을 위주로 공부해야만 했던 초등과정과는 다르게 중학과정 수학은 함수 등의 단원에서 그래프를 그려서 공부하는 습관을 들이면 도형편에서도 큰 도움이 된다. 용어로 풀어서 설명된 것을 이해하는 게 더 어려울 수 있기 때문이다. 직접 그림을 많이 그려보고 이 용어가 무슨 뜻인지, 어떤 의미인지 해석하고 알아가는 것이 필요하다.

두 번째로 개념원리를 다 익혔다면 쉬운 난이도의 문제부터 하나씩 풀어보는 것이 좋다.

시중에 나와 있는 개념원리 문제집과 같은 문제집부터 반복해서 매일 꾸준하게 푸는 것이 하나의 방법이다. 이는 개념과 관련된 문제를 반복해서 풀어봄으로써 단원에 자주 쓰이는 공식을 자연스럽게 암기하게 되고 이를 매일 풀어서 잊어버리지 않도록 만드는 것이 중요하기 때문이다. 또한 많은 문제를 풀어보면서 다양한 유형을 접한다면 나중에 공식을 응용하게 되는 문제를 만났을 때에도 필요한 공식을 재빠르게 대입하면서 풀 수 있게 된다.

결국 상위권의 학생들이라면 공식을 응용해서 푸는 방법을 통해 가능한 한 다양한 유형 및 문제를 접해 보는 것이 좋다. 미리 응용문제를 접하고 풀어나가면서 창의력을 기른다면 고등학교에 들어가서도 응용문제를 해결하는 데 큰 도움이 된다.

결과적으로 수학공부 시기를 놓쳐서 자녀의 수학실력이 좋지 않다면 먼저 적당한 목표를 설정하고 교과서 위주로 단계별로 그 목표를 달성해 나가면서 개념을 탄탄하게 잡는 것이 필요하다. 개념 이해와 함께 쉬운 문제를 반복적으로 풀어나가면서 매일 조금씩이라도 꾸준하게 문제를 푸는 습관을 들이는 것이 좋다.

중위권이라면 개념을 확실하게 잡았는지 확인해 나가면서 모르는 게 생겼을 때 바로바로 해결하고 애매한 것을 그냥 넘기지 않는 습관을 기르는 것이 중요하다. 애매하고 모르는 것을 그냥 넘어간다면 언제까지고 중위권에서 벗어나지 못할 것이기 때문이다.

수학 학습 습관이 제대로 잡혀 있는 상위권이라면 선행학습에만 치중하는 것보다 응용문제를 풀어나가면서 본인만의 수학 직관력을 키워나가는 노력을 하는 것이 좋다. 이건 고등학교를 가서 유용하게 쓸 수 있는 나만의 능력이 될 수 있기 때문이다.

중학수학이란 고등학교에 들어가기 전 기본적인 개념들을 탄탄하게 잡아놓는 단계라고 할 수 있다. 이 시기에 기본기를 다져놓지 않는다면 고등학교에 가서 힘들어하거나 무너질 수도 있으니 자녀의 현 수학 성적에 알맞은 방향으로 학습을 지도해 주면 된다. 이 시점에서도 한 번 더 강조하고 싶은 말은 '초등수학이 대학을 결정한다.'이다.

초등학생들은 아직 수학에 대한 무궁한 잠재력을 가지고 있다

하얀 도화지와 같고 스펀지 같은 초등학생들의 잠재력을 잘 발휘할 수 있도록 도와주고 싶다. 수학의 스위치를 ON으로 바꾸면 엄청난 잠재력을 밖으로 끌어낼 수 있다. 수학을 좋아하게 하면 된다. "어떻게 수학을 좋아하게 하나?"고 반문한다면 난 그런 사람에게 정확한 답을 손에 쥐어

줄 수 있다.

첫째, 수학 교과서를 전략적으로 읽어야 한다. 교과서는 모든 수학의 기본 중의 왕 기본이다.

핵심요약이 고스란히 들어있는 교과서는 읽는 학생들을 탁월하게 만든다. 수학역량이 커질 수밖에 없다. 하지만 안타깝게도 우리 학생들 대부분은 교과서가 학교 사물함에 있다. 하물며 시험 때가 되어도 그냥 사물함에 있는 경우가 많다. 엄마들이 이 부분을 잘 체크해서 집에다 교과서 한 질을 준비해 주는 게 필수였으면 좋겠다.

둘째, 수학교과서를 토대로 나만의 개념노트를 만들어서 개념을 정리하고, 확장개념의 유형문제를 풀어보고 응용, 심화 문제를 접하다 보면 생각의 힘이 길러지면서 수학이 좋아지게 된다.

셋째, 독서이다. 수학 관련 독서라면 매우 좋겠지만 아니어도 괜찮다. 수학의 능력을 키우는 방법도 책속에 들어있다. 독서는 정보를 얻고 사고력을 키울 수 있는 가장 좋은 비결이다.

종종 학생들을 데리고 수학사 특강을 하곤 한다. 예를 들면 유클리드가 들려주는 기본도형과 다각형을 읽게 한다. 읽고 나서 핵심요약을 찾게 하는 훈련을 시킨다. 다른 학생들과 핵심요약을 토론하게 하고 직접 다각형을 만들어서 원리를 찾게 해 보고 서로의 의견을 통해 볼 수 없었던 부분을 발견하므로 수학시야가 넓혀진다. 다각형을 손으로 만들어보면서 '각'도 도형이라는 것을 체험하면서 놀라기도 하고 재미있어한다. 처음엔 어색해서 잘 못하는 아이들도 따라하게한다. 그렇게 모방한 학생은 시간이 지나면서 창조를 하게 된다. 아이들도 자기도 모르게 책 속에서 답을 찾고 있다. 그 모습을 보면서 너무 기쁘고 절로 행복해진다. 수학사 이야기 수업을 하고 싶어서 일요일 한나절을 학생들과 함께하곤 한다.

코로나가 오기 직전에 백여 명의 엄마들에게 설명회를 했다. 그때 독서 이야기를 하고 도움이 되는 책 제목을 가르쳐주고 꼭 읽어보라고 했다. 그 책을 사서 읽기 전에 인증샷을 부탁했다. 단 3분만이 인증샷을 보내줬다. 자녀들에게 왜 공부 안 하느냐고 나무라면 안 될 이유가 생긴 것이다. 수학을 잘하면 세상 살아가는 데 많은 도움이 된다고 생각한다. 문제에 직면했을 때 다양한 사고의 방법이 나올 거라 본다. 이것이 곧 수학의 힘이 아닐까?

수학의 상위권으로 가는 지름길에는 서술형 문제가 기다리고 있다. 서술형 문제를 극복해야 한다. 개념을 설명하거나 문제의 풀이과정을 쓰게 하는 서술형 문제도 있지만, 실생활 연계형, 교과통합형 문제가 출제되면 독해력이 부족해 문제를 이해조차 못하는 경우가 다반사다. 서술형은 풀이방법에 대한 일정한 훈련이 필요하고, 모범정답에 근접한 풀이방법을 연습해서 극복할 필요가 있다. 이것이 상위권으로 가는 비결이고 4차 산업혁명 시대에 요구되는 역량 있는 인재가 되는 방법이다. 이 극복방법도 또한 독서이다.

아이에게 필요한 건
칭찬과 믿음 그리고 기다림

요즘 아이들은 모두가 바쁘다

요즘 아이들은 누구나 할 거 없이 모두 바쁘다. 놀이터가 텅 빈 지 오래다. 이른 아침부터 가방 둘러메고 등교를 시작으로 하루를 연다. 맛있다 없다로 왁자지껄 급식시간과 운동장에서 신나게 축구를 하고 약간의 졸음으로 나른한 5~6교시를 보낸다. 삼삼오오 운동하러, 바둑 배우러 영어 배우러, 학원으로 방과후로 움직이기 시작한다.

이런 모습을 코로나가 앗아가 버렸다. 이젠 답답한 마스크를 쓰고 생활을 해야 하고, 하루 종일 모니터 앞에서 온라인 수업에 점점 익숙해져가고 있다.

학교는 가지 않더라도 학원은 마스크를 쓰고 어김없이 온다. 아마도 다른 친구들한테 실력이 밀릴까 봐서 오는 것 같기도 하다. 학생들이 하고 싶어서 배우러 다녔으면 좋겠는데, 부모님들은 자녀가 시험에서 최선을 다해서 더 좋은 점수를 받아오기를 원하기 때문에 학원을 보낸다.

시험기간 동안 학생 못지않게 부모들도 긴장한다. 시험공부와 관련된 여러 가지 감정과 행동을 드러낸다. 아이들은 시험기간에도 TV를 보고 싶어 하고 잠도 많이 자려 하며 게임도 계속해서 하고 싶어 한다. 부모들은 이런 것들이 이해가 안 될 뿐이다. 시험 때일수록 자녀와 부모는 약간의 거리를 두는 게 필요한 것 같다. 서로의 부딪침을 조금 줄이는 방법이다. 이 기간에 부모가 너무 관심을 보이면 '우리 엄마 왜 이래?'라고 생각한다. 거부감을 넘어 반항심까지 생길 수 있다. 무조건 칭찬이 답이다. 속이 터져도 칭찬을 해 주면 자녀는 잘 성장한다.

요즘 대부분의 아이들은 부모님 때문에 너무 바쁘고 지친다. 어느 날 늦은 퇴근길에 엘리베이터에서 등에 큰 가방을 멘 초등처럼 보이는 학생에게 "어디 갔다 이제 집에 들어가는 거니?"라고 물었더니 아무렇지도 않다는 듯이 "학원 다녀오는 길인데요?"라고 대답하는 것이다. 안쓰럽게 느껴졌지만 옆에 있는 마중 나온 엄마 때문에 더 이상 말을 못하고 "수고가 많구나."라는 말밖에 할 수가 없었다. 수학, 영어를 비롯, 악기 하나는 기본이고 체육도 기본이라서 너나 할 것 없이 뒤질세라 너무나도 바쁘다.

사람들은 종종 내게 묻는다. "어떻게 가면 갈수록 에너지가 넘치세요?" 그럴 땐 "꿈과 비전이 있어서 힘이 난다."고 대답한다.

10년을 꿈꾸어 오던 것을 2019년 3월부터 시행했다. 자신만만해서 주변 사람들에게도 자주 이야기했다. 초등학생 주말 원데이 스쿨이다. 독서와 수학의 융합 인지 과정이라고 보면 된다.

오전 10시부터 오후 5시까지 독서하고, 핵심요약하고, 토론하고, 수학적인 원리를 실험도 해 보는 수학을 재미있게 집근해서 결국 수학성공으로 가는 그런 형태의, 토요일 하루 종일 진행되는 수업이다. 2018년 말에 커리큘럼을 완성해 놓고 너무 좋고 흥분되어서 어쩔 줄 몰라 했다.

2019년을 맞이하면서 열 명의 초중등 학생들과 『수학자가 들려주는 수학 이야기』라는 수학도서로 책읽기 훈련을 시작했다. 여의치 않아서 수요일 2시간짜리 프로그램으로 변경해서 진행했다. 한 달에 한 번은 토요일 9시부터 오후 7시까지 하루 종일 너무 재밌고 신나게 독서하고 적용하면서 실행력까지 키웠다. 마인드맵으로 책 내용을 맵핑하고 수학교과서와 연계된 문제를 줘서 풀어보게 하고 팀별로 발표하게 하는 프로그램이었다. 체험 학습관을 방문해서 실제로 체험도하고 동물농장에 가서 동물들도 관찰하고 관련된 책 독서하고 정리하는 아주 유익한 학습이었다. 여러 해를 준비해온 것이 아이들을 위한 것이 아니라 결국은 나를 위한 것이었다. 수학자들의 창의 사고력에 감탄하면서 생활 속의 수학을 많이 접했다.

코로나가 잠시 머물다 사라질 줄 알고 독서 모임을 스탑한 것이 2년이 되어간다. 많이 아쉽다.

"미래를 여는 친구들이모여 독서하고 서로 나누는 모임" 우리들 사이에서는 "미친독서"였다.

이 모임을 통해 보배를 찾았다. 그 당시 초6 여학생이었는데 수학적인 감각이 월등하진 않지만 시키는 대로 잘 따라오고 틈날 때마다 이것저것 잘 물어 보았다. 어느 날 꿈이 의사라고 했다.

처음엔 속으로 깜짝 놀랐다. 그동안 의대 간 학생들은 수학적인 감각이 탁월한 아이들이었기 때문이었다. 그때부터 지켜보기 시작하고 중간중간 테스트도 해봤다. 그 학생의 수학공부에서 아쉬운 부분들이 하나둘씩 눈에 띄기 시작했다. 난 수업시간 한 시간 전에 불러서 아쉬운 부분들을 케어 하기 시작했다. 결과는 대만족이었다. "그래, 너 정도면 의대 도전해 볼 만하다. 우리 함께해 보자, 될 때까지!"라고 힘주어 말했다 "선생님,

제가 할 수 있겠죠? 도와주세요. 원장님이랑 함께하면 제 꿈을 이룰 것 같은 기분이 들어요."라고 말해 줘서 너무 기분이 좋고 행복했다. 그때부터 수학선행과 심화를 달리기 시작했다. 그해 11월 전국수학경시대회에서 92점으로 은상을 받았다.

지금은 중 2학년으로 공부에 묻혀 살고 있다. 코로나 덕분에 학원에 머무는 시간이 많아져서 좋다. 의대를 많이 보내는 상산고를 가려고 열심히 도전하고 있다. 결국 성실함이 이런 귀한 결과를 만들었다. 이 학생의 엄마가 기다려줘서 감사하다. 나에게 맡겨 주고 믿어줘서 힘이 난다. 끝까지 최선을 다해서 꿈이 이루어지는 날까지 도우며 함께 힘을 모아 결과를 만들 것이다.

코로나19로 학생들 실력이 전반적으로 하락하고 있는 현상은 역으로 공부에 조금만 욕심을 내면 좋은 성적을 낼 수 있음을 알려주는 부분이다. 어떻게 하면 수학공부를 잘할 수 있을까?

선행은 어디까지 해야 하나요? 요즘 가장 많이 듣는 질문이다.

선행은 불안감에서 파생된 결과물이다. 하지만 깊이 없는 수학공부는 고등수학에서 좋지 않은 성적으로 나타난다. 선행은 정확한 개념파악과 심화 수업이 적절히 병행된다면 문제가 없지만 심화가 빠진 진도 위주의 쉬운 책 수업은 피해야 한다. 심화수업으로 내실을 다진다. 선행을 할 때는 반드시 자신이 배운 깃을 다음 진도에서도 자유롭게 활용 할 수 있도록 연결고리를 만들어 줘야 된다. 초6 과정을 했으면 초5 과정이나 초4 과정은 아주 쉽게 느껴져야 하고 현 진도에서 이미 배운 부분을 자유자재로 써먹을 수 있어야 제대로 된 선행이다.

학생들에게 다시 한 번 강조하고 싶다. 배운 내용이 무엇인지, 그 개념으로 무엇을 해결할 수 있는지 알아야 한다.

앞으로 전진해야 목적지까지 갈 수 있는데 잘못된 공부법으로 수학공부를 하면 반대방향으로 가는 경우도 있다. 시간과 돈을 쏟아붓고도 점수가 안 나오는 경우가 가장 안타깝다.

수학은 '왜'라는 의문과 분석이 필요하다. 끊임없이 '왜'라고 되묻다 보면 답이 보인다. 학생들을 보면 그저 문제 푸는 기계 같을 때가 있다. 문제를 읽지도 않고 암기하듯 문제를 푼다. 이런 수학공부는 내신에서 성적을 올리기 어렵다. 수능이 개념위주로 정형화된 문제들이 출제된다면 내신은 개념 플러스 함정이다. 수학에 있는 여러 가지 풀이 방법을 알고 활용하는 것이 필수다. 수학공부를 많이 하지 않은 학생들의 공통점은 한 가지 방법으로만 문제를 푼다. A방법으로 풀다가 답이 나오지 않으면 B방법으로도 풀 수 있어야 한다. 이것이 내신에서 실수를 줄이는 방법이자 등급을 올리는 길이다.

부모들은 자녀와 친구처럼 지내야 행복하다

이제는 학생의 절대가치를 높게 평가함으로써 학생의 장점을 발견해야 한다. 즉, 패러다임의 변화 시점에 와 있다. 새로운 패러다임에서 아이들을 바라볼 수 있어야 한다. 자녀들이 힘차고 활발하게 움직일 수 있도록 칭찬과 격려를 아끼면 안 된다. 공부를 잘해도 계속 지치고 힘든 학생들이 늘고 있다. 학부모님들의 욕심이 아이들을 지치게 만든다. 자녀와 대화를 통해서 이해하고 칭찬해 주면 자녀는 행복하게 공부한다. 학부모들은 "원장님, 화가 나는데 어떻게 칭찬을 하죠?"라고 물어온다. 나는 "아이 돌 사진을 휴대폰 첫 화면에 넣어두고 화가 날 때 얼른 보세요."라고 말한다. 너무 예뻐서 감히 화를 낼 수 없다. 자녀에게 화내지 않는 아주 쉬운 방법이다.

2022년부터 고교학점제가 부분적으로 실시되고 2025년부터 전면 실시된다 현재 초6학년이 고1되는 2025년에 고교학점제가 전면 실시된다는 이야기다.

달라진 입시를 맞이하는 학부모들은 불안감을 느끼기보다 철저한 준비로 인해 설렘을 느낄 수 있어야 한다. 장기적인 플랜을 가지고 꾸준히 시간과 노력을 투자해야 결국 성공에 이를 수 있다. 그러니 제발 조급해 하지 말고 최소 1년에서 3년의 계획을 세워서 빈틈없이 실천하기를 당부드린다.

쇼핑호스트의
K-육아농법

언어습관 트레이너 · 김정원

김정원 ▶ 언어습관 트레이너

리포터, 지역국 아나운서, 쇼핑호스트로 20여 년 넘게 방송 일을 했다. 늦은 결혼과 함께 지금은 두 아이를 키우고 있는 엄마이자 컨설팅 회사 순우를 운영하고 있다. 꾸준히 새로운 길을 찾고자 대학원에 진학해서 창업과 마케팅을 공부하고 있고, 누구나 공감하는 이야기, 여기에 경험과 생각을 담아 나만의 브랜드를 만들었다.

KBS교통정보센터, 서울지방경찰청, 경기지방경찰청 리포터
한전기공 사내아나운서, 북인천 아나운서
NS홈쇼핑, K쇼핑 쇼핑호스트
현재 주식회사 순우 대표

이메일 jungmolla@naver.com

얻어 걸린
직업

더 나은 삶을 계속 찾는 것이 최고의 삶을 사는 것이다.

— 소크라테스

지금 되돌아보면 젊음이 무기였다. 의욕 왕성한 20대엔 세상의 주인공이 나인 것만 같았다. 그렇게 살았다. 한편으론 매우 즉흥적이었다. 저녁을 먹다 '속초 갈까?' 하면 밤새 꼬불꼬불한 국도를 달려 바다 위로 뜨는 해를 보고 다시 서울로 왔다. 그렇게 젊음을 탕진(?)하다 보니 졸업 즈음, '뭐 먹고 살아야 하나?'라는 커다란 명제가 기다리고 있었다. 하지만 젊음이 무기였던 나는 여전히 남들에게 주목받는 화려한 일을 하고 싶었다.

어떤 일을 해야 할지 고민만 무성하던 때에 우연히 지인의 소개로 KBS 방송국에 들어가서 첫 사회 활동을 시작하게 됐다. 다행히 사람 만나는 방송 일이 적성에 맞았다. 그렇게 라디오 교통 리포터와 지역국 아나운서로 활동하던 2000년대 초반, 홈쇼핑 업계기 부각되면서 쇼핑호스트란 직업이 큰 인기를 얻기 시작했다.

사실 난 공중파 채널 중간에 끼어있는 홈쇼핑 채널이 너무 시끄러워 리모컨으로 바로 건너뛰고 홈쇼핑 채널을 피해 다니는 시청자 중 하나였다.

어찌나 시끄러운지 마치 남대문시장의 '골라잡아~ 골라잡아~'를 외치는 상인 같았다. 홈쇼핑 채널 한 번 본 적이 없던 나였는데, 아나운서만큼이나 인기가 있다고 하니 덥석 쇼핑호스트 공채 시험에 원서를 넣었다. 사실 '안 되면 말고'라는 생각도 있었다. 행운은 우연히 찾아온다고 했던가? 그 당시에는 공중파에서 홈쇼핑으로 간다는 것이 살짝 자존심이 상하는 시절이기도 했는데, 막상 몇 천대 일의 경쟁을 뚫고 당당히 쇼핑호스트란 타이틀을 얻으니 내심 기분이 좋았다. 그렇게 또 다른 방송 일이 업보처럼 이어졌다.

나도 몰랐던 쇼핑호스트 이면의 세계

이렇게 시작된 쇼핑호스트의 세계는 생각과는 달리 긴장의 연속, 쉽지 않은 직업군 중 하나였다. 아니 공중파에서는 느끼지 못한 치열함의 한복판에 서 있었다. 아침 드라마의 주된 배경으로 홈쇼핑 회사가 자주 등장하는 데는 이유가 있었다. 시기, 질투, 경쟁, 치열함까지 다양한 사건과 사고가 매일 같이 끊이지 않는 곳이 바로 홈쇼핑 업계였다. 선머슴같이 천방지축이었던 나는 365일 짙은 화장과 잦은 머리 손질로 피부 트러블과 탈모를 달고 살았다.

일 끝나고 집에 오면 화장 지우는 일부터 시작했다. 오일 클렌징, 폼 클렌징, 마사지 클렌징, 이렇게 여러 번 세안을 해도 화장은 쉽게 지워지지 않았고 돌덩이보다 더 무거운 속눈썹을 뗄 때는 내 눈썹이 다 뽑힐 것처럼 아팠다. 머리에 꽂은 u자형 실핀은 결혼식 때 했던 것보다 더 많이 나왔다.

매일같이 생방송으로 진행되다 보니 하루하루가 긴장의 연속이었다. 채널을 돌리는 짧은 찰나의 시간, 시청자의 눈과 귀를 사로잡고 지갑을 열게 하는 것은 시청자와 쇼핑호스트의 엄청난 기싸움의 향연이다. 기싸움을 한다는 것은 엄청난 에너지의 소모, 한 해, 한 해 체력이 다르다는 걸 느꼈다. 이렇게 하루에도 몇 개씩 생방송을 진행하고, 업체 미팅에, 가끔 야외 촬영까지 하다 보니 하루, 이틀 쉬어도 쉰 것 같지 않은 만성 피로에 시달리게 되었다. 사무실 서랍 안에는 홍삼, 강장제, 피로회복제, 당이 떨어질 때 먹는 초콜릿까지 영양제와 간식으로 가득 차 있었다. 거의 20시간을 생방송으로 진행하다 보니 끼니를 거르는 것은 다반사였다.

지금도 이어피스(PD가 스튜디오에 있는 쇼핑호스트에게 지시하는 이어폰)로 방송 시작을 알리는 PD의 카운트다운을 생각하면 가슴이 벌렁벌렁 거린다. "5, 4, 3, 2, 1 스타트 큐" 방송 시작을 알리는 시그널 화면이 흐르는 동시에 스튜디오 안에 있는 스태프, 수십 명의 눈과 귀는 나를 주목하고 있다. 전국, 각 가정에 있는 TV화면 속에는 내 얼굴이 전면 클로즈업되고 "안녕하세요, 쇼핑호스트 김정원입니다." 이 첫 멘트를 할 때면 가슴속 심장은 쿵쾅쿵쾅 뛰고 있지만 얼굴은 평안함을 유지해야 한다. 그 몇 초 동안의 침묵 속에 느껴지는 긴장감은 이루 말할 수기 없었다. 초집중의 시간.

쇼핑호스트의 멘트, 말 한마디에 따라 매출이 좌지우지되다 보니 영세업체를 만나면 책임감이 막중했다. 방송이 끝나고 난 후에는 언제나 후회와 죄책감이 동반됐다. 대본 없이 생방송으로 진행되다 보니 가끔 준비했던 멘트를 못할 때도 있고 컨디션이 좋지 않을 때는 순발력이 떨어질 때도 있었다. 매번 생방송이 끝나고 나면 업체와의 사후 미팅을 통해 그날 부진한 이유와 원인을 찾는데 이유 없이 매출이 적게 나오면 '내 잘못 때문에 매출이 안 나왔나, 내가 너무 준비를 안 했나.' 하는 죄책감에 사로잡히기도 했다.

신입 쇼핑호스트든, 베테랑 쇼핑호스트든 매출에 의해 평가받고 인정받기 때문에 매출에 예민할 수밖에 없었다. 이쁘장하고 실력 있는 신입 쇼핑호스트가 입사하면 여자 특유의 경계심과 질투는 도저히 피할 수 없는 숙명 같은 일이었다. 이렇게 피 말리는 매출에 대한 압박과 책임감, 미묘한 쇼핑호스트 사이의 경쟁, 만성 피로에 지쳐갈 때쯤 첫째 아이의 유치원 입학으로 더욱 정신이 없었다. 20년 가까이 사회생활을 하고 늦게 결혼한 나는 첫 아이를 키우면서 나 스스로 약속했던 것이 있었다.

"아이가 잠들 때 이불 속에서 책을 꼭 읽어줄 것"

나와의 약속 ≥ 아이와의 약속

책 읽기의 중요성과 더불어 맞벌이 가정이었기 때문에 엄마와의 유대감을 키우기 위한 나 스스로의 약속이었는데, 워낙 불규칙한 방송 스케줄 때문에 나와의 사소한 약속조차 지키기가 어려웠다. 첫 방송이 있을 때는 새벽 4시에 출근을 하고 어쩔 때는 밤 9시에 출근해서 새벽 3시에 집에 오는 일이 잦았다. 또 책을 읽어주려고 하니 하도 생방송 중에 힘을 빼서 목소리가 나오지 않는 경우도 많았다. 많은 맞벌이 가정에서 슈퍼우먼으로 살아가는 엄마라면 한 번쯤, 아니 늘 고민하는 부분일 것이다. 한창 커가는 아이에게 뭔가 죄책감과 미안한 생각이 들고 떨어지지 않으려고 울고불고 자지러지는 어린아이를 떼어놓고 집을 나오면 회사로 향하는 발걸음이 무척이나 무거웠다. 특히나 어려서부터 입이 짧아 다른 아이들보다 한 뼘이나 작은 아이를 보면서, 체력과 에너지가 약한 나는 둘 중에 하나를 선택할 수밖에 없었다.

일이냐, 양육이냐? 나는 현대판 햄릿인 것인가? 이 고민을 죽느냐, 사느냐만큼 고민하던 중에 친정 엄마의 말 한마디가 와 닿았다. "80 평생을 살면서 너희 사남매를 내 손으로 키울 때가 가장 행복했다." 지금도 이 말 한마디를 떠올리면 가슴이 뭉클하다. 엄마라는 이름. 우리 아이에게는 전부인 세상. '그래, 화려했지만 그만큼 힘들었던 일을 그만두고 오롯이 아이를 위해서 엄마라는 업에 충실하자.' 이렇게 결심했다. 결국은 나와의 약속을 지키기로 했다.

육아도
마케팅전략이 필요해

> 내가 이미 수천 번도 넘게 말했지만 나는 이 자리에서 한 번 더 말하고 싶다. 세상에서 부모가 되는 일보다 더 중요한 직업은 없다.
>
> – 오프라 윈프리

적성에 맞지 않는 제2의 직업, 엄마

늦은 나이에 연년생을 낳아 키우는 일은 생각만큼 만만치 않았다. 홈쇼핑 방송은 365일, 생방송으로 진행하다 보니 온전하게 하루를 쉰 적이 거의 없었던 것 같다. 미팅하러 잠깐 회사에 가고, 생방송 하고 사후 미팅하고, 여기에 시장 조사하러 마트나 백화점도 다녀야 했다. 이러다 보니 집에 있을 때는 항상 녹초가 돼서 아무것도 할 수 없었다.

아이들은 아이들대로 방치, 살림은 살림대로 엉망, 밥 차리는 것도 버거웠다. 주말에도 출근하고 명절에 전 부치다가도 생방송을 위해 달려갔다. 이렇게 체력적으로도 힘들지만 정신적인 스트레스, 매출에 대한 압박감이 나를 더욱 피폐하게 만들었다. 여기에 아이 양육의 문제까지.

아이가 커갈수록 일과 양육에 대한 고민은 계속될 것이고, 아직 아이가 어릴 때 빠른 결정을 내려야겠다고 생각했다. 20여 년 가까이 일할 만큼 했고 더는 일에 대한 미련도 없었다. 주위 사람들의 만류에도, 난 과감하게 사표를 썼다. 속이 후련했다.

그런데 참 웃긴 게 회사를 그만둔 바로 다음 날, 그날부터 전혀 생각지도 못한 우울증이 찾아왔다. 앞만 보고 달려왔던 내게 우울증은 전혀 생각지도 못한 일이었다. 일할 때는 사전 미팅에, 업체 미팅에, 생방송까지, 하루가 어떻게 지나갔는지도 모르게 바빴는데 전업주부가 되고 나서는 왜 이리 시간이 안 가는지…. 맥없이 흘러내리기만 하는 시간들.

회사 업무 때문에 빗발치게 울리던 내 전화기는 회사를 그만둔 이후 울리지 않았다. 너무나도 조용했다. 가끔 휴대폰이 꺼졌나? 다시 화면을 볼 때도 있었다. 오랜 기간 바쁘게 살다 보니 예전 친구들은 연락이 끊긴 지 오래였고, 아이들 유치원 엄마들도 서로 만나면 인사만 할 뿐 속을 터놓는 깊은 사이도 아니었다. 회사 다닐 때는 도우미 이모님이 살림을 맡아주셨는데 이젠 두 아이뿐만 아니라 살림까지 챙겨야 하는 중압감이 몰려왔다. 예전에는 '오롯이 내 시간을 하루만이라도 가졌으면 좋겠다.' 하고 생각했는데 이제는 전화 한 통 울리지 않고 날 찾는 사람 하나 없어 사회와는 완전히 단절된 것 같은 소외감을 느끼게 됐다. 세상에 나 혼자뿐이라는 소외감. 나는 이렇게 잊히는 걸까?

엄마라는 이름의 부캐

일을 그만두고 우울증에 시달리다 보니 아이한테는 더 짜증을 부리고 애들 친구 엄마들을 만나 커피를 마시며 온종일 수다를 떨어도 채워지지 않는 공허함은 나를 더 나락으로 밀어냈다. 몇 개월을 멍하니 앉아서 생각하던 중에 결국 아이를 키우는 엄마라는 業은 아이와 함께 성장해 나가는 존재이며 끊임없이 마음의 수양을 쌓는 일이라는 긍정적인 결론에 도달했다.

도를 닦는 마음으로 자녀 교육 관련 책을 읽으며 많은 위로를 얻었다. 놀기 좋아하고 바쁘다는 핑계로 책 한 권 읽지 않던 나였는데, 책을 통해 위로를 받다니. 그 당시 책은 안식처이자 피난처였다. 나는 질량 총량의 법칙을 믿는다. '세상에 공짜는 없고 결국 나 스스로가 채워 나가야 한다.'는 것을.

아이들이 유치원에 가고 혼자 집에 있는 시간이 많아지다 보니 생각도 많아지고 고립감은 더욱 커졌다. 큰일이 생겨도 대범하게 넘어갔던 내가 지나가는 말 한마디에 상처를 받는 소심한 사람으로 바뀌어가고 있었다. 워낙에 생각이 많고 소심한 성격이라 사람들에게 상처를 많이 받았는데, 그럴 때마다 나는 방어적으로 나만의 루틴을 만들어 갔다. 깊게 생각하지 말고 생각을 단순화할 것. 그렇게 조금씩 생각을 단순화하는 습관을 만들었다.

마음수련 하듯이 읽었던 수많은 책 내용 중에서 얻은 결론은 딱 2가지였다. 첫 번째는 나 자신을 사랑하기, 두 번째는 무한 긍정. 긍정의 힘을 믿는 것. 자존감이 바닥을 치고 있던 시기였기 때문에 무엇보다도 나를 사랑하기로 했다. 그리고 설거지를 할 때나 혼자 산책을 할 때면 조용히 소리 내어 나에게 속삭였다. '잘 될 거야. I can do it. 난 할 수 있어.' 끊임없이 자기 세뇌를 시켰다. 무엇을 할 수 있는지, 뭐가 잘 될 건지 구체적인 목표는 없었지만 바닥을 치고 있는 자존감과 무기력에서 벗어내기 위한 긍정적 자기 암시와 세뇌는 내게 큰 힘이 되었다. 그렇게 김정원이라는 이름보다 현재 엄마라는 호칭에 더 익숙해지면서 엄마라는 부캐가 본캐가 되어가고 있었다.

육아도 마케팅전략이 필요해

아이를 키우다 보면 가끔 "이렇게 말귀를 못 알아듣고 어리바리한 아이가 커서 뭐가 될까?" 나도 모르게 이런 생각이 든다. 옆에서 보고 있자면 한심하고, 못하는 것만 보이고 반면에 다른 집 아이들은 어쩌나 훌륭하고 영재들만 있는지. '엄친아'란 단어가 생긴 걸 보면 부모의 마음은 다 똑같은 것 같다. 왜 우리 애는 옆집 애랑 비교하면 답답하고 부족한 게 많은지.

쇼핑호스트가 한 가지의 상품을 가지고 1시간을 떠드는 것이 쉬운 일은 아니다. 아이를 키우는 집 밥상에서는 빠지면 안 된다는 고등어 반찬. 한 시간 동안 혼자 고등어에 대해서 이야기할 수 있는 사람이 몇 명이나 될까? '맛있어요, 머리에 좋다는 DNA, ENA가 풍부해요, 등 푸른 생선이에요.' 그리고 무슨 말을 할까. 상품에 대해서 아는 것이 많아야 멘트가 줄줄줄 나오게 되는데 상품에 대해서 아는 것이 없으면 했던 얘기 또 하고, 했던 얘기 또 하는 불상사가 일어난다. '맛있어요, 쫄깃하네요. 참 맛있어요, 애들이 좋아하겠네요.' 반성한다. 그때 좀 더 열심히 공부할 걸.

아이를 키울 때도 마찬가지다. 엄마가 내 아이를 끊임없이 공부하고, 관찰하고 성향을 파악하고 아이의 장점에 맞는 환경을 만들어주면 가치 있는 사람으로 성장할 수 있다. 아이에 대한 냉철하고 정확한 파악이 모두 끝났다면 소위 우리 아이가 상위 1%에 해당하는 영재든 아니든 내 욕심을 투영하지 않고, 내가 아이에게 들인 노력만큼 아이가 나의 바람대로 커주기만을 바라지 않고, 그저 아이의 장점을 최대한 부각시켜 주면서 무한한 사랑을 베푼다면 아이들은 그 사랑 속에서 성장하고 자라난다. 홈쇼핑에서도 상품 파악이 제대로 안 된 욕심 섞인 멘트는 고스란히 낮은 매출로 드러난다. 신은 인간이 태어날 때 한 가지씩의 재능을 준다고 하지 않는가. 이 타고난 재능을 찾을 수 있는 것이 엄마의 안목인 것이고 능력인 것이다. 김연아 선수의 재능을 엄마가 제일 먼저 알아봤던 것처럼 말이다.

진정성 있는 말 한 마디의 나비효과

한번은 영광 모시떡 방송을 할 때였다. 나는 생방송을 하러 회사에 나가야 하고 아이들은 화창한 날씨에 집안에만 있는 게 아쉬워 할머니랑 여

의도 벚꽃축제에 나들이를 갔다. 샘플로 받은 모시떡을 큰애가 좋아라 해서 간식으로 싸주고 생방송할 때 감성멘트로 '우리 아이들이 벚꽃 축제에 나들이 갔는데 큰애가 모시떡을 좋아해서 간식으로 싸줬다. 단백하고 쫄깃해서 아이들이 참 좋아한다. 건강간식이다.'라고 나의 경험을 주부의 입장에서 솔직하게 멘트했는데, 이 멘트가 아이를 키우는 주부의 감성을 자극했나 보다. 순간 주문전화가 폭주했다고 PD가 바로 알려줬다. 아는 지인은 방송을 보고 '진짜 애들 벚꽃 축제 갔어?' 물어 보면서 애들 간식으로 즉석에서 구매를 했다고 했다.

제품에 대한 분석이 끝나면 제품을 누가 사는지, 어느 시간대에 판매하는지, 타깃팅, 포지셔닝을 정확히 파악하는 것 또한 중요하다. 아이를 키울 때도 마찬가지. 아이의 장점이 무엇인지, 타고난 성향은 어떤지를 정확히 파악하고 타고난 재능에 집중하고, 주변 환경을 만들어 주는 것이 내 아이의 마케터, 엄마의 역할이고 능력인 것이다.

가끔 방송을 하다 보면 제품이 참 별론데 팔릴까? 간혹 이런 생각이 드는 상품이 있었다. 구성과 방송 시간대, 제품 모두 그저 그런데 막상 제품의 장점을 열심히 파고들어서 애정을 갖고 열변을 토하면 매출이 뛸 때가 있다. 그럴 땐 내가 뭔가 이뤄냈다는 성취감에 희열을 느낀다. 그 밑바탕에는 제품에 대해 애정이 생길 때까지 연구하고 공부한 나 자신에 대한 신뢰가 있었기 때문이다. 아이에 대한 무한한 사랑도 나 자신에 대한 믿음과 사랑에서부터 시작된다는 것을 꼭 기억해야 한다. 사랑을 받고 자란 사람이 사랑을 베풀 듯이 나 자신을 사랑하고 믿는 사람이 그 충만한 애정을 아이에게 베풀 수 있다. 못난이도 이쁘게 만드는 것이 사랑이다.

마케팅의 시작은 단점 까발리기

워낙 부정적인 시각을 갖고 있는 나는 스스로의 단점을 잘 알고 있었다. 신입 쇼핑호스트 때 나는 "와. 이런 걸 누가 사?" 이런 생각을 많이 했다. 지금 생각해 보니 참 어렸었다. 업체가 몇 개월 동안 기획하고 준비한 내 자식과도 같은 제품이었는데 난 차마 앞에서는 말 못 하고 속으로 구시렁거렸다. 왜냐하면 내 실적과 연결이 되어있기 때문에 좋지도 않은 상품으로 매출을 말아먹기 싫었다. 브라운관에 나오는 커다랗고 먹음직한 굴비는 막상 방송 전에 보면 너무 평범해 '에이, 이게 뭐야.' 하는 경우도 많았다. 뭔가 대단한 거 같았는데 막상 너무 평범하다는 생각이 들었다. 태생적으로 부정적인 시각을 갖고 사는 나였다.

그러나 생방송에 임할 때만큼은 "난 잘 될 거야.", "오늘 대박날 거야." 긍정적인 자기 암시를 끊임없이 머릿속에 주입했다. 방송 전에 제품과 구성, 방송 시간 때를 보면 매출이 어느 정도 나올지 대략 예상을 할 수 있다. 그런데 쇼핑호스트나 스태프, 업체가 상품에 대한 애착도 없이 대충 가벼운 마음으로 시간 때우기 식으로 성의 없이 진행하면 그날은 여지없이 예상보다도 매출이 저조했다. 반면에 상품도 구성도 별로지만 스태프와 업체가 좋은 한 팀이 돼서 "잘 될 수 있을 거야." 제품의 장점을 부각하고 서로 응원하고 북돋아 주면 어려운 여건 속에서도 좋은 매출이 나오는 때도 있었다. 우주의 모든 기운을 담아 기도하듯이 나에게 주문을 외웠다. 기도의 힘, 말의 힘이 곧 현실로 이뤄진다는 것을 실제 경험했다.

한창 자녀 교육 서적을 읽고 강의도 열심히 들으러 다닐 때 어떤 대치

동의 유명 강사가 했던 말이 기억이 난다. 예전에는 온 가족이 모여 사는 대가족 사회였기 때문에 아이들은 할아버지, 할머니, 이모, 삼촌 이렇게 많은 사람이 서로 부대끼며 행동하고 말하는 것들을 보면서 자라 환경 자체가 교육이 됐다. 하지만 요즘은 할아버지, 할머니도 보기 힘들고 가족 간의 교류가 적다 보니 핵가족화로 보고 배울 사람이 없다는 것이다. 그래서 주 양육자의 역할이 중요하고 결국 문제의 부모 밑에 문제의 아이가 똬리를 틀고 있다는 것이다. 아이는 내 소유물이 아니라 하나의 인격체로 가족은 하나의 팀워크로 움직여야 한다는 이야기였다.

팀워크. 방송에서도 한 PGM(한 제품을 판매, 진행하는 프로그램)을 진행하려면 집안의 가장 격인 PD 음향, 조명, 무대 담당, 업체 쇼핑호스트 등 수십 명의 스태프들이 각자의 위치에서 최상의 매출을 위해 하나의 목표를 가지고 움직인다. 집에서도 역시 팀워크. 한 집안의 PD격인 엄마가 중심을 잘 잡아야 한다는 것이다. 엄마가 꾸린 가정은 작은 사회다.

'안 돼'라는 무시무시한 스노우볼

아이들을 키우다 보니 생각이 많아진다. 이번 생은 첨이라, 한 번도 발 들여 놓은 적 없던 세계. 고로 혼돈만이 가득한 세계…. 나는 여전히 그 혼돈의 안개를 걷는 중이다. 지금까지 경험하고 학습하고 배워왔던 것이 과연 올바른 것인가? 예전에는 열심히 공부해서 좋은 대학을 가고 직장을 얻고 돈을 모아 집을 사는 것이 정석처럼 되어 왔지만 우리 아이들 세대도 과연 그럴까? 잘 모르겠다. 하지만 20년 넘게 사회생활을 하고 많은 사람들을 접하고 느낀 것 중 하나, 성공하는 사람들에겐 공통점이 있었다. 먼저 자존감이 높고 긍정적인 마인드를 갖고 있는 사람이 많다는 것. 그리고 이런 사람들은 당장은 아니더라도 언제가 됐든 결국은 좋은 결과가 나왔다.

그렇다면 우리 아이들의 자존감을 높이고 긍정적인 마인드를 심어줄 수 있는 방법은 뭐가 있을까? 나의 어릴 적 경험을 비추어 보면 내가 뼛속 깊이 부정적인 생각을 갖고 있는 것은 친정엄마의 평소 말 습관에서 기인한다는 것을 결혼을 하고 두 아이를 낳고 키우면서 깨달았다. 지금도 기억나는 것이 친정 엄마는 내가 어떤 일을 하려고 하면 "하지 마.", "네가 할 수 있겠니?" "넌 못 해." 하셨다. 식당에 가서 음식을 먹을 때도 음식을 먹고 첫마디가 "이 집 음식이 왜 이렇게 맛이 없어? 이럴 바에는 집에서 먹는 게 낫겠다.", "맨날 집에서 먹는 음식을 왜 사먹어." 이런 식이었다. 이런 엄마의 언어 습관이 30여 년간 내 머릿속에 부정적인 씨앗으로 자리 잡아 난 어떤 일을 시작할 때는 많이 주저했다. 그리고 두려움을 많이 느꼈다. '난 할 수 없어, 이게 뭐야? 이런 걸 왜 사 먹어?' 이렇게 매번 부정적인 생각을 하게 됐다.

부정적인 생각으로 가득한 나는 항상 현실에 만족하지 못하고 뭔가를 갈망하고 갈구하고 불만 불평으로 일관했다. 하지만 아이를 키우면서 아이의 자존감을 높이는 첫 번째는 아이를 무조건 응원하고 지원해 주는 것이라는 사실을 깨달았다. 아이들이 걷기 시작할 때부터 아이들에게 "안 돼.", "하지 마."라는 부정적 단어는 일절 사용하지 않았다. 지금도 가끔 놀이터에서 젊은 엄마가 아이들에게 이런 단어를 사용하면 깜짝 놀란다. 특히 개구쟁이 남자아이를 키우면 하루에도 수백 번 이 단어를 사용할 수밖에 없다지만 엄마라는 業이 도 닦는 일이라 하지 않았는가? 몸에서 사리가 나올 것 같다고 하지만 난 아이에게 "안 돼."라는 말을 하기 전에 한숨을 한 번 내쉬었다. 그리고 "옳지 않아요~" 몹시 차분히 말했다. 화가 나고 속이 뒤집힐 것 같았지만 연기하듯이 습관적으로 얘기했다.

어떤 책인지는 가물거리지만 이렇게 어린 아이에게 계속 '안 돼'라는 부정적인 표현을 하다 보면 어느 순간 어떤 일을 할 때 '난 안 돼, 하면 안 돼, 난 못해' 이러면서 수동적이며 부정적인 아이로 자라날 수 있다는 것이었다. 아이에게 무조건 "안 돼."라고 말하는 습관이 있다면, 잘 생각해 보아야 한다. 그게 진짜 안 되는 상황인지, 혹시 내가 나에게 하는 말은 아닌지, 결국 어릴 적 내 자신이 들었던 말은 아닌지….

대박 아이 만들기 프로젝트

실제로 EBS 〈다큐프라임〉의 '언어발달의 수수께끼-언어가 나를 바꾼다'에서는 흥미로운 실험을 진행했다. 실험에 참여한 아이들에게 탁자 위에 놓여 있는 단어들을 배열해 5분 안에 3개의 문장을 만들어 보라고 했다. 이때 두 그룹으로 나누어 '무례한 그룹'에게는 '공격적', '무례함', '침입하다' 등의 부정적 단어가 적혀 있는 파란 카드를 주고, '예의 있는 그룹'에게는 '공손함', '양보하다', '예의바름' 등의 긍정적 단어가 있는 노란 카드를 제시했다.

문장 완성이 끝나면 다른 장소에 있는 실험 진행자에게 가서 다음 과제를 받도록 했는데, 이때 숨어 있던 아이가 마주 오던 아이에게 다가가 일부러 부딪쳤다. 아이들의 반응은 어땠을까. '예의 그룹'은 4명 중 1명을 제외하고는 화를 내지 않은 것에 비해 '무례 그룹'은 4명 중 3명이 불쾌한 반응을 보였다. 노출된 언어에 따라 실험 참가자들의 행동이 다르게 나타난다는 실험 결과는 언어가 우리의 생각과 행동을 바꿀 수 있음을 보여준다. 특히나 아직 어린 아이들에게 주 양육자인 엄마의 언어습관이 중요하다는 것을 알 수 있다.

언어, 말이란 것은 우리가 세상을 바라보는 세상을 만들고, 우리의 생각과 행동을 바꾸는 힘을 가지고 있다. 사실 방송인이나 언어학자, 정치가 등 대중에게 노출 되는 사람을 제외하면 내가 사용하는 언어가 어떤 프레임과 연관되는지, 내가 자주 쓰는 단어는 나를 비롯한 자녀와 남편, 주변 사람들에게 생각과 행동에 어떤 영향을 끼치는지에 대해 생각해 본 사람은 많지 않다. 무의식적으로 습관적으로 쓰는 단어 선택으로 인해 타인에게 상처를 주는 경우가 종종 있다.

우리는 언어가 가진 힘을 이해하고 언어 사용에 좀 더 주의를 기울일 필요가 있다. 부정적인 단어보다는 긍정적인 단어를 쓰려고 노력하고, 내가 사용하는 언어는 나의 삶은 물론 타인의 삶도 바꿀 수 있다는 것을 명심해야 한다. 이러한 언어의 힘을 이해하는 것은 우리의 삶을 원하는 방향으로 이끌어가는 하나의 방법이 될 수 있다.

그렇다면 일상생활 속에서 긍정적인 단어를 사용해야 된다는 것은 알겠는데, 대체 어떤 말을 어떻게 해야 할까? 쇼핑호스트가 1시간, 2기간 대본도 없이 프로그램을 진행할 수 있는 이유 중에 하나는 상용화된 문장이 몇 개가 있다. 'OO 대박 구성으로 여러분을 모시겠다, 자동주문전화로 연결하시면 3천·원 할인된 가격으로~, 매진 임박!' 이렇게 쇼핑호스트의 멘트기법을 응용해서 몇 가지 문장만 매뉴얼로 만들면 양육이 조금을 수월해진다.

어떤 일을 하든, 물론 실제로 대단치 않아도 "와~잘했어, 정말 멋지네, 와~ 대단해요. 최고야." 하루에 몇 번을 반복해서 들어도 질리지 않는 문장들. 특히 도화지 같은 아이들의 무의식 속에 이런 긍정의 단어가 씨를 뿌리면 어떤 좌절을 겪더라도 강한 자존감으로 극복해낼 수 있는 어른이 될 것이다.

앞의 이미지는 『매일매일 긍정하라』라는 책의 리뷰 동영상을 우연히 보고 시청 소감을 적은 큰딸의 글이다. 긍정적인 자기 암시가 결국은 성공으로 이끈다는 내용인데, 아직 초등학생인데도 무엇인가 깨달음을 얻었나 보다.

네 믿음은 네 생각이 된다.

네 생각은 네 말이 된다.

네 말은 네 행동이 된다.

네 행동은 네 습관이 된다.

네 습관은 네 가치가 된다.

네 가치는 네 운명이 된다.

아이 키우는 것은
농사와 같아

함께 산다는 것은 하나의 예술작품입니다. 또한 매력적이며, 아름답게 계속되는 여정입니다. 이 여정엔 지켜야 할 세 가지가 있습니다. Please, thanks, sorry. (해도 될까요? 고마워요. 미안해요.)

- 프란치스코 교황

2000년대 초, 홈쇼핑 회사에 입사하고 인턴으로 있을 때, 10여 명의 동기들이 철원에서 햅쌀을 첫 수확하는 생방송에 전원 투입된 적이 있었다. 가을 들녘에 노랗게 물든 벼이삭들을 보니 수확의 기쁨이 이런 것이겠구나 하고 느꼈다. 보기만 해도 배가 부른 풍요로움을 느낄 수 있었다. 방송 전 철원 DMZ 근처에서 농사를 짓는 동네 어르신과 이야기를 나누는데 이 어르신은 6·25 전쟁이 나고 잠깐 남한에 내려온 것이 지금까지 이어져서 고향 갈 생각으로 철원에 터를 잡았다고 했다. 금방 고향으로 갈 줄 알았는데 벌써 50여 년이 다 되어 간다고.

이러면서 "인생도 농사도 기다림이다."라는 말씀을 하셨다. 기나긴 장마를 지나고 몇 번의 태풍이 지나 완성되는 인생. 그 어르신의 이야기가 생각나는 요즘이다. 육아도 기다림이라고.

송나라 주자가 어린 소년들에게 유학의 기본을 가르치기 위해 만든 책인 『소학』에는 이런 글귀가 적혀있다. 인생은 자연과 같아 봄, 여름, 가을, 겨울 4계절을 사는 것과 같다고. 한창 씨를 뿌리고 열심히 농사를 짓고 가을에 수확하는 인생. 우리 아이들은 이제 봄을 맞이하고 있다. 좋은 볍씨를 잘 골라 여든여덟 번의 손이 가고 정성을 기울여야 한다는 농사. 아침마다 농부의 발걸음 소리를 듣고 자란다는 볍씨들. 인생의 봄을 맞이하는 우리 아이들에게 엄마는 농부인 셈이다. 거친 바람이 불고 태풍이 불어도 뿌리가 든든하면 뿌리 채 뽑히지 않는다. 시련과 아픔이 지나고 나면 더욱 단단해지고 견고해지듯이 정신이 강한 아이로 키워 나가야 한다.

어떤 과학강사가 이야기를 해 주는데 서울에서도 내로라하는 유명 특목고를 다니는 아이의 과외를 한 적이 있다고 한다. 아이는 선생님의 설명도 잘 이해하고 똑똑했다고 한다. 그러나 선생님이 질문을 하면 대답을 하지 못하고 주저주저했고 그 이유를 물어보니 혹시나 틀릴까 봐, 틀리면 혼날까 봐 주저했다고 한다. 주변에 공부 잘하는 사람이 많고 문제를 풀면 혼나는 경우가 많아서 자존감이 상대적으로 많이 낮았다고 한다. 남들이 봤을 때는 훌륭한 스펙을 갖고 있고 있지만 자존감이 낮은 사람이 의외로 많다. 자존감이 높아야지 어떤 일이든 도전을 하게 되는데 이 아이는 도전을 하기도 전에 실패하는 것을 두려워했던 것이다.

인생은 도전이다. 현실에 안주하지 않고 새로운 것을 찾는 일. 앞으로 우리 아이들은 우리가 생각지도 못한 세상을 경험할 것이다. 이런 아이들에게 든든하고 튼튼한 씨앗을 뿌리는 일, 뿌리가 단단한 아이로 키우는 것은 바로 엄마의 몫이다. 엄마의 긍정적 언어 습관이 아이에게 긍정의 힘으로 자라날 것이다. 아이는 세상과 소통하는 법을 엄마의 말투에서 배운다.

30여 년간, 4만 8천여 명과 상담을 한 심리 카운슬러 하시카이 고지는 그의 책『운이 좋다고 말해야 운이 좋아진다』에서 성공한 사람들은 특이한 특징이 있다고 적고 있다. 설명하기는 어렵지만 꾸준히 혼잣말로 자기 세뇌, 자기 암시를 통해 뇌를 통제하고 있다는 것. 하시카이 고지는 무의식적으로 사용하는 긍정적 언어 사용 습관이 뇌에 미치는 영향을 30년 이상 연구했다.

그가 상담 연구 자료뿐만 아니라 언어 심리학, 신경 언어프로그램, 뇌과학에 이르기까지 수많은 논문을 조사한 결과에 의하면 인간에게는 현재의식, 잠재의식, 무의식과 같은 3가지 의식이 있다. 현재의식은 가장 표면적 의식으로 인간이 이성적으로 생각할 때 사용하는 의식이다. 계산이나 회의 등 일상생활을 할 때 활성화된다. 잠재의식은 인간이 자각할 수 없고 자고 있을 때, 한 가지 일에 몰두할 때, 멍 때릴 때 활성화되고 현재 의식에 영향을 미친다. 잠재의식보다 더 깊숙한 층에 있는 의식, 곧 무의식은 잠재의식에 영향을 미친다. 무의식에는 인간이 외부로부터의 자극, 즉 보고 듣고 느끼고 냄새 맡고 먹는 것 같은 경험이 축적되는데, 이러한 외부 경험과 정보는 정리되지 않은 날것의 상태로 보존되어 있으며, '자기도 모르게' 행동에 영향을 미친다. 가끔 나도 모르게 전혀 의식하지 않고 행동하는 것이 바로 평소에 느낀 오감에서 비롯된다.

성공하는 사람들은 '잘 될 거야, 꼭 성공할 거야.' 하는 자기 세뇌와 암시 속에서 운 좋게 좋은 결과가 나온다. 여기에 대박아이 만들기 프로젝트의 아주 간단한 비밀이 들어있다. 아이가 어려서부터 스스로가 자존감을 높이는 것은 어렵다. 하지만 부모가 곁에서 '안 돼'라는 스노우볼 효과가 큰 부정적인 말 대신 '정말 잘하네, 훌륭해, 멋져'와 같은 긍정적인 언어를 계속해서 반복하다 보면 아이들 뇌에 무의식으로 스며들어 자신도 모르는 사이, 좋은 행동과 말을 하게 된다. 말은 입이 하는 것이 아니고 인격이 하는 것이다. 우리 아이가 자갈 속에서도 반짝이는 에메랄드처럼 성장하길 원한다면 엄마의 언어습관부터 바꾸자.

원망하고
탓하지 않기 위한
40대, 인생 2막

인생 2막 비전 메이커 · 전은미

전은미 ▼ 인생 2막 비전 메이커

다:움 상담심리연구소 소장. 청소년 상담기관 및 신경정신과에서 상담사로 수년간 현장에서 경력을 쌓아왔다. 출산과 육아 등의 이유로 경력이 단절되었다가 현재 강사 트레이닝과 독서코칭을 겸하며 의식을 깨우는 네트워커로 활동하고 있는 두 번째 꿈을 향해 나아가는 여성 CEO이기도 하다.

중앙대 학사 졸
가톨릭대 상담심리대학원 석사 졸
前 움사랑 지역아동센터 센터장
前 청소년상담기관 및 신경정신과 상담경력 다수
성격 및 동기부여 강사
군부대 및 구치소 상담 및 강의
現 다:움 상담심리연구소 소장

이메일 companions@naver.com
블로그 https://blog.naver.com/companions

나는
시간을 죽였다

생때같은 두 아이들의 거침없는 울음소리에 나의 아침은 시작되었다. 다소 늦은 나이에 어렵게 가진 아이들이었기에 소중하고 감사하였지만 낳는 것보다 키우는 건 더 어려운 문제였다. 연년생 두 아들의 육아는 오롯이 나만의 몫이 되곤 했다. 군인인 남편은 새벽 출근과 늦은 퇴근, 장기적인 훈련으로 늘 바빴다. 젖을 물리고, 기저귀 갈고, 이유식 만들어 먹이고 하다 보면 어느새 나는 너덜너덜해져 있었다. 아침에 눈을 뜨면 서둘러 밤이 오기를 기다렸다.

나를 위해 밥 한술 제대로 차려 먹는 것조차도 귀찮을 정도로 늘 피곤에 절어 있었다. 집안을 예쁘게 정리하고 꾸미는 것은 물론 내 자신을 관리하는 건 꿈도 꾸지 못할 일이었다. 출산과 육아로 바깥 활동이 거의 없었기에 나는 언제나 눈곱만 겨우 뗀 얼굴에 떡이 진 머리, 분유 흘린 자국들로 얼룩진 커다란 티셔츠, 신축성 좋은 고무줄 냉장고 바지, 그리고 팅팅 부어있는 맨발에 슬리퍼 차림이었다. 나 하나도 건사하기 힘든 상황에서 제대로 걷지도 못하는 두 아이들을 업고 밀고 외출할 엄두는 더더욱 나지 않았다. 그리고 그런 내 모습에 스스로도 초라해져서 집 밖을 안 나가게 되었다.

출산 후 독박육아에 우울해지다 보니 나 자신을 방치했다. 게을러서 뚱뚱해진 게 아니라 뚱뚱해서 내 몸 하나 가누기가 힘들어서 게을러졌다. 악순환이었다. 나를 위해 밥을 차려 먹는다는 것이 과분하기에 한 번 먹을 수 있을 때 많이 먹어두어야 했다. 그래서 폭식과 굶기가 반복됐다. 그리고 설사 먹을 수 있을 때조차도 제대로 된 음식이 아닌 빵이나 초콜릿, 과자류들로 쉽게 배를 채우며, 끼니를 때웠다. 키가 156㎝에 불과한 나의 몸무게는 70kg에 육박했다. 누군가 내 어깨에 항상 걸치고 있는 것 같았고, 한번 감기라도 걸리면 꽤나 오래갔다. 이층집을 오르내리는 것도 100m 달리기를 한 것처럼 숨이 가쁘고 버거웠었다.

출산 후 몸이 회복되지 않아서라고, 육아로 인해서 몸이 힘들어 그런 거라고, 그리고 살이 쪄서 그런 거라 생각했다. 그런 시간들이 지속되자 몸에서 신호를 보내왔다. 어쩌다 한 번 정도 있을까 말까 했던 심장의 이상 신호는 6개월에 한 번, 1달에 한 번, 1주에 두어 번씩 점차 잦아들었다. 나는 심장에서의 이상 신호가 있을 때면 마트에서 쇼핑하다가도 길바닥에서라도 드러누워야 했다. 주위의 창피함은 무릅쓰고서라도 현기증이 날 정도로 쿵쾅대는 심장을 진정시키기 위해서는 그렇게 해야만 했다. 이 또한 지나가겠지? 언젠가는 지금보다는 나아지겠지? 같은 막연한 기다림으로 견디고 버텼다. 어느 정도 아이들을 키우고 나면 내 몸이 보내는 이

중상들도 없어질 것이라고 생각했다. 시간을 빨리 건너뛸 수만 있다면 내 삶에서 몇 년의 시간들이 없어져 버리기를 바랐다. 막연한 바람으로 지금의 나 자신을 방치했고 몸이 보내는 신호를 무시했다.

그러던 어느 날, 5개월이 된 둘째 아이에게 분유를 먹이던 중에 나는 가슴에 통증을 느끼며 쓰러졌다. 병원에 입원해 있는 동안 여러 검사를 진행하였고, 병원에서는 나의 병명을 부정맥이라고 진단을 내렸다. 부정맥 진단을 받고 시술을 받기 위해 병실에 입원해 있을 때, 옆에 계시던 나이가 지긋한 아주머니 환자는 나에게 젊은 사람이 왜 이렇게 벌써 왔냐며, 자신이 예전에 부정맥 시술을 받아보니 그건 별거 아니라며 자신은 3개월 전에 받았다고 위로해 주었다. 벌거벗은 채 수술용 덮개 하나 덮인 채 대기실 천장을 바라보며 내 차례가 되기를 기다리다 보니 문득 친정 엄마가 떠올랐다. 엄마는 부정맥으로 평생 약을 드셔야만 했는데, 독한 약일수록 부작용도 함께 생겨 또 다른 약이 더 추가되었다. 엄마는 점점 처방받는 약의 개수가 늘어나 토트백 하나 가득 약봉지를 들고 다니셨다. 그럼에도 심장마비가 몇 번 있어 고주파전극도자절제술이라는 시술뿐만 아니라 인공심장박동기를 심장에 삽입하는 시술까지도 받았다. 그런데도 엄마는 또다시 심장마비가 왔고 결국 두 번 다시 눈을 뜨지 못하셨다.

차가운 수술대기실에서 바들바들 떨며 엄마가 아팠던 과정부터 심정지로 돌아가셨던 과정들이 머릿속에 스치듯 떠올랐다. '시술받으면 치료되고 끝이라고 생각하고 왔는데, 이것이 시작이겠구나.'라는 생각이 들었다. 이미 어느 정도 시술 준비가 되어가고 곧 마취가 진행될 예정이었던 나는

"잠깐 멈춰주세요!"라고 외쳤다. 도대체 어디서 그런 용기가 생겼는지 모르겠다. 벌거벗겨진 채 누워있었던 나는 지금 당장 이 시술을 하지 않는다고 죽는 것이 아니니 내가 해 볼 수 있는 것은 다 해 보고 그리고 안 되면 다시 오겠노라고 멈춰달라고 요구했고 그렇게 수술대 위에서 내려왔다. 보호자대기실에서 기다리고 있었던 가족들은 갑작스러운 시술 취소 소식에 당황해하기도 했다.

수술대 앞에서조차 수동적으로 누군가에게 떠맡겼던 내 삶에서 시술 취소라는 결정은 스스로 주체적이고 능동적인 나의 삶을 위한 첫 행동이었다. 죽음의 문턱 가까이에서 비로소 나는 내 삶을 바라보게 되었다. 수술 대기실 안에서 죽음과 가까이하며 나는 새롭게 나의 삶에 대해 눈을 뜨게 되었다. '삶에서 중요한 것은 무엇일까?' 달리 말하면 '죽음 앞에서 중요한 것은 무엇일까?'에 대한 인식을 새롭게 하게 되었다.

나의 삶을 돌이켜봤을 때, 나는 하루하루 아침이 되어 눈을 뜨자마자 밤을 기다렸고 그것은 흡사 죽음을 기다리는 삶이었다. 내가 죽어가고 있다는 것조차 알지 못했다. 시간을 죽이고 있었고, 나의 몸과 마음이 함께 죽어가고 있었다는 것을 알지 못했다. 생산성과 친밀감을 발달과업으로 하는 성인 초기에 나의 삶은 그 모든 것이 단절되고 고립되었다. 군인 아내로서 아는 사람 하나 없는 외진 시골에 1~2년 단위로 이어지는 잦은 이사로 늘 유랑민처럼 자리에 앉자마자 털고 일어나야 했다. 여자에게 결혼이 그러했던 것처럼 이사할 때마다 그동안 내가 쌓아온 경력과 애써 만들어 놓은 터전이 송두리째 뽑힌 느낌을 받았다. 언젠가부터는 어차피 곧 떠날 곳이기에 무엇인가 시작해볼 의욕도 점차 사라지곤 했다. 파도가 치는 모래사장 위에 지은 집같이 파도에 의해 금세 무너져버릴 것을 알기에 점차 무기력해져 갔다. 갑작스럽게 이내 곧 떠날 사람이라 새롭게 일을 시작할 수도 그리고 그곳에 있는 누군가에게도 마음을 둘 수 없었다. 그래서 온종일 남편의 퇴근만 기다리며 밥 차리는 것 말고는 할 일이 없었다.

무엇을 하고 싶다는 꿈조차 꾸지 못하는 곳에서 그렇게 무기력하게 내 삶의 10년이라는 시간을 죽였다. 타인의 삶을 위해서 내 삶을 희생해야 하는 삶, 타인에게 내 삶의 주도권을 맡겨 버린 삶에서 '나의 인생'을 떠올리는 생각은 그야말로 반역(反逆)에 가까웠다. 나에 대해 생각하게 되면 하고 싶은 이상과 할 수 없는 현실의 갭 차이에 원망과 분노가 일어났다가도 결국에는 그에 대한 생각 자체마저 회피했다. 그렇게 아무것도 할 수 없었던 상황에 그저 나 자신을 내버려 뒀다. 당시 내가 할 수 있는 최선의 적응이란 불편함이 주는 감정을 누르고 적당히 평화와 타협하면서 보통의 평범한 삶이겠거니 안주했다. 갈등상황을 견디는 것보다 피하는 것이 더 편하고 익숙했다. 불평등함과 불합리함을 내게 요구해도, 내 영역이 계속 침범당해도, 관계의 평화를 위해 나만 참으면 된다는 묵언의 압박에 침묵하였고 나의 권리는 없었다.

삼십대 중반이라는 이른 나이에 죽음이라는 주제와 가까워지기 전까지 그렇게 사는 방법이 최선인 줄 알았다. 시간이 지나니 그마저도 적응이란 걸 하면서 꿈은 없는 것이 편했고 희망도 불필요했다. 방향도 없이 흘러가는 부서진 배 조각처럼, 세상에 나라는 존재가 왔다 갔는지 흔적조차 사라지고 있는 느낌이었다. 참고 살았던 분노와 한이 부정적인 에너지 파동을 만들어서 나를 더 찌그러트렸었다. 내 시간이 소중해지지 않으니 다른 사람의 시간대로 이끌려 갔다. 내가 내게 바라는 게 없으니 믿고 의지한 대상에게 순간순간의 삶의 결정들을 맡겼고, 내 삶에서의 나는 없었다.

간혹 만나는 대학과 대학원 동기들은 계속 사회적인 성장하고 있는 모습을 볼 때, 나만 동떨어진 채 인생에서 낙오한 느낌을 지울 수 없었다. 그때마다 불쑥불쑥 내가 원하는 삶과 현실과의 괴리에서 원망이란 감정이 자리 잡았다. 나의 희생은 상대를 위한 배려와 사랑이라고 생각했다. 나만 참고 견디면 모두가 평화로울 수 있기에 그것이 우리 모두의 행복이라 착각했다. 하지만 내가 싫은 것을 참아오고 불편한 것을 감수하는 희생은 나를 더 깊은 절망 속에 놓이게 했다. 지금까지 지켜왔던 평화는 누군가의 일방적인 희생이 너무 당연하게 요구되는 거짓 평화였다. 결코 나 자신이 즐겁지 않은 배려와 희생은 더 이상 사랑이 아니었다. 내 문제는 남이 해결해 줄 수도 나만큼 중요하게 생각하지도 않는데, 나는 너무나도 쉽게 모든 결정과 선택을 다른 사람에게 양도했었다.

시술을 기다리는 차디찬 수술장에서 오롯이 홀로 독대하는 시간이었다. 죽음이 그렇게 내게 가까이 있을 거라는 것을 미처 생각지도 못하고 살아왔는데, 어떻게 이 불행이 나에게 찾아왔을까 원망도 들었었다. 그동안 나는 누구에게도 폐를 끼치지 않는 것은 물론 적당히 순응하면서 그냥 숨만 쉬며 살아온 내게 왜 이런 시련이 찾아왔나 싶었다. 갑작스럽게 찾아온 생(生)의 위기는 이제까지 살아온 내 삶을 전반적으로 흔들어놓았다.

예고 없이 찾아온, 아니 어쩌면 예고는 꾸준히 해왔지만 알아차리지 못했던 죽음의 주제를 홀로 독대하게 되니 그동안의 내 삶이 원망스럽게 느껴졌다. 한정적인 시간 속에서 이루지 못하고, 해 보지 못하고, 가보지 못한 것에 대해 상황 탓, 남 탓하다 후회했는데 한편으로는 그런 내 모습을 직면(直面)하는 것이 소름 끼치게 싫었다. 십 년 후 이십 년 후, 언제까지 탓하고 원망만 하다 죽기 직전까지 후회만 하는 시간으로 채워지고 싶지 않았다.

내 인생의 주도권을 더 이상 타인에게 넘겨주어서는 안 되겠단 생각이 들었다. 사람들은 일시적으로 눈에 보이는 증상만을 없애려고 하는 데 초점을 둔다. 수술대 위에 놓이기까지 내가 왜 이렇게 되었는지 나는 아무런 설명을 듣지 못했고, 나 자신도 이해되지 않았다. 그런데 나는 지금의 이 증상들은 곧 내 삶의 노란색 신호등이 켜진 것이라는 생각이 들었다. 먼저 수술실에서 멈춤을 선택했듯이 나는 그동안 방치했던 내 오장육부들 내 몸의 소리와 질병에 관해서 공부하고 알아야겠다고 생각했다. 나는 지금까지 살아온 '내'가 없는 '나의 삶'을 되짚어가며 어디서부터 어떻게 해야 할지 곰곰이 생각해보았다.

죽어가는 시간에서 희망의 시간으로, 시간을 건져올리다

> 자기 인생을 스스로 책임져라. 그렇지 않으면 평생 명령만 받고 살 것이다.
>
> – 로버트 기요사키

　현미경 같은 눈으로 시선이 쏠려있을 때는 내가 가장 힘들고, 나를 힘들게 하는 그 사람, 그 상황, 그 문제만 현미경으로 확대해서 보고 있다. 내 인생 전체를 가로막고 있을 것만 같은 무게로, 이거 아니면 안 될 것 같고 이것만 해결되면 다 풀릴 것처럼 문제 속에 함몰된다.

　그러나 망원경으로 바라보면, 두세 걸음 물러나서 문제에서 점점 멀어질수록 다른 문이 보인다. 전체 안에서 우주 안에서 사회와 가정 안에서 나를 돌아보게 된다. 공중에서 내려다보면 내가 어디에 어느 정도로 와있는지가 보인다. 나를 가로막고 있는 산처럼 느껴졌던 그 문제가, 그 상황이, 힘들게 하는 그 사람이 아주 작게 느껴진다. 죽고 못 살 것 같은 그 묵직함이 별거 아닌 가벼움으로 느껴진다.

　시야가 멀어질수록 보이는 게 많아진다. 이웃을 향하고 사회를 향하고 사랑, 정의, 믿음, 공의, 의리 등 보이는 것보다 보이지 않는 가치들에 대해 자각하게 되고 이런 것들을 추구한다. 사람들의 눈을 의식하고 말을 의식하며 보이기 위해 명품을 휘어 감기 위해 애쓰지 않는다. 엄청나게 크고 대단한 것들을 뜻하는 것은 아니다. 거짓 없이 정직을 말하고 자주 웃고, 감사와 사랑의 표현을 더 많이 하는 것 같은 소소하지만 중요한 가치를 알게 되는 것이다.

지혜로운 자는 죽음에 대해서 많이 생각하지만 어리석은 사람은 눈앞의 즐거움밖에 생각하지 못한다는 구약성경 전도서의 한 구절처럼 진리를 외면하면 눈앞에 보이는 것에만 좇기에 급급한 채 죽음이 없을 것처럼 산다.

산다는 단어는 죽음과 연결되어 있다. 죽음(death)과 죽어감(dying)을 알게 되면서 그리고 잊고 있었던 소중하고 중요하지만 급하지 않았던 삶의 우선순위가 보였다. 죽음을 가까이하면, 생명에 대한 궁극적인 가치, 그 의미에 대해서 자각을 하게 된다. 모두가 동일하게 죽음(death)으로 귀결되는 삶에서 웰다잉(well-dying)은 곧 좋은 삶으로서 웰빙(well-being)을 나타내는 지표가 된다.

삶의 순간순간들이 나 자신의 웰다잉을 위한 삶이 된다는 사실을 기억하면, 불평과 불만, 원망과 탓과 같은 이런 부정적인 데에 에너지를 쏟는 것을 멈추게 된다. 감정 쓰레기통이 되어 상처받은 말을 곱씹는 데 생명의 에너지가 낭비되는 것이 아까워진다. 미움이라는 에너지는 상대에게 가기 전에 자신을 먼저 해친다. 더 이상 죽음은 부정하고 싶고 피하고 싶은 주제가 아니다. 상대를 위해서라기보다 내 감정이 더 귀하고 소중한 것을 알기에 부정적인 것을 선택하지 않는 것이다. 내 인생의 소중한 시간들을 불평과 불만을 토로하는데 내 시간을 채우지 않기로 결단한다. 그 말을 내 것으로 갖고 가지 않으니 부정적인 감정이 머물 공간이 없다. 내게 계속 상처 주는 대상이 있다면 굳이 가까이할 필요는 없다. 상대가 바뀌기를 기대하지 않고 내가 다른 행동을 선택할 수 있다. 내가 통제할 수 없는 영역은 체념이 필요하다. 문제에 무의식적으로 반응하지 않을 선택의 주권이 내게 있다. 관점이 바뀌면 삶은 더 의미를 찾아가고 가치 있어지는 방향으로 나아간다.

이 글을 읽는 당신과 내 희망을 나누고 싶다. 그 당시의 내 모습처럼 살아가는 사람들을 만나면 한마디라도 더 나누고 싶어진다. 당신 안에 빛나는 희망을 얘기하고 의식을 깨워주고 싶어진다. 그 당시의 나를 보는 것 같아 울림이 되었던 다음의 시가 떠오른다.

> 당신의 희망을 잠시 내게 주소서.
>
> 나는 희망을 잃어버린 것 같습니다.
>
> 날마다 상실감과 절망감이 나를 따르며
>
> 고통과 혼란이 내 친구가 되었습니다.
>
> 어느 방향으로 가야 할지 알지 못하고
>
> 미래를 보아도 새로운 희망은 보이지 않습니다.
>
> 문제와 고통의 나날과 더 많은 비극을 볼 뿐입니다.
>
> 당신의 희망을 잠시 내게 주소서.
>
> 나는 희망을 잃어버린 것 같습니다.
>
> 내 손을 잡아주고 나를 안아주소서.
>
> 내 모든 말에 귀를 기울이소서.

회복될 것 같지 않습니다.

치유의 길은 멀고 외롭게 보입니다.

당신의 희망을 잠시 내게 주소서.

나는 희망을 잃어버린 것 같습니다.

내 곁에 서서 당신의 임재, 당신의 마음,

당신의 사랑을 알게 해 주소서.

내 고통을 알아주소서.

내 고통은 너무 크고 끝이 없습니다.

나는 슬픔과 갈등에 휩싸여 있습니다.

당신의 희망을 잠시 내게 주소서.

내가 치유될 때가 올 것입니다.

그러면 나의 새로움, 나의 희망, 나의 사랑을

다른 이들과 나누겠습니다.

- 닐 앤더슨의 『내가 누구인지 이제 알았습니다』 중에서

변화를 원하면, 익숙함이 불편해야 한다

그레이스 호퍼는 "우리는 늘 이런 식으로 해 왔어"라는 말이 가장 위험하다고 말한다. 컴퓨터 코딩의 새 시대를 연 그레이스 호퍼는 당시 0과 1

로만 구성된 컴퓨터 프로그래밍 방식에 의문을 제기하며 컴퓨터가 사람의 언어를 배울 수 있는 프로그램을 개발하였다. 대부분의 사람들은 변화를 싫어하고 늘 익숙함을 추구하는 데 그레이스 호퍼는 기존의 질서가 주는 적당한 익숙함에 스스로 불편을 감수하면서 변화를 시도했고 누구나 컴퓨터를 사용할 수 있도록 기반을 닦았다.

'나'가 없는 '나의 삶'은 더 이상 존재하지 않는 것처럼, 오로지 '나'를 제외하고는 모두에게 평온하고 잠잠했던 질서에 나는 불편해지기로 했다. 내 인생의 마지막 순간이 '후회'와 '미련'으로 얼룩지지 않기 위해 조금 불편해지기로 했다. 이제까지 나만 참고 나만 희생하면 되는 상황에서 모두가 함께 불편함을 나눠 가지기란 쉽지 않았고 반발도 심했다.

딸기가 마트에서 생산되는 것인 줄 아는 어린아이들처럼 어떠한 수고와 과정을 거쳐 이 자리에 놓여있는지 아는 사람은 많지 않다. 서랍 안에 양말과 옷이 그 자리에 놓이기까지 세탁기를 거쳐 빨랫대에 널어 말리고 개어 넣기까지 보이지 않는 수고와 노력이 필요한데 그것이 저절로 되어진 양 생각한다. "우리 어머니는 말이야~"로 아내가 자신의 어머니처럼 되어주기를 바라거나 "라떼는 말이야~"로 지난 자신의 경험으로 회상하고 가르치려고 한다. 어머니의 일방적인 희생이 당연시되었던 전통사회에서 그 자신은 진정 행복했는지 되묻고 싶다.

누군가의 시간은 그 수고와 노력으로만 채워져 있다면 행복할까? 나만 참으면 평화롭지만, 언제까지 참을 수 있겠는가? 적당히 괜찮고 보통의 평범한 늘 그래왔던 것처럼 안주하면서 살았던 모든 시간이 불편하게 느껴졌다. 원하는 내 삶이 생기니 지금의 내 모습을 보기가 무척 불편해진다. 지금처럼 똑같이 살면 내 미래는 그토록 소름 끼치게 싫어하고, 원망하고 탓하며 후회하는 갱년기 60대 여성이 되리라는 것이 자명했다.

나는 먼저 나로 살기로 결심했다. 어느 날 밀려오는 불편함에 힘들 수 있지만 지금 갈등을 견디는 것이 나중에 서로를 위한 길이라는 것을 배울 것이다. 잠시 갈등으로 인한 불편함을 지금 회피하면 당장은 눈에 안 보이는 것 같으나 나중에는 더 이상 좁힐 수 없는 깊은 골이 만들어질 것이다. 그동안 본래 각자의 몫이었지만 그동안 내가 묵묵히 해왔던 그들의 일을 다시 돌려주었다. 처음에 사람들은 내가 잠시 힘들어서 그런 것일 거라며 내게 기꺼이 선심을 쓰듯 도와준다고 생각했다. 시간이 지나가면서 더 이상 내가 양보하지 않자 모두의 불평과 불만은 갈수록 커졌고 모두가 불편함이 익숙해지기까지는 오랜 시간이 걸렸다.

내 인생의 운전대를 스스로 잡기로 결정하는 것은 나에게도 쉽지 않았다. 그동안 승객처럼 누군가 모는 자동차에 탑승하여 고민하지 않고 편하게 살아오다 내가 직접 운전대를 잡으려 하니 긴장도 되고 걱정도 되었다. 운전대를 내어준 이들은 조그만 실수에도 다시 운전대를 뺏어버릴 기세로 나를 매서운 눈초리로 쳐다보고 있었고, 나 또한 내가 제대로 가고는 있는지 사고 나지는 않을지 걱정된 마음에 더 피곤했다.

그러나 지금 당장은 효율성이 떨어질지라도 지금 새롭게 만드는 이 질서는 우리 모두가 행복해지는 길이라는 것은 분명했다. 내가 행복해야 내 남편도, 내 아이들도 행복하게 해 줄 수 있기 때문이다. 우울하고 무기력한 아내와 엄마의 모습은 나도 그들도 더 이상 바라지 않았던 것은 분명하다.

그런데 이제까지 '나로 사는 시간'을 가져본 적이 없었기에 '나로 산다'는 것이 어떤 것인지 도무지 감이 오지 않았다. '자신이 원하는 삶이란 뭘까? 다른 사람의 기대가 아닌, 가짜가 아닌 진짜의 삶을 살기 위해선 어떻게 해야 할까?', '내 소중한 생명을 바쳐서라도 온전히 시간을 들이고 싶은 가슴 뜨거워지는 주제가 있는가?', '마지막 순간에 미련과 아쉬움으로 생에 연연하지 않게 후회 없는 삶은 어떤 걸까?', '내 마음의 중심에 간절하게 품고 있는 것은 무엇인가?' 수많은 질문들을 자신에게 던져보았다.

나는 내 뜻대로 살아본 적이 없다. 나는 내 선택에 자신이 없었기에, 신뢰하는 대상이 이끄는 길에 무조건적으로 나를 맡긴 채 살아왔다. 겁이 났고 안전한 길을 택했다. 그 어떤 길을 가더라도 다른 길일뿐 잘못된 길은 아니었을 텐데 혹시나 잘못된 길은 아닐까 하는 염려와 우려 안에서 현실에 적당히 안주하며 살아왔을 뿐이다. 내 스스로에게 던지는 질문들과 그에 대한 답을 찾아가보며 가슴이 벅차게 행복했었던 기억 하나가 떠올랐다.

죽음의 공포에서 벗어나 내 건강을 챙기기 위해 작은 일부터 시작했었다. 돈을 벌기 위해서가 아니라 나를 사랑하는 방법이었기에 무기력했던 내게 생기가 돌았다. 그러던 중 회사에서는 그동안 열심히 일한 직원들에게 여행을 보내주었고, 나는 처음으로 남편과 아이 없이 회사에서 보내준 여행을 떠났다. "너의 성장을 축하하고 너의 성장이 곧 우리의 성장이 되어주어서 고마워"라는 회사의 메시지와 함께 진심으로 가장 좋은 것으로 대접해주었는데 나는 회사가 나를 소중하게 대해 주는 마음으로 느껴져 눈물이 와락 쏟아졌다. 그리고 그것은 내 인생의 운전대를 잡는데 아직 익숙지 않았던 나에게 자신감을 불어넣어 주었다. 그것은 나로 살아가기 위해 내 인생의 마중물이 되어준 경험이었다.

『인생의 마지막 순간에서』 저자인 샐리 티스데일은 "모든 사람은 죽는 다. 죽는 건 진리이지만 아프게 죽을지 건강하게 죽을지, 한 많게 죽을지 우아하게 죽을지는 선택이다"라고 얘기했다. 죽음 앞에서 내 영혼이 가져 갈 수 있는 것들은 소유가 아니라 경험이라는 것을 느꼈다. 힘들긴 해도 내가 가고 싶은 곳을 갈 수 있으리라는 기대에 설렜고, 그 길을 향하는 내내 즐거웠고 숨통이 트였다. 내가 원하는 삶은 여유와 자유로움이었고 일을 통해 나는 그 두 마리 토끼를 꿈꾸고 가질 수 있었다.

내가 나를 기대하지 않는 것은 죄다

남편은 나에게 다정한 아내, 헌신적인 어머니에 대한 기대가 있다. 밥 먹다 아이가 혹은 남편이 물을 달라고 할 때, 다정한 아내라면 훌륭한 엄 마라면 당연히 물을 가져다주는 것이 헌신적인 엄마의 모습이었다. 남편 이 일하고 집에 들어오면 쉴 수 있는 공간으로 집안을 늘 청결히 가꾸어 져 있고 가족을 챙기고 보살피어야 한다는 다정한 아내 훌륭한 엄마의 관점으로 나를 본다.

다정한 아내, 헌신적인 어머니…. 그러니 내가 얼마나 못마땅할꼬. 나는 남편의 기대에 맞출 수 없는 사람인 것을…. 처음부터였다. 살림으로 나는 정말 소질이 없다. 재능도 없고 관심도 없고 잘하고 싶다는 생각도 그렇게

들지 않았기에 설거지, 청소라는 기준에서는 늘 평가 기준 미달이었다.

나를 바꾸려는 신랑과 늘 그 모양인 나는 결혼 이후 줄곧 부딪쳤고, 일상이 전쟁이었다. 이 부분만 바꾸면 자신이 원하는 모습인데 이렇게 잔소리를 하고 저렇게 가르치는데도 안 바뀌는 문제아가 되었다.

목표도 없고 꿈도 없던 시절이었기에 무엇을 해야 할지 의욕도 없었다. 밥하는 것이 내 일이고 그것을 먹어주는 것이 신랑이었다. 요리하면 평가해 주고 어떻게 하면 더 잘 할 수 있을지 생각해 보라는 과제를 주었다. 외진 시골 그 조그마한 10평 남짓 원룸에서 하염없이 신랑만을 기다리며 텔레비전은 내 시간의 대부분과 소통하는 친구였다.

꿈이 없는 삶은 편하다. 목표가 없으니 정해진 기간도 없고 무엇을 해야 하는 것도 없다. 눈이 떠질 때 뜨고 감길 때 감는다. 나에게 자유는 텔레비전 채널 수만큼의 자유였다. 방송국이 늘어서 채널 수가 많아지니 더 자유가 많아지는 줄 알고, 적막함을 없애기 위해 십 분도 손에 리모컨을 놓지 않는 질 낮은 자유의 시간이었다.

시간은 나에게 가장 흔한 것이고 가장 가치가 없는 것이었다. 무엇으로 어떻게 시간을 써야 할지조차도 생각하지 못했다. 이 시간이 지나면 어떻게 될 것이라는 희망도 옅어졌다. 신랑의 미래가 내 미래가 되고 신랑의 꿈이 내 꿈이 되었다. 이름 있는 대학을 졸업하고 대학원을 졸업하는 학위는 아무런 쓸모가 없었다. 그냥 레벨을 맞추기 위한 결혼이력서의 한 줄이었다.

말이 되지 않는 상황임에도 그분들이 원하는 좋은 며느리고 싶었던 나의 마음과 갈등을 피하고 싶었던 습관이 맞물려 결혼 이후에도 허용한 대상만 바뀔 뿐 경계가 없었다. 결혼 이후 삶에 대한 내 생각이 없었기에 시어머니가 내게 기대하는 생각대로, 결혼한 여자, 신앙 있는 현숙한 여인의 삶은 이래야 한다고 정해 놓은 틀이 내게 심어졌다.

갈등은 회피하고 싶었다. 그냥 나만 양보하면 조용하고 평화롭다면 그렇게 덮어버려도 괜찮다 생각했다. 갈등이 없는 쉽게 얻은 평화는 더 큰 갈등을 낳았다. 경계선에서 계속 넘어 들어오는 대상에게 무디고 쿨 한 게 아니라 갈등으로 인한 불편함을 견디기가 겁나고 상처받기가 싫어서 내 감정을 무시하느라 무뎌졌다.

내 생각이 없으면 다른 사람의 생각대로 살아간다. 생각이 게으른 것은 확실히 죄다. 삶의 방향을 내가 생각하지 않으면 다른 사람이 내 삶을 이끌어가도록 허용하는 것이다. 삶이 원하는 대로 내 뜻대로 되지 않는다고 원망하지만, 정확히는 내가 원하는 것이 없었고 내 뜻이 정해져 있지도 않았던 것이다.

원하는 것이 없으니 흘러가는 시간대로 내버려 두었다. 잠깐 잠깐의 불편함이 올라오면, 내가 책임지지 않아도 되니 잘못되면 그렇게 하자고 한 사람을 원망하고 탓하기만 하면 되는 것이었다. 그럼에도 아내로서 엄마로서 며느리로서 신랑과 시어머니가 원하는 기준으로 보면 나는 빵점이 아니라 마이너스였다. 설거지하면 여전히 물을 튀기고 닦는 걸 잊고, 요리는 여전히 간이 안 맞고, 치약은 중간부터 짠다. 엄마가 적성에 맞지 않아서 살림에 소질이 없어서 잘하지도 못하는 것을 잘하려고 노력할수록 자존감만 낮아졌다.

안전한 코스 안에서 살아온 나에게 세상으로 나가는 것은 용기이고 도전이다. 시골에서 서울로 처음 올라왔을 때에도 야생에 놓인 강아지마냥 안전한 케이지가 편하다고 생각했었다. 부모님 덕분에 학비나 생계에 대한 염려해 본 적 없었기에, 일이라는 것은 내가 하고 싶어서 선택하고 자기계발을 하기 위한 수단이었다. 30대가 되면 막연히 뭔가를 이뤄냈을 거라 기대했었는데, 아무런 일을 할 수 없는 곳에서 온종일 주인을 기다리는 강아지마냥 남편만을 기다리는 시간이었다. 아무도 없는 그곳에서, 그만 바라보고 있는데 그는 일에 바쁘고 온 마음을 쏟느라 나는 늘 뒤통수만 보고 있는 것 같았다. 남편이 없는 여행이나 내 시간을 갖는 것은 생각조차 해 보지를 못 했다. 그렇게 살아와서 혼자서 무언가를 한다는 것은 두렵고 무서웠다.

내가 나를 위해서 투자하는 시간을 갖고 나를 위해 돈을 쓰고 다시 꿈을 그려보는 것이 새로웠다. 살림에서는 엄마 경력이 몇 년인데 제대로 할 줄 아는 것이 없다고 잔소리를 듣는데, 밥 챙기고 기저귀를 갈아주는 엄마로만 살다가 몇천 명이 넘는 사람들 앞에서 상을 받는 자리에 섰었다. 시간 없으니 빨리 끝내고 나오라고 하면서 쳐다도 안 보던 아이와 남편이 상 받는 그 시간에 와서 놀라워하면서 바라봐주는 순간, 나를 바라보던 달라진 눈빛이 지금도 감격스럽다. 그런 자리는 나와 맞지 않고 내 자리는 아니라고 생각했다. 한 번도 경험해 본 적이 없어서, 상상조차 해 본 적이 없어서…. 처음에는 운이 좋아서 섰으나 다음에는 더 생생하게 나를 원하기로 했다. 다른 사람의 이야기대로 살지 않고 내 이야기는 내가 기대하는 대로 써 내려가야 한다. 다른 사람은 생각보다 내 인생에 관심이 없다.

그럼에도 지속하는 힘, 나만의 Why

네가 뭐 하는 사람이야?

너는 너만 소중하니?

남자 일이랑 여자한테 일이랑 그게 같아?

네가 돈이 없어서 돈 버니?

가정에서 네 할 일을 다 하고 일도 있는 거야.

내가 하고 싶은 일을 하려면, 무작위로 날아오는 뾰족한 비난의 화살에도 반박할 수 없다.

일하는 엄마는 늘 아이에게 미안한 마음이다. 늘 기대에 못 미치는 데다 엉뚱한 꿈 얘기를 하면서 원하는 미래를 얘기하면 지금이나 똑바로 살라고 한다. 꿈이 있다고 하면 무책임하다고 하고 이기적이라 한다. 그럴 수 있다는 것이 부럽기도 하다고 한다.

엘리트 신랑은 자랑스러운 아들로, 성실한 가장으로, 인정받는 군인으로 현실에 잘 적응하면서 살아왔다. 자신에게는 좋아하는 일이 무엇인지도 모르고 선택할 수 있는 시간도 없이, 고등학교 이후 정해진 미래에 그냥 앞만 보면서 달려온 삶이었다. 자신의 삶을 꿈꾸기도 전에 부모님과 주변 사람들의 기대에 맞추어 인정받기 위해 최선을 다해 적응하고 살아온 시간으로만 채워져 있다.

또 다른 선택이라는 용기 낼 수 없는 상황 안에 스스로 갇혀 있기에 자신이 원하는 것이 무엇인지를 생각한다는 것 자체가 그야말로 꿈만 같은 꿈속에서만 가능한 일이었다. 그러기에 더욱 현실에 적응하지 못하고 자꾸 이상적으로 가고 있는 내가 한심해 보였고, 반대로 나는 신랑이 불쌍해 보였다. 나는 그처럼 내 시간을 채우고 싶지 않기도 했지만, 정확히는 인정받을 역량이 안 되었다.

현재에 늘 열심히 최선을 다해 희생하지만 무엇을 위한 희생일까? 현재를 희생해서 미래만 기다리고 살다가 기다리던 은퇴 후가 오면 삶은 과연 행복할까? 이런 질문을 신랑에게 던지면 그는 화를 냈다. 너무 정곡이었다.

미 서부지역 종단 트레킹을 하고 싶다, 히말라야 트레킹을 하고 싶다는 것은 바람처럼 흩어지는 바램이었다. 은퇴 후에도 책임을 져야 하는 노후의 부모님과 어린아이들이 있는 가족 내의 상황이 있었기에 그토록 바라던 은퇴 후에도 자신이 원하는 것을 꿈조차 꿀 수도 없다. 또 다른 생활 전선에 나가야만 하는 것이 그에게 주어진 현실이었고 책임감 있는 가장의 모습이었다.

그에게 꿈은 사치이고 이기심이었다. 그런 관점으로 꿈을 얘기하는 아내는 사치이자 이기심을 부리는 철없고 한심하고 비현실적인 몽상가로 보였을 것이다. 보이는 것만 믿는 현실적이고 이성적인 관점에서 꿈꾸는 것은 또 다른 현실도피였다. 내가 신랑을 더 이상 의지하지 않기로 한 날 신랑은 충격을 받았다. 이제까지 자기 삶은 항상 다른 사람들이 자신에게 의지하고 책임지는 것이 당연하게 여기는 삶이었다. 그리고 그렇게 허황된 나를 더 걱정하면서 더 많이 반대했다.

"너는 왜 일을 해?"

이런 질문을 받았을 때 그 '왜'에 대한 답을 내리기 위해 한참을 고민하고 또 고민했다. 단지 돈을 벌기 위해서라면 하지 않아도 되는 이유들이 더 많았다. 일적인 측면에서는 내가 아니어도 다른 사람들도 많았다. 게다가 누가 봐도 능력적으로 잘 할 수 있는 것도 아니었다. 그럼에도 내가 해야 하는 이유가 무엇일까?

몸은 하나인데 해야 할 역할들은 줄지 않고 그대로 있는 데다 지금도 제대로 하지 못하면서 뭔가 하나를 더 넣어 에너지를 쏟는다는 것에 우려했다. 에너지는 한정적이기에 다른 역할에서 특히 하기 싫은 역할일수록 빈틈이 생길 수밖에 없기 때문이다. 집안의 가장도 아니고 생계에 위험이 있는 것도 아니기에 언제든지 했다가 안 한다고 해도 아무도 관심도 없었기에 더욱 고민했다. 언젠가 멈출 일이라면 왜 해야 하나 싶었다. 반대로 아무 때고 멈춰도 되는 일이라면 그냥 시작해놓고 그때 가서 고민하자는 생각했다.

아무것도 하지 않으면 아무 일도 일어나지 않는다. 10년 후에도 오늘과 똑같이 살던 대로 살게 되는 것이 싫다면, 변화해야 한다. 일은 돈벌이 수단이나 직업 그 이상의 가치가 있을 때 특별해진다. 그 질문을 잡고 오랜 시간 치열하게 고민했었던 과정이 있었기에 동네에 남아도는 아줌마였던 내가, 지금은 억대 연봉을 넘어서게 되었다. 꿈이 없고 기대가 없어서 옆동 엄마가 우유 바꾸고 옷 바꾸는 데 따라다니며 시간을 헐값에 버리고 있었던 사람이 텔레비전 드라마를 끊고 책에 밑줄을 긋기 시작했다. 직업 이상의 가치, 돈을 버는 수단 그 이상의 가치를 찾게 되고 말에 힘이 붙었다. 1~2년 단위로 잦은 이사는 지금까지 16번이 넘어서서 늘 낯설고 아는 사람 하나 없는 곳에 덩그러니 놓여질 때가 많지만 이전처럼 외로운 시간은 아니었다. 내가 오너이기에 출퇴근도 없고 일을 하나 안 하나 지켜보는 사람도 없다. 일을 시키거나 더 잘하라고 떠미는 사람도 없다. 공간에 매여서 의자에 앉아 있는 시간이 아닌 내가 어느 곳에 있으나 누구를 만나든지 의식하는 시간만큼이 일하는 시간들이 되었다. 성공하기 위해서가 아니라 성장해나가는 이 모든 과정이 내게는 성공이다. 그렇기에 눈앞에 보이는 성과가 바로 없어도 멈추지 않는 힘이 되었다. 나는 매일 아주 조금씩 어제의 나보다 성공하고 있는 중이다.

작은 why에서 시작하였으나 커다란 why로 자라난다

그냥 먹고 살기 위해 돈 버는 것 그 이상의 가치가 없다면 언제든지 멈출 수밖에 없다. "저 이거 하면 뭐 줄 거예요?"라고 말하는 어린아이들은 쉽게 움직이게 하는 것이 보상이다. 그러나 언제까지 어린아이일 수 없다. 언제까지고 보상을 주면서 행동하게 하는 것은 언제든지 보상이 없으면 포기하고 안 할 사람인 것이다. 보상과 상관없이, 감정의 오르내림에 휘둘리지 않으려면, 그런데도 멈추지 않고 지속할 수 있는 나만의 사명, 나만의 why를 찾아야 한다.

지금 이 모습으로 3년 후, 5년 후, 10년 후가 똑같다는 게 소름 끼치게 싫었다. 내가 아무것도 하지 않으면 계속 나를 내버려 두고 방치하게 될 것 같았다. 혼자서는 지속하기 어렵지만, 열심히 살아가는 사람들을 보면서 내 의식을 자극하는 시간이 되었다. 돈을 내고 강의를 들으러 가고 그 자리에 와있는 열정적인 기운을 받고 오는 것도 좋았다. 집에서 강의를 들을 수 있지만, 부러 그 자리에 가는 이유가 있다. 그 자리에 온 사람들의 반짝반짝한 눈빛의 기운이 다르기 때문이다.

성공하는 분들처럼 똑같이 따라 할 수도 없음에도 뭔가를 하는 듯 안 하는 듯한 어설픈 모습이었다. 여전히 시간을 맞춰서 일어나는 것도 힘들고, 옷을 갖춰 입는 것도 어렵고, 안 하던 화장을 하는 것도 더욱더 낯설다. 잘하는 것보다 못하는 것이 더 많았고, 내가 잘할 거라고 나조차도 기대하지 못했음에도 내가 변화되는 시도를 멈추지 않고 계속하는 그 과정 자체가 너무 즐거웠다. 시험을 보기 위해서 읽는 책들이 아니라 내가 주제를 정하고 책을 찾아서 읽고 나누는 과정이 진짜 배움의 시간들이 되었다.

일을 시작한다고 했을 때 찬성하고 지지하는 사람은 단 한 명도 없었다. 편한 길을 두고 부러 고생하는 것에 대한 염려와 너 같은 세상물정 모르는 사람들이 이용당하는 것이라면서 걱정이 컸다. "네가 언제부터 자아가 생겼니?" 드라마에서 재벌 집 시어머니가 며느리에게 이런 대사를 했을 때 나도 모르게 눈물이 펑펑 났다. 시키는 대로 살지 않고 원하는 삶을 선택하게 되면 모든 것들이 쉽지 않다.

너는 안 된다고 말하는 사람들 덕분에, 비현실적인 망상이라고 말하는 사람들 덕분에, 그냥 하던 대로 살라고 하는 사람들 덕분에 포기하고 예전처럼 안주하지 않게 되었다.

지켜봐달라고 요청하지도 않았는데 그렇게 열심히 째려보고 계신 분들

덕분에, 내가 이렇게까지 반대하면 네가 그만둘 거라고 도와주지 않은 덕분에 나는 성장하기를 멈추지 않기로 했다. 60대에 원망하고 탓하는 갱년기 여성이 되지 않기 위해 남이 아닌 나를 위한 시간들을 쌓기로 했다. 그리고 미래를 꿈꾸고 내 인생의 시나리오를 그리는 희망의 시간으로 건져 올려졌듯이 누군가의 삶에게도 희망이 될 수 있기를 바라게 되었다. 나를 위한 시간들이 쌓여서 다른 사람을 도와줄 수 있는 시간으로 흘러간다.

작은 why에서 시작하였으나 시간의 가치가 커질수록 커다란 why로 자라난다.

원망하고 탓하지 않기 위한 인생 2막 지금 당장 시작하라!

> 꿈을 품고 뭔가 할 수 있다면 그것을 시작하라.
> 새로운 일을 시작하는 용기 속에서 당신의 천재성과 능력과 기적이
> 모두 숨어 있다.
>
> — 괴테

인생의 40대는 하프타임(half time)과 같다. 경기의 전반전과 후반전 사이에 있는 휴식 시간인 하프타임을 어떻게 활용하느냐에 따라 경기의 승패가 결정되곤 한다. 전반에서의 경기력을 분석하며 후반전에서 '분위기 반전'을 노려볼 수 있기 때문이다.

우리의 삶에서도 이러한 인생 역전이 가능한 하프타임인 시기가 있다. 분석심리학자인 칼 융(Carl Gustav Jung)은 중년기를 인생의 전반에서 후반으로 바뀌는 전환기로서 외적 자아를 내적, 정신적 차원으로 전환시키는 시기로 정의하였는데, 이러한 삶의 전환은 위기로부터 촉발된다. 중년기(40~64세)가 되면 40년 동안 함께 해온 몸에서 신호가 생긴다. 신진대사의 저하가 일어나며 건강상의 문제가 주로 나타난다. 여성의 경우 여성호르몬의 감소로 인해 폐경기가 나타나고 그로 인해 신체 및 정신적 변화(골다공증, 우울증 등)가 일어난다. 사회적, 가정적으로 인생의 전성기를 맞

게 되고, 높은 성취감을 느끼기도 하지만 반대로 직업의 전환이나 가정의 위기가 찾아오는 시기이기도 하다.

40대가 되면 사회의 가치체계를 그대로 받아들여 왔던 이전과 달리 개인적 또는 사회적인 위기 속에서 혼란을 경험하게 된다. 또는 그동안 인생의 전반전에서는 그냥 앞만 보며 뭣도 모르고 열심히 뛰었다면 인생의 후반전은 전략을 세우고 요령이 생기니 가속도가 붙는다. 중년기를 넘어서게 될 때, 인생의 과업에서 자신의 삶에서 성취한 것이 무엇이 있는지 돌아보는 때가 온다. 이 시기에 중년 여성들 대부분은 허탈감을 느끼곤 한다. 어느 날 갑작스럽게 자신의 삶을 돌아보니, 아무것도 내 뜻대로 된 게 없고, 애착의 대상들은 하나둘씩 독립을 하면서 '빈 둥지 증후군'처럼 그 어느 것 하나 남아있지 않더란 것이다. 오롯이 자식과 남편에게 열의를 쏟아왔던 그들의 희생은 한(恨)과 억울함으로 얼룩져 있곤 한다. 그동안 참아온 것에 대한 보상을 요구하며 기대대로 되지 않음에 대한 책임을 원망과 탓으로 돌린다. 가족들과의 갈등도 심화되며, 결국 모두가 불행한 노후를 선택하는 경우도 있다.

원망하고 탓하는 노년기를 마주하지 않기 위해 인생의 전환기인 지금이 40대가 가장 중요한 시기다. 인생 2막을 여는 인생의 전성기가 될지 위태로운 위기가 될지 지금 잠시 멈추어서 돌아보아야 한다. 내 인생의 전반전에서는 시행착오를 통해 여러 실패를 해왔을지라도 후반전에서 역전할 기회가 있다. "넘어지면 흙이라도 쥐고 일어나라"는 말이 있다. 우리의 지난 삶에서 비단 넘어지고 실수하는 과정이 있었다 할지라도 그것은 잘못과 실패에 그치지 않고 새로운 전략과 기술을 마련할 배움의 기회로 삼아야 한다.

내 인생의 전반전에는 다정한 아내, 좋은 엄마, 착한 며느리로서의 기대 안에 있었다. 엄마의 희생은 당연하다는 사회적 통념 속에서 개별적인 자아보다 엄마로서의 삶이 강요되어 왔고, 나 또한 그 안에서 자유롭지 못했다. 물을 떠다 주고 옷을 입혀 주고 입에 밥을 떠먹여 주는 것이 다정한 엄마의 모습이라는 프레임 안에서는 늘 모자란 엄마이고 아내였다. 불편할 정도로 경계가 없는 친밀함과 집착이 큰 환경 내에 있었기에 초반에는 모든 것이 갈등이었다. 육아에 대한 갈등이 있을 때에도 불편하기가 싫어서 회피하다 보니 점점 무기력해지게 되고 점점 아무 생각 없이 그냥 시키는 대로 하게 되었다. 이런 시간으로만 채워지니 나는 이 가정에서 어떤 존재인가라는 생각이 들게 되었고 시간이 지날수록 응어리가 되고 언제 터질지 모르는 폭탄을 품게 되었다. 일은 하겠다고 했을 때, 결혼한 여자에게 일은 집안일과 육아를 다 마무리하고 나서 시간이 남게 되었을 때 하는 것이라 했다. 남편이 꼬박꼬박 벌어다 주는데 왜 굳이 힘들게 일하려고 하냐며 언제든지 필요에 의해서 그만두어야 하는 것이 일이었다.

여성의 사회진출이 확대되었다고 할지라도 워킹맘에 대한 부정적 인식을 갖고 있는 경우가 종종 있다. 시대가 많이 바뀌었지만 여전히 우리 사회에서는 여성이 결혼하고 엄마가 되면 남편과 자식을 위해 내조해 주는 것이 훌륭한 엄마라고 칭송하며 상대적으로 일하는 엄마에 대한 부정적인 시선을 보내고 있다. 아이의 양육에 대하여 워킹맘 자신도 일하느라 아이를 돌보지 못한다는 죄책감에 괴로운데 주변에서는 조금이라도 문제가 생기면 워킹맘이라서 그렇다는 굴레를 씌운다.

그런데 세상에 공짜가 없듯, 엄마의 희생에도 공짜는 없다. 자신이 선택한 희생의 대가를 가족들에게 요구하게 된다. 내가 너한테 어떻게 했는데, 내가 누구 때문에 참고 살았는데, 아무도 요구하지 않은 희생을 자처하며 알아주기를 생색내고 인정받고자 갈구하기도 한다. 애착과 기대가 큰 대상일수록 더 많은 대가를 요구한다. 그런데 가족들이 그러한 노력과 희생을 흡족할 만큼 알아주지 않는다면 점차 괴물이 되어가는 엄마 또는 아내를 곧 만나게 될지도 모른다.

나는 괴물이 되어가기를 멈춰야 했다. 내 삶의 선택권을 상대에게 주고 뭔가 불편해지면 내가 결정하지 않았기에 결과에 대한 책임 자체도 상대에게 돌렸었다. 상대에 대한 원망과 환경을 탓하는 마음이 일어 미움과 분노라는 감정에 휩싸였다. 나는 더 이상 다정한 아내, 좋은 엄마, 착한 며느리라는 내게 강요된 역할기대를 내려놓기로 결심했다. 그것은 가정과 별도로 가정을 돌보지 않은 채 자신의 삶만을 중시하라는 것이 아니다. 아름다운 희생을 퇴색시키려는 것이 아니다. 그 중심이 무조건적인 사랑이 아닌 대가를 원하는 조건적 희생이 되어서는 안 된다는 것을 알게 되었다.

기존의 프레임에서는 살림 잘하는 엄마, 아이를 잘 돌봐주는 엄마가 훌륭한 엄마라고 칭송했는데 이제는 그렇지 않다. 엄마는 가정의 오너이다. 아이들도 남편도 스스로 가정의 구성원의 역할을 할 수 있도록 위임하고 훈련을 시킬 수 있어야 한다. 나는 일방적인 전달을 받는 수동적인 존재에서 동기부여를 주는 존재이자 스스로 정보를 찾고 전달해 주는 존재인 능동적인 존재가 되기로 결단했다. 그리고 내가 나를 기대한 것 없이 다른 사람들의 기대로만 채워지는 것이 되지 않도록 주의했다.

나의 성장을 가장 가로막고 있는 것은 내 상황과 환경이 아니라 내게 쓰인 안경, 내 마음속의 한계들이었다. 그 프레임에서 한 발 내딛는데 자유함이 느껴졌다. 여전히 살림도 하고 육아도 하지만, 시간의 가치가 달라졌다. 실제적인 성공과 성장을 원한다면 먼저 내 안에서부터 변화가 이뤄져야 한다. 결단함으로 먼저 비워야 하고 뜻을 정함으로 채워져야 한다. 그로 인해 我(아)름다움, 나다운 삶으로 성장해 나갈 수 있다. 소비하고 낭비하는 시간에서 투자하고 생산하는 시간으로 가치를 높이기 위해서는 내 안에서부터 뜻을 정하고 결단이 되어야 한다. 자기계발서에 나오는 행동목록들을 무작정 따라 하는 것부터가 아니라 내 안에서부터 비워야 할 것과 채워야 할 것들에 대해 이야기하고자 한다.

우울하고 무기력한 가정주부였던 내가 억대연봉자의 대열에 들어서게 되기까지 내 삶에서 비우고 채워가며 성장해 나가는데 원동력이 되어준 비움의 세 가지 원칙과 채움의 세 가지 원칙들에 대해서 이야기해보고자 한다. 이러한 비움과 채움의 각각 세 가지 원칙들은 내가 실수로 얼룩진 인생의 전반전을 마무리하고 성공적이고 화려한 인생의 후반전을 준비할 수 있도록 자기 주도 인생관리의 주요 원칙이다.

비움 하나-과거의 결핍과 상처를 비워라

헬렌 켈러나 닉 부이치치는 결핍 그 자체로 태어났다. 결핍 그 자체로 태어난 사람에게는 한 걸음 내딛는 것부터 당연한 것이 하나도 없다. 문제를 해결할 때마다 다른 문제가 뒤이어 나타난다. 모든 순간들이 자신의 한계를 뛰어넘는 도전이다. 그러나 수많은 장애인의 한 명으로 살다 가지 않았다. 자신의 결핍을 넘어서므로 수많은 사람에게 울림이 되고 선한 영향력을 끼치는 존재가 되었다. 누군가는 결핍이고 장애요인에 머물러 평생 시도조차 하지 않고 죽는다. 딛고 일어선 누군가에게는 그 결핍과 위기가 자산이 된다. 어린 시절 가난한 환경, 유전적인 질병들, 이별과 이혼의 상처, 누군가에게는 '때문'이지만 누군가에는 '덕분'이다. 상황과 경험을 어떻게 해석하느냐에 따라 인생의 품격은 크게 바뀐다.

데이비드 브린클린이라는 미국의 뉴스 진행자는 이런 말을 했다.

하나님은 가끔 사람들에게 빵 대신 돌멩이를 주곤 하는데 어떤 사람은 그 돌을 원망하며 걷어차다 발가락 하나가 부러지고 어떤 사람은 그 돌을 주춧돌로 만들어 집을 짓는다.

고난은 더 이상 원망과 핑계의 대상이 아니다. 고난에 대한 인식이 달라지면 현재를 감사하게 되고 미래에 대한 자신감이 생긴다. 살아온 인생이 녹록지 않은 분을 만나면 그분들의 역전될 모습이 보이기에 기대가 된다.

그래서 결핍은 에너지이다. 결핍과 상처에 대한 관점을 바꾸면 더 이상 핑계가 되지 않는다. 멈추지 않고 계속 나아가게 하는 힘이 된다. 거친 파도가 유능한 선장을 만든다는 영국속담이 있다. 힘들다는 관점을 바꾸니 병아리가 알을 깨듯 성장하고 있다는 기쁨이 된다.

넘어져도 흙이라도 짚고 일어나라는 말처럼 넘어지면서도 분명히 얻은 것이 있고 배운 것이 있다. 그것이 당신에게 자산이다. 돌도 안 된 아이는 하루에도 무수히 많은 횟수를 넘어진다. 넘어짐을 통해 다리 힘을 기르고 어느 날 두 발로 서서 아장아장 걷게 된다. 처음부터 걷는 아이는 없고 넘어짐이 두려워 서고 걷는 것을 포기하는 아이도 없다. 당신이 두 발로 서고 걷고 있다면 무수한 넘어짐의 과정을 지나온 것이다. 고난을 통해 분명히 배운 것이 있다. 결핍을 통해 분명히 얻은 것이 있다. 무엇을 볼 것인가? 고난과 결핍을 볼 것인가? 배우고 얻은 것을 볼 것인가? 해석하는 관점에 따라 인생은 품격이 달라진다.

비움 둘-자신을 평가하도록 남에게 내어주지 않기

다른 사람에게 100점이라고 인정받는다고 내가 100점짜리 인생이 되는 것은 아니다. 다른 말로 0점이고 마이너스라고 말한들 내 인생이 0점이나 잉여 인간이 되는 것도 아니다. 나를 평가하는 점수판을 굳이 자발적으로 타인에게 주지 않는 것부터가 시작이다. 나 좀 평가해달라고 구걸하러 다닐 필요가 있겠는가? 다른 사람의 기준에 내가 맞추려고 애쓰지 않아도 된다. 기대할 수는 있지만, 상대가 내 기대대로 되지는 않듯이 나 또한 상대의 바람대로 살지 않아도 상처나 원망이나 탓할 필요는 없다. 완벽한 사람은 없다. 완벽할 필요도 없다. 내가 할 수 없는 것을 붙잡고, 못하는 것을 잘하려고 에너지를 더 많이 소모하면서 자신의 무능력함을 탓하고 쓸데없이 나는 안 된다고 좌절할 필요는 없다.

사람마다 서로 가진 달란트가 다를 뿐이다. 다름을 인정하고 똑같은 기준으로 한 줄 줄서기를 하지 않으면 원의 중심에서 원둘레까지는 모두 1등이다. 자신만의 달란트에서 모두 1등이다. 자신이 잘하는 것부터 잘하면, 유능감, 성취감도 생긴다. 남처럼 하지 말고 나답게 한다. 그 평가 기준을 다른 사람에게 자발적으로 내어 주지 않는 것부터가 시작이다.

내가 잘 할 수 있는 것은 무엇인지 못하는 것이 무엇인지 알려면, 일단 해 봐야 알 수 있다. 못하는 것은 너무나도 많았다. 산수도 어렵고 운전도 못하고 살림도 육아도…. 못하는 것은 술술 나오는데 잘하는 게 뭔지 한참을 고민해야 했었다.

못하는 것을 잘하려고 노력을 더 기울이기보다 우선 잘하는 것을 발견하고 집중해라. 자신을 제대로 알면, 나보다 잘하는 사람을 따라 하느라 에너지가 소모되고 남과 비교하느라 자신을 스스로 낮추지 않아도 된다.

상처받기 싫어서 사람을 만나는 게 싫다는 분이 있다. 만남이 없으면 스스로 배움의 기회를 차단하는 것이다. 배우는 과정으로 갖고 가면 매일 호기심이 생긴다. 오늘은 무엇을 배우게 될까? 다양한 사람을 만나고 그들을 통해서 배운다. 자기와 똑같은 맘 맞은 사람들 속에서만 있으면 편안할 수는 있으나 다른 사람을 이해하는 폭이 작아진다. 다름을 인정하기보다 왜 저러지? 하고 비난하고 정죄하게 된다.

내 그릇을 키우는 과정은 나와 전혀 다른 사람을 인정하는 데 있다. 이해할 수 없기에 이해하려 애쓰지 않아도 된다. 나와 다름을 인정하면 사람마다 각자 장점이 있기에 배움의 기회로 가져가면 된다. 그리고 완벽한 사람은 존재하지 않기에 나도 또한 누군가에게 도움이 되는 존재가 된다.

누군가에게 도움이 되고 필요한 존재가 되는 것만으로 마음이 풍요롭다. 필요한 사람을 찾아서 내 것을 채우는 삶이 아닌, 나를 필요로 하는 사람의 마음을 채우는 것이다. 내가 성장해야 할 이유가 거기에 있고 모든 과정은 내 그릇이 커지는 성장의 기회로 가져간다.

다름과 갈등 문제에 포커스를 맞추는 것이 아니라 종지 같은 내 그릇의 사이즈를 넓히는 데 더 집중한다. 그 안에 배움의 기회가 있다.

비움 셋-내 힘을 비울 때가 있다

세상의 자연 이치 가운데 하나는 심는 대로 거둔다는 것이다. 그리고 많이 심으면 심을수록 거두는 것도 많아진다. 크게 성공한 사람들은 많이 심은 사람들이다. 시간과 노력을 심고 말과 행동을 심고 또 심는다.

그런데 또 다른 이치는 심는다고 모든 씨앗이 열매를 맺는 것이 아니라는 것이다. 안타깝게도 열심히 한다고 해서 내가 원하는 대로 되지는 않기도 한다. 하루하루 열심히 나아가고 있는데 이 고비를 넘어도 또 다른 고비가 보이고 아무도 없이 홀로 지금 광야에 있는 것 같은 시간이 있다. 이것저것 해 봐도 쉽지 않고 힘쓰면 힘쓸수록 애쓰면 애쓸수록 힘만 빠지는 것 같다. 비가 내리지 않아서, 뿌리를 내릴 수 없는 척박한 곳에 심어져서, 또는 그 어떠한 원인도 알 수 없는 이유로 인해 열매를 맺지 못하는 경우가 있다.

멈춰져 있는 것 같은 광야에서의 시간은 배움과 깊은 만남의 시간이다. 나 자신을 조용히 만나는 시간이다. 보이는 성장을 위해 보이지 않는 성장의 시간이 있다. 광야에서는 잠시 멈추고 힘을 뺀다. 들고 있던 연장을 정비하기도 하면서 금이 간 곳은 없는지 일상에서 빵꾸난 곳은 없는지 점검을 한다. 정지는 포기가 아니라 새로운 도약을 위한 두세 걸음 뒤로 물러설 때도 필요하다. 태풍이 불고 지진이 부는 것처럼 내가 통제할 수 없는 부분은 체념해야 할 필요도 있고 쉬어가야 할 때도 있다.

꿈이 있으면 힘들고, 반대로 꿈이 없으면 편하다. 살던 대로 살면 힘이 들 일이 없다. 변화를 원하니 모든 과정이 힘들다. 슬럼프가 있다는 것은 열심히 했기에 슬럼프도 있는 것이다. 열심히 살아본 적이 없는 그날이 그날 같은 사람은 슬럼프가 있을 일이 없다. 꿈이 있는데 힘들지 않다면 그게 이상한 것이다. 뜻을 정하고 마음 중심에 결단했으면 시간이 나서 공부하는 것이 아니라 시간을 내어서 공부하는 것이다. 의식하는 시간이 늘어날수록 흘러가는 시간은 줄어든다. 쇼핑, 드라마는 재미있지만 보지 않게 된다. 과자, 인스턴트는 절제하게 된다. 여전히 사람을 만나고 밥도 먹고 차도 마시지만, 의식하는 사람은 그 시간이 소비가 아닌 생산의 시간으로 가져간다. 의식하는 시간만큼이 성장하는 시간이다. 보이는 성장을 위해 보이지 않는 성장의 시간들이 채워지고 있는 중이다.

아무런 일도 하지 않는다면,
상처도 없겠지만 성장도 없다.
하지만 뭔가 하게 되면 나는 어떤 식으로든 성장한다.

심지어 시도했으나 무엇도 제대로 해내지 못했을 때조차도 성장한다.

- 김연수, 『소설가의 일』

채움 하나-나를 마음껏 상상하라

현실이 바뀌기란 어렵기에 나 자신을 바꾸기가 더 쉽다. 우리 삶의 주변에 놓인 문제는 쉽게 해결되거나 없어지지 않는다. 그저 내 관점을 바꾸는 것만으로 그것이 더 이상 나에게 문제 되지 않게 할 수 있다. 내 안에 희망이 커지면 고통의 사이즈가 줄어들고, 긍정적인 것으로 채우면 부정적인 말과 행동이 줄어든다. 걱정하면서 염려, 고민을 마음에 품으면 몸이 상하지만 소망을 마음에 품으면 감사와 풍요로움이 가슴 깊이 차오른다.

상상력은 인간만이 가진 특권이다. 인간의 특권인 상상력을 발휘해서 마음껏 자신을 상상해 보라. 물방울이 모여 바위를 뚫듯이 작고 사소한 내 안의 상상들은 모여 원대한 나의 큰 꿈이 될 수 있다. 상상에 제한을 두지 말고 마음껏 꿈을 꿔보라고 하고 싶다. 대부분의 사람들은 상상하는 데 돈 내라는 것도 아닌데도 상상조차 않는다.

호텔 벨보이에서 힐튼가를 만들 수 있는 것도 이주노동자에서 선박왕 오나시스가 되었던 것도 상상으로부터 시작된 것이라는 것은 자명하다. 눈을 뜨고 현실을 보면 가능성은 전혀 없어 보이지만 눈을 감고 원하는 삶을 간절히 바라고 상상했기 때문이다. 누구나 열심히는 산다. 벨보이를 정말 열심히 해서 정말 잘되면 호텔 지배인 정도는 될 것이다. 이주노동자인 오나시스도 정말 열심히 해서 잘 풀려야 선박관리자 정도는 될 것이다. 열심 그 이상의 에너지를 만들어 내는 것은 인간의 상상력이다. 테크닉은 돈만 내면 누구나 배울 수 있지만 사고방식은 누구나 배울 수 없다. 보이는 것이 움직이려면 보이지 않는 것이 먼저 움직여야 한다.

예전에 나는 꿈판에 자신의 꿈을 마음껏 적어보라는 과제를 하면서 눈물이 났던 경험이 있다. 되고 싶고, 갖고 싶고, 하고 싶은 것을 적으라는 칸에 두어 개 이상을 써 내려가지 못하고 있었다. 한 번도 해 본 적이 없어서 해도 된다고 생각조차 못 해 봐서 더욱더 그렇다. 결혼 이후 한 번도 내 꿈을 상상해 보지 않았다. 아이에게는 꿈이 무엇인지를 물어보면서 내 꿈은 결혼을 해서, 아이가 어려서, 나이가 많아서 할 수 없다고 생각했다. "내 꿈은 내 아들이다"고 말씀하신 시어머니의 모습이 가까운 미래의 내 모습 같았다.

나의 꿈은 그저 '막연히 먼 미래는 지금보다는 낫지 않을까?' 이 정도가 다였다. 멋진 차도, 높은 빌딩도, 살고 싶은 집도 상상해 본 적이 없다. 남편의 정해진 월급 호봉 안에서 그런 것들은 내 것이 될 수 없다는 나름 합리적이고 현실적인 이유가 있었다. 여우의 신 포도처럼 내 것이 아닌 것에 욕심 갖는 것은 잘못된 욕망이 될 수 있다며 도리어 경계했다. 상상하는 데 돈 드는 것도 아닌데 어설픈 상상조차도 물질적인 것을 추구하는 것은 나랑 어울리지 않는다고 치부했다. 원하는 것이 무엇인지도 몰랐고, 원해서도 안 되고 원할 수도 없다는 생각 안에 갇혀 있었다.

'내가 원해도 되나요?'

'이뤄지지도 않을 것을 원하는 것 자체가 욕망 아닐까요?'

'내가 원하는 것이 하나님이 싫어하는 것이 되는 것은 아닐까요?'

나의 성장을 가로막고 있었던 것은 나이도, 상황도, 반대나 현실적인 이유도 아니었다. 미리 포기하고 한계를 정한 내 안의 프레임이었다.

그것이 설사 기적과 같은 일일지라도 지금 현실에서는 할 수 없을 것 같은 일들을 상상이 만든 가상세계에서는 그 어떠한 제약 없이 마음껏 꿈꿔 보기로 했다. 꿈으로 채워진 나의 마음 창고는 어느새 생각만 해도 뿌듯한 희망으로 가득 차 있다. 우울한 기분일 때는 밝은 미래나 희망을 상상하기가 어렵다. 역으로 꿈을 상상해봄으로써 우울하고 무기력한 기분으로부터 힘이 되고 자신감이 생긴다.

이제 그러한 나만의 상상에 '간절함'을 더해본다. 자신에게 가장 소중한 아이가 저 멀리 바다를 사이에 두고 있다고 생각해 보라. 가스비는 냈는지, 전기세는 밀렸는지, 누가 전화 왔는지, 다른 생각들이 중간에 끼어들지 않는다. 어떻게 하면 아이를 만나는지, 그 방법만 생각한다. 어떤 수단과 방법을 다 사용하여 시간과 물질을 총동원해서 열정을 쏟게 된다. 불안하고 잘 몰라서 정말로 될까 하고 고민만 하는 사람이 있고 용기 있게 불안함을 견디고 한 걸음씩 시도하는 사람은 어떻게 할까만을 생각한다. 간절할수록 상상력이 커지고 생생하게 상상할수록 행동하게 된다. 간절한 꿈이 있으면 그 어떤 어려움도, 그 어떤 장애도, 그 어떤 아픔도 넘어서서 나아간다. 지금 내 모습이 초라하고 보잘것없더라도 꿈이 있다면 그건 아무런 문제가 되지 않는다.

채움 둘-말부터 심어라

> 성공하는 사람들은 믿기 때문에 보인다.
> 일반 사람들은 보이기 때문에 믿는다.
> 실패하는 사람들은 보고도 믿지 않는다.
>
> - 알리바바의 마윈 회장

중국의 최고의 부자인 알리바바의 마윈 회장은 "성공하는 사람들은 믿기 때문에 보이고 일반 사람들은 보이기 때문에 믿으며, 실패하는 사람들은 보고도 믿지 않는다"고 말했다. 마윈은 미래는 이상을 품은 자에게만 열린다고 말할 정도로 꿈과 이상을 갖는 것, 그리고 그것을 유지하는 것을 중시했다.

눈에 보이지 않는 것을 보고, 바라는 것들을 실제상황처럼 받아들인다는 것은 무척이나 낯설다. 내 능력으로는 안 되는 것이 자명할수록 아직 실제로 받지는 못했지만, 약속의 말을 붙들어야 한다. 감정은 요동치고, 반대에 포기하고 싶고, 눈앞의 현실에 믿음은 오르락내리락을 반복하지만, 마음 중심에 살아있는 말이 심어져야 한다. 눈앞의 현실을 보면 말하기가 어렵다. 눈을 감고 보아야 더 멀리 볼 수 있다. 보이지 않는 것을 실제로 보는 것처럼 이야기하는 것이 비전이다.

보이지 않는데 어떻게 보는 것처럼 얘기할 수 있을까? 확신이 있어야 보인다. 확신하려면 말이 심어져야 한다. 말에는 창조력 견인력이 있다. 믿음으로 말의 씨앗을 심어야 한다. 누구한테? 바로 자신에게. 마음속에만 담아둔 말은 본인이 아니면 그 누구도 알 수 없다. 꿈도 마찬가지다. 마음 속에만 품었던 그 꿈을 밖으로 나타내지 않으면 수많은 바램들은 색이 옅어지고 바람처럼 흩어진다. 내가 말하는 것이 실제로 안 될 것에 미리부터 걱정하지 마라. 생각보다 내가 했던 말들을 기억해 주는 사람은 거의 없다. 오로지 나만 내 말을 기억한다.

내 안에 심는 긍정의 말들을 혼자서 중얼거린다. 의식의 무의식화 하는 방법으로 가장 무의식이 활성화되는 시간인 아침과 잠자기 전에 자신에게 긍정 확언을 하며 새벽 6시에 책상에 앉아서 끄적거리고 잠을 잘 때는 침대에 누워서 내가 원하는 내 모습을 상상하다 잠든다. 말로 된 나의 꿈을 의식하면서 잠들면 나의 꿈은 무의식의 세계 저 너머에서 꿈을 펼친다. 그렇게 의식의 말을 무의식의 세계에 심어지면 언젠가는 무의식의 세계가 나의 의식 세계를 만들어갈 것이다.

말은 내 귀에 가장 가깝기에 가장 먼저 내 안에 심어진다. 믿음의 싹이 자라고 나를 움직이게 하는 확신이 된다. 나는 매일 간절한 믿음으로 내 안에 말의 씨앗을 심는다.

꿈이 이루어진다는 믿음을 지키는 것, 그것이 꿈을 믿는 사람의 태도이고 꿈은 바로 그런 믿음에 반응한다.

- 이지성, 『꿈꾸는 다락방』

채움 셋-24시간의 일부분이라도 내가 나를 기대하는 시간으로 채워 넣어라

앨빈 토플러는 '경영전략을 짜지 않으면 누군가의 경영전략에 딸려간다'고 했다. 사람들은 자신의 꿈이 없으면 다른 사람의 꿈을 위해서 살게 된다는 말이다. 시어머니의 꿈은 '내 아들'이었다. 시어머니는 자신의 꿈이 없었기에 자기 아들의 꿈을 위해서 사는 것이 유일한 목표였다. 시어머니는 평생 본인이 자식의 꿈을 위해 살고 있음을 자랑스러워하시며 아들과 결혼한 며느리도 자신과 똑같은 삶을 살기를 원하셨다. 나 또한 뚜렷한 나의 꿈과 목표가 부재했기에 남편의 꿈을 위해서 살았다. 내가 나를 기대하지 않았기에 다른 사람들의 기대대로 살았다. 그것이 곧 나의 삶인 것처럼 착각하며 살았다.

다른 사람의 기대로만 내 생명이 채워진다면 분명히 언젠가는 후회하게 될 것은 자명했다. 24시간의 일부분이라도 내가 나를 기대하는 시간으로 가져가려고 했다. 그동안 나는 책을 읽어도 육아서만 읽었었는데, 교양, 자기계발, 경제 관련 등 다양한 관심사를 찾아 읽었다. 책을 읽으며 책의 저자가 되고 강연하는 상상과 기대를 했다. 아이들이 없거나 자는 혼자만의 시간에 핸드폰으로 쇼핑하면서 마음의 허기짐을 때우던 시간이었는데, 나 자신이 스스로 규정한 한계를 넘어서겠다며 부지런히 아침을 깨운다.

남는 시간에 하는 것이 아니라 시간을 내어야 했다. 힘이 나서 하는 것이 아니라 힘을 내어야 했다. 내가 나를 기대하게 되고 뜻을 정하니 무의미하게 지나가길 바랐던 시간들이 더욱 소중해졌다. 하루아침에 눈에 띄는 성과도 성취도 여전히 없지만 무언가를 나의 마음 창고에 계속해서 쌓아가는 시간이었다. 하루의 단 5분이라도 나를 위해 기대하는 시간들을 만들어가면서 나의 하루는 낭비와 소비의 시간이 아닌 투자하는 시간이 되고, 죽어가고 있는 시간이 아닌 생생하게 살아있는 시간이 되었다.

미국의 심리학자 앤더스 에릭슨은 어떤 분야의 전문가가 되려면 최소한 1만 시간 정도의 훈련이 필요하다며 1만 시간의 법칙을 주장하였다. 사람마다 1만 시간을 채우는 속도는 다르다. 그럼에도 팔굽혀 펴기 1개라도 하는 것이 운동을 안 하는 것보다 낫고, 1분이라도 책을 읽는 것이 책을 펴지도 않는 것보다 낫다. 계획한 것보다 적게라도 하는 것이 안 하는 것보다 낫다. 조금 길어지면 어떠한가? 하루, 이틀 더해서 채워지거나 한 달, 두 달 늦게 채워진다고 해도 방향이 있는 시간이 쌓아지는 것이다.

나는 서툴더라도 책을 읽으면 그 내용을 세 명의 사람들과 얘기한다. 그들과 이야기하며 그 책의 내용은 점차 내 것이 되어 갔다. 1시간도 1년을 적립하면 365시간이 되고 2년을 적립하면 700여 시간이 넘는다. 적립된 시간들은 시간 속에서 레버리지된다. 시스템이 만들어지면 더 빨라진다. 그래서 '얼마나 많이'가 아니라 '얼마나 제대로'가 더 의미 있다.

我름다움!

　나의 성장과 자유를 막는 것은 왜곡된 나의 정체성이었다. 성장해야 한다고 다독여 주는 사람도 없고, 살던 대로 살아도 되는데 왜 힘들게 변화하려 하냐고 할 수도 있다. 원하는 삶이 있고 기대하는 내 모습이 있다고 하면 지금이나 똑바로 잘하라고 한다. 질 낮은 자유에서 높은 수준의 자유를 꿈꾸니 살던 대로 사는 것이 불편해졌다. 남이 정의 내린 대로가 아닌 내가 정의한 것이 '나'다운 것이다. 나는 이를 '我름다움'이라 표현해 본다. 특히 각 개인이 가진 고유의 특색을 브랜드화하는 요즘 '나다움'이 더욱 강조되며 남들과 차별화된 가치가 부각되고 있다. 세상의 평균과 대량 평준화된 수치, 혹은 거대한 사회적 무리가 만들어낸 사회적 현상에 휩쓸리지 않고 내 안의 목소리에 귀를 기울이는 데에서부터 시작한다.

　'나다움'을 찾아가는 과정은 녹록지 않았다. 가까운 주변 사람들은 나다움을 위한 나의 시도가 그저 히스테리나 일탈쯤으로 치부해버렸다.

　"특별한 삶은 네게 맞지 않아."

　"너의 자리로 돌아가. 제자리로 와."

　"세상은 아줌마가 나와서 뭐 해? 집에 가서 밥이나 해라."

　"남편의 삶에 같이 따라가는 안전한 길이 있는데 왜 사서 고생이냐."

　때로는 가까이 있는 많은 사람들조차 사람들은 '나'라는 존재의 자리를

'아줌마', '아내' 등의 역할에 한정 지었고 그 안에 내가 머물기를 바랐다.

그러나 나는 죽음의 순간에서 '죽음 앞에서 나는 어떤 존재로 있고 싶은가?' '죽음에서 가장 중요한 것은 무엇이지?'를 찾아가는 질문 속에서, 이제까지 '나답지 못한 삶'을 살아온 내게 경종을 울렸다. 내 삶을 가치 있게 만들고 싶었고 나 자신을 신뢰하지도 사랑해주지도 못했다는 것에 안쓰러웠다. 그리고 스스로 의미 있는 존재가 되고 싶다는 열망이 솟아났다. '나를 사랑하고 사랑하는 삶을 살아갈 수 있도록 돕는 일'이라는 캐치프레이즈가 어느 날 내 마음에 깊이 들어왔다.

나는 이 세상에 단 하나밖에 없는 존재다. 전 세계 80억 인구 중에 나와 똑같은 사람은 없다. 그 당연한 사실 하나가 남과 비교당하며 쭈그러져 있었는데 나를 특별하게 했다. 최고(number one)가 아니어도 된다. 단 하나 (only one)인 자신에게 집중하자. 남과 비교하면서 자책하기보다 내가 잘 할 수 있는 것에 더 특별히 잘하려고 해보자. 할 수 없는 상황이면 할 수 있는 것부터 해보자. 내 미래가 지금과 똑같지 않으려면 뭐든 해보자. 자신의 가슴에서 울려 나오는 소리를 따라 인생을 걸어가는 사람의 모습은 존재에서 빛이 난다. 이렇게 나 자신에게 집중하며 무채색에 색을 잃어가던 나의 인생에 색을 입히기 시작했다.

사소하게는 나와 가족, 주위 사람들의 건강을 챙기는 데서부터 시작했다. 나에게 건강을 챙기는 것은 단순한 건강습관 하나 넣어주는 것이 아니라 자신을 사랑하고 귀하게 대접해주고 아껴주는 의미였다. 운이 좋게도 그와 관련된 일을 통해 건강과 시간, 그리고 경제적 자유 모두를 가지게 했다. 나에게 집중했을 뿐인데 건강, 시간, 경제력의 삼박자 모두 균형을 맞춰나갈 수 있었다. 너는 안 될 거라고 부정적인 시선으로 바라보던 사람들도 지금 나의 결과적인 삶을 보며 부러움의 시선을 보낸다. 왜 하냐고 하는 분들은 어떻게 하냐고 물어본다.

나는 그러한 나 스스로에 만족하는 데 안주하지 않고 새로운 꿈을 꿔 본다. 일반 사람들에게 내 삶은 하나의 증거가 된다. 변화의 디딤돌이 된 다. 그래서 내가 변화되면 더 많은 사람들을 변화시킬 수 있다. 나의 삶이 하나의 보이는 증거가 되어 다른 사람들의 삶도 나다움을 찾아 나갈 수 있도록 도울 수 있을 것이라는 생각이 들었다.

역사는 항상 새롭게 쓰인다. 해석자에 따라서 전설이 된다. 나는 나의 전설을 만드는 것은 물론, 내 주변의 사람들도 그들만의 전설이 될 수 있 게, 새롭게 자신을 재해석하길 소망한다. 나이가 많아서, 아이가 어려서, 상황이 여의치 않아서 이러저러한 한계에 갇혀서 어떤 시도조차도 하지 않고 현실에 머물러 있지 않고 스스로 자신의 삶을 향상시킬 수 있는 자 신의 비전을 찾고 만들어나가길 기대한다. 나다움의 발견을 통해 자신의 삶을 아름답게 만들어나갈 것이다. 그들은 생생하게 꿈꾸고 그것을 마음 중심에 품어 믿음의 에너지로 소망을 이루어낼 것이다. 나는 사람들이 불 가능하다고 여기는 것들을 뛰어넘어 상상하게 하고 그것을 이뤄나가게 돕는 것, 그것이 지금 새로운 나의 비전이다.

죽음 속의 삶,
삶 속의 죽음

그림책 삶 치유 연구가 · 박세영

박세영 ▶ 그림책 삶 치유 연구가

위드아이 연구소 대표, 그림책 삶 치유 연구가로 그림책심리성장연구소 인천지부장을 맡고 있다. HD행복연구소 회복탄력성 강사로 활동하고 있으며 비전멘토링코리아 코멘토로 활동 중이다. 그림책을 기반으로 회복탄력성과 심리를 통한 삶 치유에 대한 연구와 죽음을 통해 바라본 삶에 대한 강의를 하고 있다.

그림책 삶 치유 연구가
위드아이연구소 대표
그림책심리성장연구소 인천지부장
HD행복연구소 회복탄력성 강사
비전멘토링코리아 멘토

이메일 diva337@hamail.net
인스타그램 with_i_book

내가 바라본
죽음

삶의 마지막 한 조각

그러던 어느 날이었다. 매일 같은 일상 중 어느 하루, 그 단 하루가 찢
겨진 페이지처럼 아빠를 데려가 버렸고 내 삶에 아주 크고 중요한 부분
을 도려내 버렸다.

"아… 빠?"

결혼 후 좀처럼 우리 집에서 주무시지 않는 아빠가 신랑의 일을 도와주
느라 하루 주무신 날이었다. 행여나 잠든 우리가 깰까 살며시 방문을 열
고 그 좁은 틈으로 돌쟁이 손주를 들여다보시는 아빠가 느껴졌다. 그렇
게 잠깐 보기만 해도 흐뭇한 아빠의 마음을 잘 알면서도 하루만 더 주무
시지 또 저렇게 새벽같이 가시는구나 하고 내심 서운해하며 나는 그대로

잠이 들어 버렸다. 그날이 아빠에게 인사할 수 있는 마지막 기회인 줄도 모르고…. 그때 일어나 조심해서 가시라고 안아드릴 걸, 잠든 아기라도 한 번 더 안겨드릴 걸. 지금도 후회가 되고 되돌리고 싶은 아빠의 생전 마지막 모습이다.

사랑하는 사람과의 이별 앞에 많은 사람들이 그렇듯 나 또한 아빠의 갑작스러운 죽음을 부정할 수밖에 없었다. 임종을 지키지 못해서였을까?

봄이지만 아직 겨울의 찬 기운이 남아있는 강원도의 3월. 얇은 하얀 천 아래 마당에 누워 계신 아빠를 마주했을 때 나는 믿을 수가 없었다. 한 걸음 한 걸음 다가가며 아빠는 추운데 왜 계속 저기 누워 계시는 거야 하는 생각뿐이었다.

"아빠! 몸이 이렇게 차가운데 왜 여기 누워있어 얼른 일어나. 방에 가서 자야지… 아빠."

나는 차마 눈물도 흘리지 못한 채 아빠를 계속 쓰다듬으며 흔들어 깨웠다.

아빠는 그때가 마지막이라는 것을 알고 있었을까? 그래서 그렇게 한 번이라도 우리를 더 담아보고 싶으셨던 걸까? 어느 날 벌어져 버린 일에 나는 아빠의 죽음을 믿지 못하면서도 동시에 아빠가 너무나 보고 싶었다. 이별을 인정할 수 없는 마음과 아빠에게 전하지 못한 말들이 목에 걸려 아픈 마음은 그렇게 같은 시간을 흐르고 있었다.

깊은 슬픔을 더 이상은 버틸 수 없게 되었을 때 나는 화를 내며 나를 원망하기 시작했다.

'다들 아이 낳아서 잘도 키우는데 나 혼자 뭐가 그렇게 힘들다고 결핵

에 걸렸을까.'

'이제 나 그만 도와주셔도 된다고, 아빠랑 같이 내려가시라고 왜 엄마를 같이 보내지 않았을까?'

'아빠는 혼자 그곳에 누워 누군가 와주기를 얼마나 기다렸을까, 얼마나 외로웠을까…'

빨리 발견했다면 살았을 거란 생각이 분노를 일으켰다. 왜 아빠를 지키지 못했느냐고 나를 다그치며 모두 내 잘못이라고 스스로를 미워하게 만들었다.

평소 체력이 약했던 나는 아들의 돌 즈음 결핵 판정을 받았다. 못 먹고 사는 것도 아닌데 요즘 시대에 결핵이 웬 말이냐며 웃으며 부모님께 전화드렸었는데 사실 그때 나는 결핵에 걸렸다는 것보다 며칠 앞둔 아들의 돌잔치를 취소할 수밖에 없어 속상한 마음이 더 컸다. 엄마는 요즘 결핵은 치료하면 된다며 아이 낳고 키우느라 우리 딸이 잠도 제대로 못 자고 많이 힘들었나 보다고 위로해 주셨다.

그런데 아빠는 그게 아니었나 보다. 내가 결핵에 걸렸다는 소식을 들은 날부터 매일 저녁 술을 드시며 우셨다고 했다. 아빠는 혼자 있어도 괜찮으니 빨리 딸한테 가서 애도 좀 봐주고 살림 좀 도와주라고 매일같이 엄마를 재촉하셨다고 했다. 하루는 엄마가 요즘 결핵은 치료하면 낫는다고 죽을병도 아닌데 그만 울라고 하자 아빠는 딸이 그런 병에 걸렸는데 걱정도 안 되냐며 엄마한테 역정을 내셨단다. 남자친구 소개하러 간다는 말에 딸의 혼수마련적금을 들고 눈물 흘리셨던 우리 아빠였으니 얼마나 마음 아파하셨을지 짐작이 되고도 남았다. 결국 우리 집으로 엄마를 보내고 혼자 계셨던 아빠였기 때문에 나는 어두운 죄책감으로 스스로를 계속 몰아넣었다.

아빠가 돌보아주던 내 세상이 무너져 내렸고 폐허가 된 내 마음속을 매일 헤매었다. 그 누구의 위로도 마음에 닿지 않았고 집을 나서는 순간 죽을 것만 같은 공포까지 더해져 나는 아빠가 떠나가 버린 그 집, 그 자리에 그대로 갇혀버렸다. 끝없이 이어질 것만 같은 슬픔과 두려움이 무섭기만 했다. 죽음은 누구에게나 어느 때라도 일어날 수 있는 일이고 삶의 마지막 한 조각일 뿐이라는 것을 지금은 알지만 그때는 알지 못했다.

아빠가 돌아가시기 얼마 전 내 친구의 아빠가 암에 걸렸다는 소식을 들었다. 아빠도 그 친구를 알고 계시던 터라 이야기를 전해 드렸더니 아침저녁으로 산을 타서 암에 좋다는 약초들을 모으고 말려 보내드렸었는데 그런 아빠가 친구의 아빠보다 먼저 돌아가신 것이다.

내가 바라본 죽음이란 것은 그랬다.

어느 순간 누구의 삶을 비집고 들어올지 아무도 모른다는 것.

준비한 이별이든 준비하지 못한 이별이든 사랑하는 사람의 죽음으로 인한 상실감은 누구에게나 큰 아픔으로 남는다는 것.

부디 사랑한다는 말을 과거형으로 하지 마세요

나는 등이 뻥 뚫려버린 것 같은 느낌으로 집에 갇힌 채 슬퍼했고 친구는 혹시라도 본인이 암에 걸린다면 절대 항암을 하지 않으리라고 다짐하며 아파했다. 슬퍼하는 방법도 아파하는 시간도 모두 다르게 채워졌지만, 가족의 죽음은 그렇게 남아있는 가족 모두에게로 번진다.

하지만 끝이 없을 것만 같던 슬픔과 분노를 벗어나게 해 준 것 또한 가족이었다. 나에게 남은 소중한 가족. 내가 밥을 먹지 않자 아기 과자를 건네며 웃어주고, "움마, 움마(울지 마 울지 마)." 하며 내 눈물을 닦아주었던 우리 아들. 내가 웃어야만 하는 이유였고 웃을 수 있는 이유였다. 바닥에 같이 눕자며 다시 파란 하늘을 바라보게 해 주고 내 손을 잡아끌어 집 앞 산책을 나설 수 있게 해 준 아들이 있어 내가 살아가야 할 곳으로 다시 한 걸음씩 나올 수 있게 되었다.

그렇게 아들의 손을 잡고 다시 나오게 된 세상에서 돌아보니 이전에는 보이지 않던 것들이 조금씩 보이기 시작했다.

혼자 계셨던 아빠가 그대로 인사도 못한 채 떠난 게 아니었다. 우리 집에 가족이 모두 모여 함께 웃으며 하루를 보냈고 아빠가 그렇게 사랑하던 손주에게 "하부(할아버지)." 소리를 들으셨다. 외롭게 혼자 누워 계셨을 아빠만 바라봤는데 부고 소식을 듣고 인천에서 강원도에 도착하는 4시간 가까이 계속 아빠 곁을 지켜주신 많은 동네 분들이 계셨다. 생전에 자주 들리셨던 마을학교에 아빠가 가장 좋아하셨다며 삼겹살 한 접시도 가득 올린 거리제를 지내 주시기도 했다.

몇 개월의 시간이 흐른 후에도 아이가 가는 곳마다 아빠에게 도움받은 이야기를 하시며 무어라도 먹을 것을 내어주시고 오며 가며 엄마와 나를 살펴주시는 마을 분들의 모습을 보며 아빠가 아직 내 삶 곳곳에 살아있다는 것이 느껴졌다. 살아있는 자들의 땅에서 기억하는 사람이 없게 되었을 때 진정으로 사라지게 된다는 영화 〈코코〉의 대사처럼 아빠는 아직 많은 사람들을 통해 살아있었다.

아빠의 마지막 순간만을 기억하며 슬퍼했을 때는 알 수 없었지만, 우리에게 남겨주신 것과 살아오신 수많은 날들을 생각하자, 아빠의 삶과 죽음이 모두 의미 있게 다가왔다. 무엇보다 아빠는 내가 자책하며 아파하길 원하시지 않을 거라는 생각이 들었다. 나 또한 훗날 죽음을 맞이하게 되었을 때 우리 아이가 내 죽음으로 인해 괴로워하며 고통 받는 것이 아니라 나와 함께 했던 시간들을 떠올리며 행복해하고 추억해 주기를 바라기 때문이다. 더 이상 죽음이라는 마지막 한 조각으로 인해 소중했던 아빠와의 모든 시간들을 아프게 만들지 않기로 선택했다. 가족의 소중함을 다시 새겼고 다음에, 라는 기약 없는 마음 대신 남은 가족들에게 매 순간 감사와 사랑의 말을 전하리라 마음먹었다.

"부디 사랑한다는 말을 과거형으로 하지 마세요."라는 노래가사처럼 우리 모두가 소중한 사람에게 매일 작은 사랑의 표현이라도 하기를 바라본다. 그토록 사랑하는 사람이 나의 과거에만 존재하기 전에….

잊어야 한다는 마음으로 오늘도 울고 있을 사람들에게
– 그림책 『철사 코끼리』

그림책 『철사 코끼리』에는 소년 데헷이 자신의 전부와도 같은 코끼리 얌얌을 잃고 그 슬픔을 극복하는 과정이 나온다. 데헷이 겪는 극도의 슬품과 얌얌을 대신한 철사 코끼리를 끌고 힘들게 돌산을 넘는 장면에서는 아빠를 잃은 내 모습이 겹쳐져 데헷과 함께 주저앉아 서럽게 울기도 했다. 데헷은 결국 철사 코끼리와 스스로 선택한 이별을 하고 홀로서기를 시작한다. 그것은 오랜 시간 마음껏 슬퍼했기 때문에 가능한 선택이기도 했다.

충분히 애도한다는 것은 과연 얼마만큼의 시간이 필요할까? 그 시간은 이별로 슬퍼하는 사람만이 정할 수 있는 것이지 그들을 지켜보는 사람의 몫은 아닐 것이다. 소중한 사람과의 이별로 힘들어하는 사람들에게 충분히 슬퍼하라고 그래도 된다고, 아니 그래야 한다고 말해 주고 싶다. 언제고 마음껏 울고 그리워해도 된다고….

하지만 슬픔으로 자책하거나 고통스러워하지 말고 내가 사랑했던 사람과의 시간을 돌아보며 그 안에서 의미를 찾아보았으면 한다. 그리고 데헷의 삼촌처럼 내 기준으로 슬픔의 유통기한을 정해 강요하지 않고 그저 곁에서 지켜봐 주고 손 내밀 때 잡아줄 수 있는 사람이 되어주고 싶다. 그것이 그 시간 가장 큰 위로가 된다는 것을 알기 때문에.

내가 마주한
죽음

내가 죽는다는 기억하는 것이야말로 내 삶의 많은 선택에서 가장 중요한 도구이다.

– 스티브 잡스

당연했던 일상이 간절한 희망으로 변해 버리는 그런 날
– 그림책 『슬픔을 건너다』

"암이 맞습니다."

이 단 한마디 말로 내 존재는 그대로 사라져버렸고 내 이름은 '환자분'이 되어버렸다.

나는 그대로인데 조금 전과는 전혀 다른 세상 속에 덩그러니 놓여 있었다.

확진을 받기까지 암일지도 모른다는 두려움도 컸지만 진짜 암이라고 하면 엄마에게 어떻게 알려야 할지, 초등학교 1학년이 엄마 손이 가장 많이 필요하다고 하던데 몇 개월 후면 입학하는 아이는 어떻게 해야 할지 걱정이 먼저 앞서기도 했다. 그리고 후회스러웠다. 꽤 오래 전부터 왼쪽 가슴에 통증이 느껴져서 심장 검사를 주기적으로 받아오고 있었는데 왼쪽 가슴의 통증이라고 심장 문제일 것이라고만 생각한 어리석은 내가 참 원망스러웠다.

'바보같이 왜 그랬을까…'

'왜'라는 질문이 도움이 되지 않는다는 것을 잘 알면서도 나는 자꾸 왜라고 물으며 내 과거와 싸우고 있었다.

"암은 맞는데 수술을 해 봐야 정확히 알겠지만, 지금으론 초기로 보여서 잘하면 항암은 안 할 수도 있어요. 항암을 한다 해도 약한 약으로 할 수 있을 것 같으니 너무 걱정하지 말고…"

조직 검사 결과를 기다리는 일주일 동안 계속 공포감을 키워갔기 때문일까? 암이라는 이야기를 듣는 순간 말도 안 되게 한편으로 마음 한구석이 조금은 편해졌다. 그만큼 결과를 기다려야만 하는 그 시간은 끔찍한 고문과도 같았고 극도로 예민해져 나와 가족 모두 힘들었다.

가장 두려운 항암을 안 할 수도 있다는 말이 작은 위로가 되어 암이라는 사실을 나는 비교적 쉽게 받아들였다. 암이라는 사실을 믿지 못하고 다른 여러 병원들을 전전하는 대신 수술을 기다리는 동안 혹시나 암이 더 커지지는 않을까 하는 두려움에 오히려 빨리 수술을 했으면 좋겠다고 조급해하기까지 했다.

유방암 수술 명의가 있다는 서울대병원에 가장 빠른 예약일을 잡고 나서야 이 사실을 주변 사람들에게 알려야 할지 고민하기 시작했다.

'엄마한테 솔직히 말해야 할까? 아빠를 잃은 충격에서 이제 조금 벗어났는데 또 충격받아서 큰일 나면 어쩌지.'

나보다 오히려 엄마가 더 걱정스러웠다. 하지만 엄마는 내가 암 투병을 하는 동안 그 시간들을 잘 견뎌낼 수 있도록 단단하게 버텨주셨고 가장 큰 힘이 되어주셨다. 남편을 잃은 아내의 모습으로는 한없이 약해지셨을지 몰라도 아픈 딸을 둔 엄마는 누구보다 강한 모습으로 든든히 나를 보호해 주었다.

위험에 처한 자식을 보고 부모님들이 초인적인 힘을 발휘하는 모습은 그들이 특별한 사람이어서가 아니라 자식의 고통과 위험을 그대로 지켜볼 수 없는 평범한 우리 부모님들의 모습이라는 것을 다시 한번 깨닫게 되었다.

고민 끝에 나는 결국 가족은 물론이고 친구들과 직장에까지 모두 알리기로 했다. 다른 이유들은 다 뒤로 하고 그 당시 내가 30대였기 때문에 젊음을 믿지 말고 조금이라도 이상이 있으면 빨리 병원에 가서 검사 받아보고 건강을 잘 챙기라는 말을 해 주고 싶었다. 나는 이미 돌이킬 수 없지만 내 주변 사람들은 제발 그러지 않길 바랐다.

얼마 후 함께 근무했었던 친한 동생에게서 연락이 왔다.

"언니, 나도 얼마 전부터 가슴에 멍울이 잡혔었거든. 별로 대수롭지 않게 여겨서 나중에 병원에 가봐야지 하다가 언니 연락 받고 검사 받았는데… 나도… 암이래."

순간 가슴이 철렁 내려앉았다. 동생은 꽤 많이 진행이 되어 그냥 지나쳤으면 손 쓸 수 없을 때 발견했을 수도 있다고 했다. 내 덕분에 조금이라도 빨리 알게 됐다며 고맙다고 했지만 나는 내가 한 연락이 왠지 몹쓸 병을 전염시킨 것만 같은 미안함에 눈물이 났다. 하지만 곧 내 아픔을 숨기지 않고 솔직하게 드러내는 것이 같은 아픔을 겪고 있을 누군가에게 도움이 될 수도 있다는 것을 알았고 함께 아픔을 공유한다는 것은 그 이상의 의미가 만들어질 수 있다는 것 또한 배웠다.

그때까지 암 환자라고 하면 나와는 조금 거리가 먼 연세가 있으신 분들의 일이라고 생각 했었는데 내가 진단을 받고 나니 병원에 온 젊은 암 환자들이 꽤 많이 눈에 띄었다. 30대인 나도 젊다고 생각했는데 같은 암 환우들이 모인 인터넷 카페에는 그 시절만으로도 너무나 예쁜, 꽃다운 20대도 많았다. 그곳에서 완치된 환자는 사용했던 가발을 드림하며 모두에게 희망을 전하기도 했고 이곳에서 환자가 많은 위로를 받았다며 보호자가 건네는 마지막 소식에 우리는 함께 슬퍼하며 울기도 했다. 나에게만 일어난 특별한 일이라고 생각했던 암이라는 질병은 내가 무심했을 뿐 이미 많은 사람들이 겪어내고 있었다.

항암 후 마땅한 치료법이 없어 완치가 어렵다는 삼중음성환자였던 나도 얼마 전 완치라는 반가운 소식을 전해 줄 수 있어 얼마나 기뻤는지 모른다. 완치를 전하는 내 글에는 많은 축하의 댓글이 이어졌다. 얼굴 한 번도 본 적이 없지만, 진심 어린 댓글을 통해 한 명 한 명이 내게 축하 인사를 건네며 꼭 안아주는 것만 같아 완치의 감격을 더 깊이 나눌 수 있었다. 암이라는 좋지 않은 상황에서도 우리는 그렇게 서로에게 힘을 얻기도 하고 힘이 되어주고 있었다.

지금도 그 카페에는 많은 사람들이 자신의 하루를 나누며 살아가고 있다. 가족들과 주변 사람들이 아무리 깊은 관심과 애정을 주어도 직접 겪어봐야만 이해할 수 있는 것들이 있기 때문이다. 지독한 항암의 고통이나 암으로 인해 찾아 온 생활의 변화, 달라진 사람들의 시선, 하루에도 수십 번 오르락내리락 하는 감정들….

　사람들이 건네는 위로의 말보다 먼저 경험한 사람이 건네는 "괜찮아."의 힘을 알기 때문에 나는 그림책 심리와 감정 코칭 공부를 시작했다. 그림책이라는 도구를 통해 누구에게도 꺼내놓지 못했던 이야기를 함께 나누며 위로와 공감을 받을 수 있도록. 몸이 아픈 사람들이 마음까지 다치는 일이 없도록. 그때의 내가 알았다면 좋았을 이야기들과 지금 겪고 있는 힘든 시간들 또한 다 지나간다는 경험을 전해 주고 싶다. 우리는 다시 예전으로 돌아갈 수 있다는 아니 이전보다 더 깊은 마음으로 세상을 함께 살아갈 수 있다는 응원과 함께.

　'그런 날이 있어. 당연했던 일상이 간절한 희망으로 변해 버리는 그런 날.'

　『슬픔을 건너다』라는 그림책의 첫 부분을 보았을 때 나의 당연했던 일상들이 '제발…'로 채워지기 시작했던 그날이 떠올랐다. 조직 검사를 받은 날부터 시작된 내 마음 여정을 그대로 옮겨놓은 듯한 그림과 글이 놀라웠고, 서두르지 않고 느낄 수 있는 모든 감정들을 천천히 들여다볼 수 있도록 배려해 주며 살며시 손 내밀어 주는 것 같아 참 고마웠다.

　주인공을 따라 슬픔을 건너면 그림자만이 머문다고 생각했던 그 자리에서 이전에는 보지 못했던 선물을 마주하게 된다. 지금의 나는 그때의 내가 아니고 지금 이 곳은 더 이상 내가 있던 그곳이 아니게 된다. 변함이 없는 것 같지만 모든 것은 달라져있다. 모든 일에는 지나고 보면 알 수 있는 의미가 숨어 있다. 머물러 있음으로 알 수 없었던 것을 들여다보고 건넘으로써 발견할 수 있게 된다. 모든 빛이 사라져 버린 것 같을 때 마지막으로 남은 빛을 따라 깊숙이 귀 기울이고 자세히 들여다보면서 새로이 마주할 수 있는 것을 꼭 만나보길 바란다. 슬픔을 건널 수 있도록 그림책 속 작은 빨간 새가 되어 함께 해 주고 싶다.

항암이라는 두 글자의 무게

서울대병원에서도 0기인 상피내암 같다는 소견에 수술만 잘 마치면 된다며 엄마와 서로를 다독였다.

"수술이야 아무것도 아니지. 항암 안 하는 게 어디야. 그렇지, 딸?"

애써 담담하던 엄마는 말과 다르게 수술실로 향하는 나를 보고는 오열하셨다. 이동하는 침대에 바싹 따라붙어 내 손을 연신 매만지셨고 그런 엄마 앞에서 눈물을 보이지 않으려고 나는 계속 눈을 끔뻑여댔다.

'다시는 엄마 앞에서 이렇게 실려 가지 말아야지, 두 번 다시 이런 불효는 저지르지 말아야지.'

수술실로 향하는 내내 병원 천장을 바라보며 주문을 외듯 다짐하고 또 다짐했다.

암은 수술을 해 봐야 정확히 알 수 있다는 말은 그대로 들어맞았다. 막상 수술을 하고 보니 암 덩어리들의 크기도 크고 침윤성 암이라 겨드랑이쪽 임파선에 이미 전이가 되어 결국 항암을 해야 한다고 했다. 생각지도 못했던 수술 결과에 진단을 받았을 때보다 더 큰 충격을 받았다. 함께 있던 가족들도 모두 아무 말도 하지 못했다. 그제야 암이라는 그 한 단어가 무겁게 나를 짓누르기 시작했다. '수술만 하면 된다, 괜찮다.'고 용기 냈던 마음까지 여지없이 무너져 버렸다.

시간이 흘러도 수술 부위가 잘 아물지 않을 만큼 체력이 약했던 나였기 때문에 항암여부를 두고 많은 갈등을 했다. 다행히 다른 장기로의 전이는 없었지만 힘들다는 항암을 과연 내 체력으로 버텨낼 수 있을지 자신이 없었다. 그렇게 고민스러운 마음을 안고 종양내과 교수님과 면담을 하는 날이 되었다.

"교수님, 제가 체력이 많이 약해서 그러는데요. 혹시 항암을 안 하면 안 될까요?"

너무 겁이 나서 했던 질문이 교수님에 대한 도전처럼 들렸을까?

"그럼 죽을 확률이 90%가 넘는 거죠."

실력이 좋다고 소문난 그 교수님은 눈도 마주치지 않은 채 차디차고 건조한 목소리로 말했다.

항암을 안 하면 위험하다는 말을 하고 싶다는 것은 안다. 하지만 꼭 그런 식으로 말할 수밖에 없는지 원망스러운 마음이 들었다. 그 교수님에게는 내가 수많은 암 환자 중 한 사람이었을지 모르지만, 나에게는 교수님이 너무나 중요한 한 분이었기 때문에 그 실망감은 더욱 컸다. 더 이상 아무것도 묻지 않고 돌아 나오며 나는 확률과는 정반대로 항암을 하지 않기로 결정했다. 그 교수님에게는 하나뿐인 내 목숨 또한 그리 중요하게 여겨질 것 같지가 않았기 때문이다.

항암치료 중 잘못될까 봐 섣불리 항암을 권하지도 못하고 내 선택만을 기다리고 있던 가족에게 나는 항암을 하지 않겠다고 말했다. 어쩌면 교수님에 대한 반감을 핑계 삼아 항암에서 도망치듯 내린 결정이었는지도 모른다.

확고했던 내 결정을 돌아보게 한 것은 친구의 언니에게서 걸려온 전화였다.

"은미한테 소식 들었어. 항암 안 받는다고 했다며? 언니가 오지랖인 거 알면서 걱정돼서 전화했어. 우리 엄마 유방암이었던 거 알지? 그때 엄마도 항암 안 한다고 하셨거든. 그때는 나도 어리니까 잘 몰라서 엄마가 하자는 대로 했는데 지금까지 후회해. 그때 어떻게 해서든 치료받아 보자고 할 걸. 제대로 된 치료 한 번 못 받아보고 보낸 게 아직도 너무 후회돼. 요즘엔 의료기술 많이 좋아졌잖아. 그러니까 치료 잘 받고 네가 건강했으면 좋겠어서 언니가 전화했어."

지금 내가 내린 결정이 내 삶만을 결정하는 것이 아니라 가족들의 남은 삶에 또 다른 고통을 짊어지게 할 수도 있다. 좋지 않은 결과는 할 수 있는 방법을 다 시도했더라도 가족들에게는 마음의 상처로 남는데 할 수 있었던 치료마저 받지 않는다면 나를 위해 아무것도 하지 못했다는 죄책감과 후회까지 남길 것이 보였다. 아빠를 보내며 힘들었던 후회와 자책의 시간을 가족들이 또다시 겪게 할 수 없었다.

두려운 마음에 항암을 내가 버틸 수 있을지 의심하고 또 의심했다. 지금 더 쉬운 다른 방법을 찾아 피하고 싶었다. 하지만 지금은 할 수 있는 치료를 나중에는 내가 원해도 할 수 없게 될 수도 있었다. 그때 첫 진단을 받은 병원의 원장님께서 내 이야기를 들으시더니 다른 교수님을 한 번만 만나본 후에 결정하라며 교수님 한 분을 추천해 주셨다.

그렇게 만나게 된 조영업 교수님께서는 내 이야기를 이것저것 물어보시고는 아이가 있는지, 몇 살인지 물으셨다. 그리고 컴퓨터 스크린을 돌려 항암 전후가 비교된 자료화면을 보여주셨다.

"치료하면 이렇게 생존확률이 높아지는데 치료받고 건강해져서 아이가 학교 가는 것도 보고 결혼하는 모습도 봐야 하지 않겠어요?"

내 손을 꼭 잡으며 건네는 그 따스함에 두려움으로 얼어붙었던 마음이 풀리면서 눈물이 흘렀다.

'치료받으면 괜찮다. 살 수 있다. 그러니 너무 걱정하지 마라.'

어쩌면 내가 항암으로부터 도망 다니며 실은 가장 듣고 싶었던 말이었는지도 모른다.

우리 같이 잘해 보자고 다독여주시는 말씀에 그러겠다고, 잘 부탁드린다고 말씀 드리면서 나는 하염없이 울었다. 교수님은 그런 내가 마음을 추스를 수 있을 때까지 말없이 기다려주셨다.

진료실을 나오며 엄마 생각에 힘들었을 텐데 그냥 지나치지 않고 전화를 걸어 준 친구의 언니가 너무나 고마웠다. 교수님을 추천해 주신 병원장님도, 두려움에 빠져있던 나에게 용기를 주신 교수님께도 너무나 감사했다. 조금은 홀가분해진 마음에 슬며시 웃음도 나고 왠지 다 잘 될 것만 같은 기분이 들었다.

치료에서 중요한 것은 테크닉이 아니라 의사와 환자 사이의 인간적인 관계라는 빅터프랭클의 말처럼 두 분의 교수님을 통해서 사람을 살리는 것은 전문적인 기술만이 아니라 진심 어린 마음이 중요하다는 것을 몸소 깨닫게 되었다. 그리고 나는 지난 내 삶 속에서 다른 사람들을 어떻게 대

해왔는지 되짚어 보았다. 누군가에게 이렇게 따스한 위로를 건네며 손 내
민 적이 있었는지 떠올리면서 앞으로 다른 사람들에게 어떤 영향을 주며
살아갈 것인지도 그려 보았다.

집으로 돌아와 항암을 하기로 결정했다고 하자 가족들은 그제야 너무
잘 생각했다며 반색했다. 항암을 했으면 좋겠는데 내가 거부하자 권유하
지도 못하고 속만 태웠을 가족들의 마음이 고스란히 전해졌다. 내가 용기
를 내는 만큼 나를 지켜보는 가족들은 행복해졌고 그 행복은 다시 나의
행복이 되었다. 나는 그렇게 암을 마주한 채 용기를 내어 행복을 선택하
고 있었다.

거울에 비친 '골룸'

항암을 시작하고 시간이 지나자 머리카락들이 한 움큼씩 빠지기 시작
했다. 암 환자가 되면서 해야만 하는 많은 선택들 중에 머리를 밀 것인가,
말 것인가 하는 것 또한 중요한 선택사항이었다. 지저분해 보이는 것이 싫
어 애초에 밀어버리는 사람도 있고 머리를 짧게 밀고 나면 곳곳에 빠진
머리카락이 잘 보이지 않는다며 밀지 않는 사람도 있다. 어차피 다 빠지
게 될 텐데 나는 밀지 않고 그냥 두는 쪽을 택했다. 그러다 머리카락이
듬성듬성 남아 영화 반지의 제왕에 나올 법한 골룸을 마주한 날, 나는 거
울 속의 내가 너무 안 돼 보여 더 이상은 그대로 둘 수가 없었다.

어차피 스타일도 못 내고 머리를 빡빡 밀어버릴 텐데도 나는 요양병원

에서 제공해 주는 미용·봉사를 이용하지 않고 미용실에 가는 사치를 부렸다. '내가 선택해서 미는 거야!'라고 나에게 당당할 것을 요구하면서.

바로 병원 앞에 있는 곳이어서 그런지 별다른 설명 없이도 원장님은 눈치껏 머리를 말끔히 밀어주셨고 두상이 참 예쁘다는 칭찬의 말도 잊지 않으셨다. 그것으론 부족하다고 느끼셨을까? "요새는 젊은 환자들 많이 와요. 그냥 치료 잘 받으면 낫는 감기 같은 거라고 생각해요."라는 공허한 위로까지 건네셨다.

'감기에 걸렸다고 이렇게 머리카락이 다 빠지진 않잖아요.'

입안에서 까끌하게 도는 말을 삼키고 미용실을 나왔다. 미리 준비한 모자를 썼는데도 바람이 모자 속을 매섭게 뚫고 들어왔다. 꼭 한겨울에 찬 물로 머리를 감는 것처럼 머리가 너무 시려왔다. 머리카락이 두껍고 숱이 너무 많은 것이 나는 늘 불만이었는데 미용실 바닥에 떨어진 그 머리카락들이 너무나 그리워졌다.

머리카락뿐만이 아니었다. 새까맣게 변해 버린 손발톱이 빠질까 매일 들여다봐야 했고 어느 날 울기라도 하면 콧물은 아무리 훌쩍여도 코털이 다 빠진 코를 통해 그대로 흘러내렸다. 아주 작고 연약한 속눈썹 하나도 그 자리에 있어야 할 충분한 이유가 있었다.

왜 내가 지금 가지고 있는 것들은 없어도 될 것처럼 하찮게 여기고 그것들이 사라져야만 그 가치를 알게 되는 것일까? 처음으로 나는 내 몸의 작은 하나하나까지 관심을 기울여 볼 수 있었다. 그 어느 것 하나도 당연한 것이 없었고 중요하지 않은 것이 없었다. 당연한 것들은 모두 사라지고 감사할 것들이 무수히 많아졌다. 매일 아침을 맞이할 수 있어서 감사하고, 별일 없는 하루가 감사하고, 무엇이든 먹을 수 있어 감사하고, 까맣게 변했어도 끝내 빠지지 않은 새끼발톱이 감사하고, 끝까지 잘 버티어 이마를 구분해 준 눈썹에게도 고마웠다.

지금은 이 모든 것들을 다시 모두 얻었으니 내 삶은 매일 감사로 넘쳐야 하지만 늘 그렇지는 않다. 하지만 내가 지금 가진 모든 것들이 누군가에게는 간절한 소원이 될 수도 있다는 사실을 이제는 안다.

감사합니다, 나여서

4차 항암을 앞두고 또 한 번의 위기가 찾아왔다. 세 번의 항암 주사를 맞는 동안 나는 수술 날 했던 다짐과는 다르게 매번 병원 천장을 마주하며 응급실로 실려 갔다. 몸의 방어 수치를 나타내는 호중구 수치가 0에 가깝게 떨어졌고 혹시 모를 사태를 대비해 대바늘을 꽂은 채 격리되어야 했다. 마약성 진통제를 처방받을 만큼 항암주사로 인한 통증과 다른 많은 부작용들로 인해 힘이 들었다. 이제까지 잘 해왔다고 생각하면서도 그냥 다 그만두고 싶은 마음뿐이었다.

그래서였을까? 그날따라 항암 주사를 놓을 주삿바늘이 들어가지를 않았다. 한 번, 두 번 …. 세 분의 간호사들이 돌아가며 어떻게든 혈관을 찾으려 애쓰셨지만, 꼭 내 마음처럼 주삿바늘은 좀체 들어갈 곳을 찾지 못하고 헤매었다. 이미 처방이 내려진 항암제는 꼭 맞아야 했기 때문에 그렇게 아홉 번을 주삿바늘에 찔리고 나서야 간신히 항암주사를 맞을 수 있었다. 약이 투약되기도 전에 이미 몸도, 마음도 지쳐버렸다.

아홉 번을 찌르고 후벼 파는 그 모습을 보며 애간장 태우던 엄마가 "내가 대신 아팠으면 좋겠다. 내가 대신 찔렸으면 좋겠다." 하시며 우셨다. 대신 아팠으면 좋겠다는 엄마의 말에 그래도 엄마보다는 내가 낫지 하며 피식 웃었다. 그리고 '지금 내가 누군가의 아픔을 대신하고 있는 거라면?' 하는 생각이 들었다.

내가 대신 아파 주고 싶은 사람. 절대 이런 아픔을 겪게 하고 싶지 않은 사람.

가장 먼저 아들이 떠올랐다. 상상하기도 싫었다. 이런 힘든 치료를 받아야 하는 사람이 우리 아이가 아니라 나라는 사실이 너무나 감사해졌다. 나여서 정말 다행이었다. 이보다 더 힘든 치료도 다 받을 수 있다는 용기가 다시 생겼고 끝까지 치료를 꼭 잘 마쳐야겠다는 생각이 들었다.

그 순간 병실에는 아주 겁이 많고 주사 맞는 것을 끔찍이도 싫어하는 내가 아니라 아들 곁으로 돌아가려는 필사적인 모습의 엄마인 나만이 남아 있었다.

부끄럽게도 나는 그동안 온전한 책임감을 느끼고 무언가를 해낸 적이 없었다. 학창시절은 물론 결혼을 한 이후에도 내가 책임져야 할 일들이 버겁게 느껴질 때면 때로는 회피하고 때로는 가족과 주변의 도움을 받아 그 상황을 모면하고는 했다. 그런데 항암이라는 것은 누구도 대신해 줄 수 없고 스스로 끝까지 해내야만 하는 내 인생에 처음으로 마주한 과제였다.

피할 수 없다는 것을 알지만 치료가 거듭될수록 도망가고 싶은 마음까지는 어쩔 수 없다고 생각했는데 이제는 아니었다. 나 또한 우리 엄마처럼 엄마라는 이름으로 자식을 위해서는 해내지 못할 일이 없었다. 엄마라는 존재는 특별히 무엇을 해 주지 않고도 함께 있어주는 것만으로도 큰 힘이 된다는 것을 더 잘 알게 됐기에 나도 건강한 모습으로 오래도록 아이 곁에 있어주고 싶었다. 그때부터 몸도 마음도 건강한 엄마가 가장 좋은 엄마라는 생각은 지금도 변함이 없다.

암이라는 질병은 정말 피하고 싶었지만, 한편으로는 이렇게 내 삶 안에서 그 어느 때보다 나를 가장 단단하게 만들어 주었고 책임감을 갖고 진지하게 남은 삶을 마주해 볼 수 있도록 해 주었다.

그렇게 나는 남은 작은 걸림돌들을 딛고 올라서며 조금씩 성장하고 있었다.

얇은 천 하나가 전하는 무거운 침묵

첫 항암을 시작함과 동시에 응급실에 실려 가면서 나는 집에서 항암치료를 받기는 어렵다고 판단했고 요양병원에 입원했다.

내가 지내던 4인실의 바로 옆방은 1인실이었는데 대부분 말기 암 환자들이 지내는 곳이었다. 그래서인지 옆방에서는 거의 아무 소리도 들리지 않았고 병실 밖에 걸려 있는 이름표만이 이곳에 사람이 있다고 알려 주었다. 그리고 그 이름은 소리 없이 바뀌어 있고는 했다.

어느 날 숨소리도 잘 들리지 않던 옆방에서 한 여자가 크게 울부짖는 소리가 들려왔다. 누군가에게 화내며 소리 지르는 것 같기도 했고 감당할 수 없는 두려움을 내뿜는 것처럼 들리기도 했다. 그렇게 몇 시간 동안 옆 방의 여자는 큰 소리로 악을 쓰며 울어댔다. 그 소리가 얼마나 가슴을 먹먹하게 하는지 우리 방에 있는 사람들 또한 숨소리조차 크게 내지 못했다. 정확하게 들리지는 않았지만, 자신이 처한 상황을 인정하지 못하고 누군가를 원망하는 것 같았다. '빨리 마음의 안정을 찾을 수 있기를.' 벽을 두고 기도밖에 해 줄 수 없어 안타까웠다.

다음 날 새벽 병실 문을 열고 나가려는데 옆방에서 하얀 천을 덮은 침대가 실려 나왔다. 바로 전날 악을 쓰며 우는 소리가 들렸던 그 방이었다. 불과 하루 만에 이런 일이 벌어지리라고 상상도 못한 나는 너무나 충격적이었다. 원치 않게 그 모습을 보게 된 우리 병실에 또다시 무거운 침묵이 내려앉았다.

죽음을 목격하는 것은 누구에게도 그리 좋지 않은 경험이겠지만 항암 중인 환자들에게는 특히 그렇다. 죽음이라는 단어를 입 밖에 내면 그것이 나에게도 현실이 될 것만 같아 어떤 불문율처럼 서로 말은 안 하지만, 다른 사람의 죽음을 통해 내 모습을 마주하게 되는 것은 어쩔 수 없기 때문이다.

도스토옙스키는 인간이 죽음을 두려워하는 이유는 자신의 생을 사랑하기 때문이라고 했다. 그의 말대로 내 삶을 사랑하기 때문에 죽음을 두려워하는 것이라면 죽음이 두려운 만큼 나는 지금 내 삶을, 하루하루를 사랑하며 살고 있을까?

나는 얼굴도 이름도 모르는 그 사람이 참 안쓰럽고 가엾게 느껴졌다.

하루라도 더 살고 싶은 마음이었을 텐데 그렇게나 살고 싶었던 소중한 하루를 악을 쓰고 울며 보냈다는 것이 마음 아팠다.

그렇게 보내버린 귀한 하루가 자신의 마지막 날이 될 것이라는 것을 알았을까? 누군가에게 자신의 마지막 날이 이렇게 기억되리라는 것을 알고 있을까?

이 일은 내 삶의 마지막 날이 가족들과 다른 사람들에게 어떻게 기억되기를 바라는지 진지하게 생각해 볼 기회를 주었다. 적어도 어제 내가 경험한 것과 같은 모습으로는 기억되고 싶지 않았다.

나에게 단 하루만 남아있다면 나는 어떻게 그 하루를 보내야 할까? 언제가 마지막이 될지 모르는 하루. 나는 그 하루를 어떻게 사는 것이 좋을지 생각해 보았다. 아주 특별한 하루를 떠올려보려고 했지만 역시 내가 가장 그리워하는 것은 가장 보통의 날들이었다. 가족과 함께 밥을 먹고 이야기 나누며 웃고 신랑에게 잔소리도 좀 하고 아이와 함께 잠들 준비를 하고…. 빨리 예전의 일상으로 돌아가고 싶다는 마음만 간절해졌다. 반복된 일과로 채워져 지루하기까지 했던 그 평범한 날들이 내가 가장 살고 싶은 하루가 되어있었다. 매일 똑같은 일상이 어느 날은 지루하게도 느껴지기도 했고 별일 없는 매일을 불만스럽게 이야기하며 특별한 일들을 기대하기도 했었다.

지금도 많은 사람들은 예전의 나처럼 하루하루를 너무나 당연하게 여기고 무심하게 흘려보낸다. 특별한 행운을 바라느라 이미 가지고 있는 많은 행복을 놓치고 있다는 사실을 알고 있을까?

죽음을 마주볼 수 있는 기회를 얻음으로써 내 삶의 가치는 더욱 분명해졌고 지금의 이 모든 순간들이 더 빛나는 것처럼 느껴졌다. 살아 숨 쉬는 지금이 너무나 감사하고 내가 사랑하는 사람들과 함께한다는 기쁨을 마음껏 누릴 수 있게 되었다.

스쳐 지나간
영혼의 죽음

> 과거는 우리에게 아무 소용이 없어. 미래는 불안으로 가득 차 있지.
> 오직 현재만이 실재하는 거야. 바로 지금, 오늘을 잡아야 해.
>
> – 솔 벨로

단 한 번을 살아도 내가 원하는 삶으로 – 그림책 "백만 번 산 고양이"

끝나지 않을 것 같았던 항암과 검사를 마치고 첫 외래에서 교수님은 밝
게 웃어주셨다. 그제야 바짝 긴장했던 마음이 온몸을 통해 한순간에 빠
져나갔다. 지속적으로 검사를 받아도 결과를 듣기까지 기다림의 시간은
좀체 익숙해지지 않는다. 진료실에 들어서면 교수님의 얼굴을 살피고 의
자에 앉는 짧은 시간에도 오만 가지 생각이 다 든다. 이미 나왔을 결과를
받아들일 수밖에 없으면서도 끝까지 결과가 좋은 쪽으로 바뀌기를 기도
하며 교수님의 입만 쳐다본다.

"결과가 다 좋네요. 그동안 고생 많았어요. 앞으로 잘 먹고 운동도 열
심히 하고 건강하게 잘 지내요. 3개월 후에 봅시다."

엄마와 맞잡았던 손을 더욱 꽉 쥐었다. 그 순간만은 누구에게 무슨 말

을 들어도 다 용서가 될 것만 같은 기분이었다.

'이제 끝이다. 다시 집으로 돌아갈 수 있다!'

그날이 끝과 맞닿은 또 다른 시작이라는 것은 곧 알게 되었다.

입학 후 처음으로 아이를 학교에 데려다 줄 수 있게 됐지만, 집에 돌아와서는 하교 시간이 될 때까지 꼼짝 못하고 누워있어야 할 정도로 체력이 떨어져 있었다. 엄마는 나에게 무리하지 말라고 얘기하셨지만 항암으로 인해 까맣게 부은 얼굴도 좋고 불편하면 가발을 안 써도 된다고 이야기하며 내 손을 꼭 잡고 걸어가는 아이를 학교에 혼자 보낼 수 없었다. 그동안 말도 못하고 엄마 손 잡고 등교하는 아이들이 얼마나 부러웠을까? 떨어져 있던 시간만큼 더 많이 안아주리라 생각했지만 실상 아이를 꼭 안아줄 수조차 없었다. 수술 부위가 그때까지도 아물지 않았기 때문에 아이가 실수로 건드리기라도 하면 내 표정은 일그러졌고 엄마는 바로 "지혁아, 그렇게 하면 엄마 아파. 엄마한테 가까이 가지 마." 하고 아이를 제지하셨다. 아이는 내 아픔이 모두 자기 탓인 것마냥 움츠러들었고 나는 그런 아이를 보며 괜찮은 척을 해 줄 수 없어 미안했다. 몸만 집으로 돌아왔을 뿐 비어있던 엄마의 자리를 다시 채워주는 일은 쉽지 않았다.

엄마는 딸인 내가 건강하기만을 바랐고 나는 아들이 행복하기만을 바랐다. 딸과 엄마의 사이에서 과연 내가 어떻게 하는 것이 좋을지 고민했고 결국 건강하게 오래 곁에 있어주는 것이 딸로서도 엄마로서도 내가 할 수 있는 최선이라고 생각했다. 이후로 다른 것들은 모두 내려놓고 전이와 재발을 막기 위한 삶, 매일 살아내기 위한 삶을 살았다. 마치 절전 모드처럼 모든 에너지를 아껴 생존모드만 작동시켰다. 주어진 하루하루가 감사하면서도 그렇게 내 것이 아닌 것 같은 삶이 이어졌다. 사람을 만나 이야기 나누는 것도 좋아하고 새로운 것을 배우는 것도 좋아하는 내가 아무런 의욕 없이 꼭 백 살 먹은 할머니처럼 살고 있었다. 나는 살아있지만 지금 이곳에는 내가 없었다.

완치 판정을 받기까지 정기적으로 검사를 받으며 재발이라는 두려움과 늘 함께 해야 했다. 퇴원 후 처음에는 병원에서 알려준 대로 몸에 좋다는 음식만 먹었고 채혈할 때면 뒤돌아 쳐다보지도 못했던 내가 스스로 배에 주사를 놓아야 했다. 어느 순간 먹어야 한다는 것이 스트레스가 되어 있었고 건강을 지키고자 하는 모든 일들이 나를 더 힘들게 했다. 몸이 죽을까 봐 걱정하느라 내 영혼이 죽어가는 것을 눈치채지 못하고 있었다. 병원에서 지내면서 살아 있다는 것이 꼭 신체적인 것만을 의미하지 않는다는 것을 잘 알면서도 온 신경을 몸의 건강에 쓰느라 마음을 돌보지 못했다.

'이대로 괜찮은 걸까? 지금 잘살고 있는 걸까?'

행복하지 않았다. 아니 어떤 감정도 잘 느낄 수가 없었다. 사는 것도 중요하지만 잘 사는 것이 더 중요했다. 과거에 매이지 않고 경험한 그 안에서 의미를 찾아 앞으로 나아가야 했다.

나는 암이라는 경험을 통해 신체적으로는 힘든 시간을 보냈지만, 그 시간을 통해 많은 생각과 깨달음을 얻을 수 있었다. 그 일을 겪지 않았다면 깊게 생각해 보지 않았을 문제들이었고 어떤 깨달음이나 새로운 시각도 얻지 못했을 것이다. 다가올 내일과 죽음을 통제할 수는 없지만 주어진 오늘을 어떻게 살 것인지는 선택할 수 있고 그 오늘이라는 하루는 내가 감사하고 사랑해야 할 것들로 가득하다는 사실을 배웠다. 그렇게 나는 매일 평범한 일상 속 지극히 사소한 것들에서 주어진 선물들을 열어보고 있다.

그중 내가 찾은 가장 중요한 의미는 암이라는 질병을 통해 경험한 것들 덕분에 나와 같은 힘든 상황을 겪고 있는 사람들을 위해 내가 어떤 일을 할 수 있는지 깨달았다는 것이다. 지금 나는 내가 지나온 길 어딘가에서 같은 아픔으로 힘들어하는 사람들에게 더 깊이 공감하며 나눌 수 있는 그림책을 찾아 손 내밀고 있는 중이다. 힘든 고난의 길 끝에 놓여있는 보석상자가 아니라 우리가 가는 길에 수없이 놓여있지만, 그동안은 보지 못했을 의미라는 보석들을 함께 찾으려고 한다.

그림책 『백만 번 산 고양이』에는 백만 번이나 죽고 백만 번이나 산 얼룩고양이가 나온다. 백만 명의 사람이 그 고양이를 귀여워했고 모두 그 고양이가 죽었을 때 울었다. 하지만 백만 번이나 이어지는 삶에서 의미를 찾지 못한 고양이는 단 한 번도 울지 않았다. 그런 얼룩고양이가 처음으로 사랑하는 하얀 고양이를 만나 함께 오래오래 살고 싶다는 생각을 하게 된다. 그리고 하얀 고양이가 조용히 움직임을 멈춘 날 고양이는 처음으로 울었다. 밤이 되고 아침이 되도록, 또 밤이 되고 아침이 되도록 고양이는 백만 번이나 울다 어느 날 하얀 고양이 곁에서 조용히 움직임을 멈춘다. 그리고 두 번 다시 살아나지 않는다.

백만 번이나 산 고양이가 두 번 다시 살아나지 않은 이유는 무엇일까? 과연 삶과 죽음이 무한하다면 좋을까? 한 번뿐인 삶을 살며 죽음을 두려워하기보다 두 번 다시 되살아나지 않아도 후회가 없을 만큼 지금 내 삶을 사는 것이, 내가 원하는 모습으로 누군가를 진심으로 사랑하며 울어줄 수 있는 마음을 갖는 것이 앞으로 내가 살아가는 삶의 목적이다.

숨겨진
재능을
꺼내 봐!

재능 컨설턴트 · 나예주

재취업을 고민하는 2030들의 성향분석을 토대로 숨겨진 재능을 찾고 꺼내어 실현할 수 있도록 퍼스널브랜딩 재능창업을 돕는 재능컨설턴트(Talent Consultant). 나예주출판사, 재능실험소 대표. 사회복지사로 10여 년간 현장에서(장애인, 노인, 다문화, 아동) 다양하게 일해 왔으며 17여 년간 다양한 자격증을 취득했다. 현재 부설인 나예주 성향분석연구소를 함께 운영하고 있으며 온라인으로 상담&코칭을 진행하고 있다.

보유 자격증

웃음치료사&레크리에이션1급
건강가정사, 사회복지사2급, 성폭력상담사
특수아동지도사, 소셜미디어전문강사, 명강사
스피치지도사1급, 예비부부코칭지도사, 긍정심리사
부모리더십 상담사1급, 어린이책스토리텔러2급
행복습관코치 수료, 그림책창작지도사 2급
교육연극지도사 2급, 생태놀이지도사 2급, 부모교육
연구원 수료, 성향분석 전문가 수료, 감정코칭 2급
마음디자인지도사 2급, 브랜딩올인원 수료
라이브커머스 전문가 수료, DID97기 강연&치유 수료

경력

행복습관성장학교 홍보팀장
한국동화구연지도사협회 세종종촌분회장
한국작가협회 운영진
한국독서협회 임원진
1인기업협회 정회원

공저

응답하는 SNS 마케팅
애프터 코로나, 위기를 기회로 바꾸는 법

이메일 nayejoo7@naver.com
나예주출판사(행복을 읽어주는 여자) 블로그 blog.naver.com/ez2talking
재능실험소(재능디자인클럽) 블로그 blog.naver.com/talentlab7
유튜브 나예주TV 행복을 읽어주는 여자 www.youtube.com/channel/UCDVbI-AFOjTau58LmeNkSwDg/featured

〈강의&코칭 분야〉 1:1 온라인&오프라인 코칭
아동&청소년: 컬러DNA 인적성검사+강점코칭
예비부부: 컬러DNA 직무적성검사+이마고 코칭
1인 기업: 컬러DNA 직무적성검사+퍼스널브랜딩 코칭
예약방법: 문자&카톡 예약자(QR코드 스캔)

숨겨진 재능을
꺼내는 시간

지금 나는 엄밀히 따지면 세 번째 책을 쓰고 있다. 2014년 첫 번째 책 『응답하는 SNS 마케팅』, 2021년 6월 두 번째 책 『애프터 코로나, 위기를 기회로 바꾸는 법』에 이어 세 번째 공저다. 이 책을 통해 잠시나마 나를 만나는 독자들에게 숨겨진 재능을 꺼낼 수 있는 용기와 희망을 주고 싶다.

재능을 꺼낸다는 것은 내가 누구인지? 내가 잘하는 것은 무엇이며 무엇을 좋아하는지 나에 대해서 돌아보는 시간들이 중요함을 의미한다. 나역시 내가 누구인지 깨닫기 위해 돌아온 시간이 무려 17년이 흘렀다.

배움에 목말랐던 나는 늘 무언가를 듣기에 바빴다. 자기계발을 놓았던 적이 없었다. 그런 나를 보고 지인은 이렇게 말했다. "뭘 공부를 이리도 많이 하냐. 도대체 뭐가 되려고 그러나 몰라. 다 어따 쓴대? 하나에만 집중해 봐." 나를 위한다고 한 그 말이 그 당시에는 내 마음의 비수로 꽂혔다. 나도 내가 왜 이러는지 몰랐다.

지금 와서 생각해 보면 나는 나를 찾고 싶었다. 내가 진짜로 좋아하는 게 무엇인지 끊임없이 찾았고 도전했고 실패의 씨들이 모여 '재능실험소'를 만들게 되었다. 해 보지 않고 머릿속에만 간직했다면 지금의 결과는 없었을 것이다. 그렇다고 내가 성공했다는 말은 아니다. 성공과 실패는 한끗 차이라고 하지 않던가?

성공을 하던 실패를 하던 중요한건 결과가 아니다. 결과가 무시될 수는 없지만 그 무엇이 되었든 도전하는 이 과정을 통해 우리의 인생은 숙성된다고 나는 믿는다. 우리가 인생을 살면서 내 안에 간직한 보물을 꺼내고 그 보물이 다른 사람을 위해 좋은 일에 쓰임 받는다면 그보다 기쁜 일은 없을 것이다.

내가 만약 20대로 돌아간다면? 젊음으로 무엇이든 해낼 나이다. 물론 나는 그 시절 경제적인 힘듦 앞에서 속수무책으로 투잡, 쓰리잡을 하며 보내야 했지만 다양한 여러 직업을 체험해 볼 수 있었다. 서빙, 택배, 콜센터, 전단지, 편의점 캐셔, 리서치, 활동보조 등 다양한 경험을 통해 남들은 해 보지 않은 일을 할 수 있었고 누군가 물어보면 다양한 이야기를 들려줄 수 있다.

지금의 세대는 또 다른 세대에 와 있다. 그때 내 시대와 똑같을 수는 없지만 그때 내가 고민했던 취업, 결혼의 키워드는 비슷하다고 본다. 어떤 길을 향해 나아갈지 꼭 생각해 보는 시간을 갖기를 바란다. 열심히 현재를 살아내고 또 한편의 꿈을 그리며 지금 이 순간들을 채워나간다면 또 다른 길은 만들어질 것이다. 이제 내 나이 30대 후반을 지나 40대를 향해 달려간다. 재능을 찾기 위해 달려왔던 지난날들이 있어 나는 행복하다. 나와 같은 꿈을 꾸는 사람들에게 내가 조금이나마 도움이 될 수 있다면 그걸로 족하다. 세상의 무수히 들끓는 소음과 공해 속에서 나를 찾고 숨겨진 재능을 꺼내어 실현하자.

숨겨진 재능을 꺼내는 시간은 바로 지금이다. 내가 좋아하는 걸 찾기 위해 돌고 돌아왔던 그 시간들이 있었기에 지금의 내가 있다. 그리고 또 하나의 꿈을 꾸기 위해 지금 이 글을 쓰고 있다. 나의 글이 누군가에게는 작은 희망이 되어 꿈을 꾸고 시작할 수 있는 계기가 되기를 간절히 바란다.

다시 오지 않을 지금을 즐겨라. 그리고 도전하라!

당신의 청춘을 뜨겁게 응원한다.

배움 찾아 헤맨 17년
'후회 없는 선택'

> 행복하게 여행하려면 가볍게 여행해야 한다.
>
> – 생텍쥐페리

방송출연 소녀가장의 삶

누구나 인생에는 삶의 곡선이 있다. 오르막길과 내리막길을 잘 살펴보면 나의 10대의 시절은 하향곡선이었다. 친구들과 마냥 노는 게 좋았던 그 시절 나는 할머니를 도와 집안일과 부업일을 해야 했다. 새벽에는 고물을 줍는 일도 했다. 할머니가 리어카를 끌고 동네에 다니면 나는 그 뒤를 따라가 박스를 뜯고 접었다. 어느 날은 2시간이 넘는 거리를 걸어서 시내에서 박스를 주워서 오는 길 할머니는 하얀 장갑을 끼고 있었는데 장갑이 빨갛게 물들었다. 나는 깜짝 놀랐다. 밤이라 어두웠는데 가로등 아래 있는 박스를 접다가 그 안에 있는 유리병에 찔린 것이다. "할머니 어떡해요. 나 때문이야." 눈물을 흘리며 엉엉 울었던 기억이 있다. 무서운 분이긴 했지만 나를 키우기 위해 온갖 잡다한 일을 마다하지 않으신 그런 분이다.

어느 날은 누군가의 제보로 TJB 방송국에서 나를 촬영했다. 리어카를 밀고 있는 모습과 바퀴벌레와 쥐가 들끓는 집에서 살고 있는 모습을 촬영했는데 나는 촬영하고 싶지 않았지만 선택의 여지가 없었다. 그렇다. 나는 소녀가장이었다. 그때 촬영해 준 흑백 사진의 기억이 아직도 선명하다.

2020년 9월 17일 할머니는 하직하셨다. 할머니를 떠나보내며 남편의 손을 잡고 하염없이 울었다.

"할머니, 나 잘살게. 걱정하지 말고 편안하게 가세요. 남편이랑도 싸우지 않고 잘살게."

"이년아, 너 할머니 떠나면 엄청 울 거여." 했던 그 말이 계속 내 머릿속을 맴돈다.

하향곡선이었던 내 삶에서 한 줄기 빛은 나를 늘 비춰주고 있었다. 포기하지 않고 살아온 나의 인생에서 나는 무얼 하면 행복할까? 내 적성에 맞는 일은 뭘까? 고민하며 이어져온 시간들이 17년이 흘렀다. 배우는 것만큼은 아낌이 없었던 내가 내린 결론은 하나다.

'하고 싶은 일은 하고 살자.'

오늘이 지나면 내일은 당연하게 온다. 그렇지만 그 당연함의 끝에서 내일을 보지 못하는 사람도 있다. 결국 우리의 삶은 끝나는 시점이 온다. 그 끝에서 후회치 않기 위해 지금 내가 생각한 일들을 하나하나 실행하며 해 본다. 지금 이 글을 읽고 있는 독자는 무얼 하고 싶은가? 나에게 내일이 없다면 오늘 무엇을 할 것인가? 마음속에 간직한 하고 싶은 일, 숨겨진 재능을 끌어올려 실행하도록 돕는 나예주가 되고 싶다. 내가 재능실험소를 만든 이유이기도 하다.

배움 찾아 떠난 21살의 서울 나들이

20대 때 역시 나는 쉬지 않고 일을 했다. 그렇지만 내가 놓지 않은 한 가지가 있다. 그건 바로 '배움'. 배우는 곳이라면 그 어디든 달려갔다. 고 등학교를 졸업 후 공주에 있는 전문훈련원 학교에 들어갔다. 그 곳에서 기숙사 생활은 나의 첫 탈출구였다. 기숙사 생활을 하며 주말이나 명절 때는 호두과자 파는 아르바이트를 했다. 그 돈을 모아 운전면허 자격증을 취득했다. 운전면허를 따는 과정에서 필기에서는 무려 4번이나 떨어졌지 만 다시 도전하고 도전하여 결국 필기에 합격했다.

어느 날 문득 블로그를 검색하다 웃음치료사 & 레크리에이션 자격증 취 득을 보게 되었고 또 돈을 모아 무작정 기차를 탔다. '나의 첫 서울나들 이'는 그렇게 시작되었다. 정말 많은 사람들이 모였다. 300명 가까이나 되 는 사람들이 모여 자격증 취득이라니 그 당시 정말 대단한 인기였다.

자격증을 취득하고 싶었던 이유는 웃음치료사가 되어 나 자신에게 위 로를 건네고 싶었고 다른 사람에게도 웃음을 주고 싶었다. 하하하 호호 호 히히히 그때의 기억이 나를 살아가게 하니 참으로 경험은 소중하다.

처음 서울에 올라갔을 때 아는 사람 하나 없는 그곳에서 사람인데 두 려움이 올라오지 않았다면 거짓말일 것이다. 그러나 그것보다 먼저 앞선 감정은 '설렘'이었다. 웃음치료사 & 레크리에이션 자격증 취득 후 또 다시 서울을 찾았다. '성공 강의'. 재미난 이야기와 맛깔나는 입담으로 사람의 마음을 움직이는 강사가 참 멋져보였다. 어떻게 해서 성공을 한 거지? 궁 금했고 연구하고 싶었다. 명품인재 양성의 메카라며 슬로건을 내걸었던 그곳에서 나는 13명의 사람들을 얻었다. 그 당시 회장이었던 이 대표는 지금 현재 가수와 강사로 활발하게 멋진 인생을 살고 있다. 친근했던 최 대표는 현재 쇼핑몰을 운영 중이며 고군분투하는 멋진 삶을 보내고 있다. 그때 당시 내가 작성한 성공 미션을 지금 읽어보니 내가 과거에도 이런 생각을 했구나 하고 그 시절을 추억하게 된다.

'이 세상에서 행복하지 않은 사람은 없다. 단지 그 행복을 내 것이 아니라 밀어내고, 시간에 쫓기듯 세상을 살아가고 있기 때문이다. 나는 행복을 이끌어내는 신비한 능력을 가진 초능력자다.'

나의 자격증 취득은 계속되었다. 평생 배움으로 투자한 돈은 5천만 원을 넘는다. 낮에는 장애인단체에서 일을 하고 야간으로 학교를 다니며 사회복지사 공부를 했고, 2013년에는 일을 하며 부딪치는 마케팅 문제에 SNS 마케팅 과정을 수료했다. 그 후에도 필요에 의해 다양한 배움을 실천했다.

누군가는 말한다. 도대체 뭐하는데 그렇게 배우러 다니느냐고. '한 우물을 파라'고 말했지만 모든 것이 나에게는 호기심이었고 나의 성향상 내가 경험해 보지 않으면 믿지 않는 고집도 있었기에 배움의 시간이 지금까지 이어져온 것 같다.

자격증 취득이 나의 스펙을 만들어주었나? 스펙은 뭐라고 생각하는가? 결과로 따지면 자격증 취득이지만 결과로만 이야기하고 싶지 않다. 자격증을 따기 위해 고군분투했던 나의 시간과 노력들, 과정이 있었기에 지금의 내가 있다.

- ▶ 2001년 10월 / 전산회계 2급
- ▶ 2002년 10월 / 컴퓨터 활용능력 3급
- ▶ 2002년 12월 / 워드프로세서 1급
- ▶ 2005년 12월 / 운전면허 1종
- ▶ 2006년 08월 / 웃음치료사, 레크리에이션 1급
- ▶ 2007년 07월 / 복지, 실버 레크리에이션 1급
- ▶ 2009년 02월 / 요양보호사 1급
- ▶ 2010년 02월 / 건강가정사
- ▶ 2010년 03월 / 사회복지사 2급
- ▶ 2010년 10월 / 성폭력 상담사
- ▶ 2012년 08월 / 특수아동지도사
- ▶ 2013년 12월 / 기자아카데미 sns 활용 당선 전략과정 수료중
- ▶ 2014년 01월 / 소셜미디어 전문강사 수료중
  공저 > 응답하는 sns 마케팅
- ▶ 2014년 05월 / 명강사스피치지도사 2급
- ▶ 2014년 05월 / 예비부부코칭지도사
- ▶ 2014년 07월 / 명강사스피치지도사 1급
- ▶ 2014년 07월 / 긍정심리사
- ▶ 2015년 02월 / 부모리더십 상담사 1급
- ▶ 2016년 12월 / 어린이책 스토리텔러 2급
- ▶ 2018년 01월 / HD감정코칭강사 2급
- ▶ 2019년 03월 / 행복습관 코치 수료중
- ▶ 2019년 04월, 08월 / 그림책창작지도사 2급, 3급
- ▶ 2019년 12월 / 교육연극지도사 2급
- ▶ 2019년 12월 / 생태놀이지도사 2급
- ▶ 2020년 01월 / 파워포인트 수료
- ▶ 2020년 02월 / 부모교육수석연구원 수료

재능실험소 <재능디자인클럽> ▾

2001년부터 시작된 배움 (자격증 보유 현황)

재능실험소 <재능디자인클럽> ▾

- ▶ 2020년 02월 / 성향 분석 전문가 수료
- ▶ 2021년 02월 / 마음디자인지도사 수료
- ▶ 2021년 03월 / 브랜딩 올인원 수료
- ▶ 2021년 02월 / 라이브 커머스 기초, 심화 수료
- ▶ 2021년 05월 / 라이브 커머스 전문가 수료
- ▶ 2021년 06월 / DID 97기 강연&치유 수료
  공저 > 애프터 코로나, 위기를 기회로 바꾸는 법 출판

낭독, 디지털튜터, 온라인키즈선생님, 쿠팡파트너스
블로그 마케팅, 드로잉, 포토샵, 일러스트 등

2001년부터 시작된 배움 (자격증 보유 현황)

나예주 자격증 보유

인생은 선택의 연속

한 사람이 일생을 살아낸다는 건 '기적'이다. 기적 같은 인생을 살아내고 있는 당신은 참 멋지다. 거울을 바라보라. '지금 나의 모습은 어떤가?' 거울 속에 비춰진 나의 모습은 누가 만든 것인가? 누가 선택한 삶인가? 그 누구도 아닌 바로 내가 선택한 나의 삶이다. 삶의 책임은 온전히 나에게 있다. 비난하고 원망해봤자 돌아오는 건 아무것도 없다. 그러니 이제

선택을 하자.

눈을 뜨고 잠자는 순간까지 고민하고 선택한다. 선택의 순간이 가끔 후회가 될 때도 있지만 경험적인 측면에서 나쁘지 않다. 왜? 다음번엔 좀 더 좋은 선택을 하면 된다. 괜찮다!

지금 내 인생은 누가 선택했다? 바로 당신이 선택한 인생이다. 태어난 건 내 선택이 아니었지만 삶을 선택하는 건 내 결정이다. 그 누구의 결정도 아니다. 부모의 참견이나 간섭으로 이어지는 내 인생이라면 이제는 나만의 주도권으로 내 인생을 바꿀 차례다. 이제는 그럴 나이다. 더 이상 누군가의 말에 흔들리지 말자.

좋은 선택을 하고도 내가 이 일을 하는 게 맞나? 이 길이 아니면 어떡하지? 고민을 할 수 있다. 고민은 당연하다. 아무리 좋은 선택이어도 나의 삶이 반영되었기에 내가 앞으로 살아갈 인생이기에 당연한 거 아닐까? 현재는 좋은 선택이었다고 해도 어느 순간 마음과 상황이 바뀔 수 있다. 그러나 중요한 건 이것이다.

'어떤 선택이 되었든 후회하지 말자. 왜? 내가 한 선택이니까. 우리는 존엄한 인간으로서 내가 한 결정에 책임질 수 있는 나이니까 말이다.'

20대, 나를 찾아가는
적성탐구

네 믿음은 네 생각이 된다. 네 생각은 네 말이 된다.
네 말은 네 행동이 된다. 네 행동은 네 습관이 된다.
네 습관은 네 가치가 된다. 네 가치는 네 운명이 된다.

– 마하트마 간디

비난을 듣고 극복한 청년

군대를 졸업하고 비난의 말을 들으며 견뎠던 한 청년이 있다. 군대에 다녀왔지만 할 줄 아는 게 아무것도 없었던 그는 생활비와 집안의 빚을 책임져야 했기에 경비원이 되었다. 그러던 어느 날 팀장이라는 사람에게 그는 비난의 말을 들어야 했다.

"너 가난하다며. 고졸이잖아. 너 할 줄 아는 거 아무것도 없잖아. 너 같은 애가 경비하는 거야. 이번 생은 죽었다 생각해."

탈의실에 물을 마시며 마음을 달랬지만 눈에서 눈물이 주룩주룩 흘렀고 그는 그렇게 퇴사를 했다. 사건이 있었던 그날 지하철에서 일할 곳을 찾던 중 직접 로스팅하는 카페에서 썩은 콩을 고르는 알바생의 모집 공고를 보고 일을 하기 시작했다. 그러던 중 그 카페에서 바리스타 대회를 한 다며 참가할 사람과 심사위원을 블로그로 모아오라고 하였고 어머니를 도 와 블로그 파워포인트를 만든 경험이 있었던 그는 본사 팀장의 눈에 띄어 바리스타 마케팅을 시작한다. 그것을 토대로 블로그 공부, 페이스북 마케 팅, 콘텐츠 만드는 방법 등을 공부하고 적용하며 천 명 이상의 지원자가 몰리는 결과를 만들었다. 그 후 본사 스카웃 제의를 받았고 한 달 90만 원을 받던 아르바이트생에서 160만 원을 받는 진짜 마케터가 되었다.

마케터로서 온라인 쇼핑몰 기획, 페이스북, 북한산 트로트에 가서 춤을 추며 마케팅하는 방법 등을 경험하고 몇 년 후 퇴사를 하고 잠깐의 휴식 끝에 스타트업 마케팅 팀장으로서 열심히 일했다. 그러던 중 청천벽력의 소식이 들려온다. 월급을 줄 돈마저 없다며, 다니던 회사가 대기업에 매각 된 것이다.

다시 일을 하고자 일할 곳을 찾지만 채용 하는 곳마다 대학교 졸업자 를 찾고 그는 고등학교 졸업자였기에 낙심한다. 그러다 우연히 한 영상을 접하며 다시 시작할 용기를 얻는다. 내가 일했던 경험과 지식으로 창업을 하여 승부하겠다고 다짐한다. 그동안 경험했던 모든 노하우를 자신에게 적용하기 시작했다. 미친 듯이 공부했다. 할 수 있는 건 뭐든지 다 했다. 그러다 우연히 어느 날 유튜브를 해야겠다는 생각을 했고 영상을 만들어 업로드했다. 그런데 아무런 기대감 없이 올린 영상들의 조회 수가 천 명, 2천 명을 넘어 계속적으로 사람들의 관심을 받기 시작했다. 지금 이 내용 의 주인공은 구독자 14만 명을 보유하고 억대 소득 사업가로 변신한 '일헥 타르' 대표이다.

지금은 결혼을 하고 가지고 있던 빚도 모두 상환했다. 나하고는 전혀 일면식도 없는 대표이지만 그의 이야기는 다른 사람의 마음을 감동시켰다. 아무것도 없었지만 희망의 끈을 놓지 않고 자신에게 주어진 상황 속에서 열심히 노력한 결과 이루어낸 땀방울을 보며 정말 멋지다는 생각을 한다. 지금 이 글을 읽고 있는 독자들 중에서도 힘든 상황에 처해있는 사람도 있을 것이다. 그러나 힘을 내라!!

아무리 밑바닥이라도 아무리 가진 것이 없어도 만들어나가면 된다. 시작의 첫 걸음 그 무엇이 되었든 만들자! 지금 나는 무엇을 만들 것인가?

좋아하는 일을 직업으로 만든 청년

생각했던 것들을 실천으로 옮기는 사람은 과연 몇 명이나 될까? 생각에서 머무르지 않고 자신이 좋아하는 일을 직업으로 삼아 일하고 있는 사람은 얼마나 있을까? 청년의 대부분은 어떤 시간들을 보낼까?

보통은 대학교에서 취업준비를 한다. 그리고 취업을 했다 하더라도 회사 안에서의 일을 하느라 대부분의 시간을 흘려보낸다. 그 시간들을 통해서 얻어지는 경험도 물론 중요하지만 빠르게 흘러가는 시대에서 나만의 중심을 잡고 좋아하는 일로 승부를 건 청년이 있다.

이 청년은 지금 한 회사의 대표로 자신이 좋아하는 일을 하며 디지털 노마드의 삶을 살고 있다. 그는 서울에서 제주도로 내려왔다. 제주도에서 어떤 일을 하고 싶어서 내려온 걸까? 시작은 단순했다. 이유인즉슨 정부

지원 사업을 받고 싶었고 그러기 위해서는 조건이 있었다. 자가 6개월 이상, 임대 3년 이상이었다. 또 다른 출발점의 이유는 여자 친구를 만난 곳이 제주도이고 만난 곳에서의 행복한 기억들이 있어서 본능적으로 그 곳을 선택했다.

디지털노마드로서 온라인셀링, 에어비앤비, 블로그 체험단 등을 통해 수입을 만들어나가고 있는 그는 거절을 두려워하지 않았다. 처음 온라인셀링을 하면서 위탁판매 업체를 선정하는데도 수십 번의 거절이 있었고, 에어비앤비를 운영하며 협찬을 받기 위해 무려 80개의 업체에 연락을 했고 결국 그는 12개 업체로부터 협찬을 받았다.

'거절당할 게 두려우면 이야기도 못한다. 거절 당하는 게 두렵지 않다. 한 번만 되어도 성공이다.'

그는 이렇게 스스로 다짐했다.

맞는 말이다. 무언가를 실행함에 있어 거절은 좌절을 맛보게 하지만 좌절의 경험이 아닌 단 한 번의 성공을 경험해 보는 것, 그 한 번의 경험이 또 다른 경험을 낳는다.

제주도 서귀포에서 에어비앤비를 운영하고 있는 서형준 대표는 지금 하고 있는 일이 따로 떨어져있는 것처럼 보이지만 모두 유기점이 있다고 말한다. 온라인셀링을 하며 본사에 직접 연락하여 찾아가고 블로그에 올린 내용들을 포드폴리오 삼아 보여주고 위탁 계약을 하나하나 늘려가며 순위를 매기고 비슷한 상품을 계속 올려보며 자신만의 경험치를 늘려갔다.

에어비앤비를 하기 전에는 게스트 스태프로서 청소 일을 했던 경험이 있다. 거울이 어떻게 하면 반짝반짝 윤이 나게 하는지 그 당시에는 일로서 시작했지만 결국 경험으로 남았고 자신이 좋아하는 일을 하며 디지털 노마드로서의 삶을 살아가는 자양분이 되었다.

재능 타고남 VS 만듦

두 사람 모두 천부적인 재능을 타고난 걸까? 그렇지 않았다. 힘든 시련과 아픔 속에서 버텨내고 이겨내며 묵묵히 자신만의 길을 만들었다. 뭐든지 한 번에 이루어지는 건 없다. 자신만의 프로젝트를 만들고 지속적으로 시도하고 실패하며 만들어진다. 우리의 성격은 몇 퍼센트의 확률로 나눌 수 있을까? 내가 공부한 컬러 DNA 성향분석에 의하면 우리가 이 세상에 응애 하고 태어나며 선천적으로 타고나는 성격 50%, 6세 이전 환경에 의해 형성되는 성격 25%, 나머지 경험과 교육으로 형성되는 성격이 25% 이다. 일대일 성향분석을 통해 상담하며 개인의 적성과 소질에 맞는 일은 따로 있다는 걸 알아냈다. 그렇지만 모든 일은 결국 내가 해 봐야 안다는 것이다.

나만의 재능을 찾기 위해 나 자신을 들여다보는 시간이 꼭 필요하다. 아래 표에 소개한 내용에 글을 써보며 적어보길 권고한다. 재능을 찾는 방법은 다양하지만 몇 가지를 소개한다.

재능실험소 연구 질문
✓ 어릴 적 장래희망은 무엇이었는가?
　(주위 어른들에게 들었던 칭찬의 말도 좋다. 그때 당시 무엇을 했으며 무엇을 좋아했는가?)

✓ 남이 시키지 않아도 즐겁게 할 수 있는 일은?

    (내가 좋아서 나도 모르게 습관적으로 하고 있는 행동을 떠올려라.)

✓ 내가 여태까지 배운 공부들은 무엇이 있는가?

    (그 어떤 것이든 상관없다. 내가 해왔던 공부들을 기억한다.)

✓ 내가 들었던 칭찬 중에서 기억에 남는 것은?

    (인생을 살아오면서 이것만큼은 잘한다 했던 사소한 칭찬을 떠올린다.)

✓ 주위 사람들이 나에게 하는 부탁은?

    (이것 좀 해 줘, 알아봐 줘, 도와 줘, 어떻게 하면 좋을까 등 평소에 받았던 부탁을 떠올린다.)

선택의 갈림길에 선
20대에게 건네는 희망 메시지

> 인생에서 원하는 것을 얻기 위한 첫 번째 단계는 내가 무엇을 원하
> 는지 결정하는 것이다.
>
> – 벤 스타인

나를 설레게 하는 옥시토신을 찾아라

영화 〈너의 결혼식〉 도입부에는 이런 말이 나온다.

내 인생은 불가능의 연속들이었다. 하지만 불가능이란 사실이 아니
라 하나의 의견일 뿐 불가능을 가능으로 만드는 과정은 험난하다. 때
로는 부딪혀야 하고 다쳐서 흉터를 남길 수도 있다. 하지만 흉터는 상
처를 극복했다는 의미, 불가능을 가능하게 만드는 최고의 힘 그건 바
로 사랑이다.

주인공 우연은 고등학교 때 만난 첫사랑 승희를 처음 본 순간부터 사랑
에 빠졌고 승희를 쫓아다니며 결국 공식커플로 이어지려는 그때, 어느 날

갑자기 잘 지내라는 전화 한 통을 남기고 승희와 헤어진다. 승희와 약속한 대학에 가기 위해 이를 악물고 공부를 한 끝에 결국 1년 뒤 대학교에 합격했다. 대학교에 들어가서 그녀를 만나지만 남자친구가 있다. 그는 포기했을까? 포기하지 않았다. 결국 그녀와 연애를 한다.

비록 사랑에 골인하기 위한 멜로영화를 이야기했지만 이런 질문을 던지고 싶다. '나는 언제 두근거릴까?' 내가 두근거리고 떨렸던 순간들은 언제가 있었을까? 나의 이야기를 잠깐 하자면 나의 동반자를 처음 만났을 때 마음이 콩닥거림을 느낄 수 있었다. 시간을 거슬러 그때를 떠올려 본다면 계절은 가을이었다. 트렌치코트를 입고 전봇대 앞에서 헬스장 전단을 바라보고 있는 그의 모습에 내 심장은 어찌도 그렇게 두근거렸던지 "뭐 하세요?"라는 그 한마디가 떨림이 있었던 시절이다.

사랑하면 '옥시토신'이 활성화가 되어 정서적인 안정감을 느끼게 되며 그 무엇이든 해낼 힘을 갖게 한다. 그런데 꼭 이 이야기가 남녀 간의 사랑에만 해당이 될까? 그렇지 않다. 대학교에 입학하던 순간, 이력서를 내고 면접을 보고 합격을 기다리는 기다림의 순간, 결혼식장에 따따따 입장하던 순간, 10개월간 배 속에 있었던 아이를 품에 안던 순간 등 두근거림을 느끼는 순간들이 우리에게는 참 많다. 두근거림의 시작은 아주 작은 것에서 출발한다.

이 질문에 꼭 답해 보기를 바란다.

1. 나를 설레게 하는 옥시토신은 무엇인가? (작은 취미에서 찾기)

　　　　　는 　　　　　할 때 좋다. 특히 　　　　　 설렌다.

게임	곤충수집	골프	공부	공예
낚시	노래	댄스	독서	드라마시청
드라이브	드로잉	등산	디자인	레이싱
레크리에이션	마사지	마케팅	맛집탐방	메이크업
명상	보드게임	볼링	봉사	사진촬영
쇼핑	숙면	십자수	애완동물	여행
영상제작	영어공부	영화관람	예능시청	요리
운동	음악감상	인터뷰	일	자전거하이킹
재테크	조립	축구	캘리그라피	캠핑
코딩	패션코디	피규어수집	헤어	홈쇼핑

〈재능실험소 나예주 예시〉

나예주는 <u>드라마를</u> 시청할 때 좋다. 특히 로맨스와 유머가 있으면 설렌다.
나예주는 음악감상할 때 좋다. 특히 클래식을 들으면 설렌다.
나예주는 <u>등산할</u> 때 좋다. 특히 정상에 올랐을 때 설렌다.

2. 나를 설레게 하는 옥시토신은 무엇인가? (긍정 단어 3개 찾기)

나는 _____ 할 때 행복하다. 이유는 _____ 때문이다.

감사	건강	경청	교감	규칙
기회	나눔	노력	도움	도전
말	명상	목표	발돋움	발전
배움	베풂	변화	사랑	선택
성공	성장	성취	승리	신뢰

여유	여행	열쇠	용기	웃음
유연	응원	이야기	인간관계	인내
인정	자유	전진	절제	정리
존중	진취	창조	추진	친절
침묵	칭찬	포옹	함께	협력

〈재능실험소 나예주 예시〉

나예주는 도전, 배움, 성장할 때 행복하다. 이유는 내가 살아있다고 느껴지기 때문이다.

질문에 답을 해 보며 어디에서 설렘이 느껴졌는가? 재능을 찾는 첫 걸음은 내면의 목소리에 귀를 기울이고 지금 나의 관심과 흥미가 어디에 있는지 찾는 것에서부터 시작된다. 흘러만 가는 시간을 우리는 붙잡을 수 없다. 흘러가는 시간 속에서 오늘부터 나는 무엇을 할 것인가? 설레는 순간을 찾고 나만의 두근거림을 의식적으로 하나하나 만들어나가면 아무리 힘든 순간도 옥시토신의 힘으로 물리칠 수 있다.

나 자신과의 타협점을 찾아라

'날개를 활짝 펴고 세상을 자유롭게 날 거야~ 노래하며 춤추는 나는 아름다운 나비'라는 노랫말이 있다. 바로 윤도현 밴드의 '나는 나비'이다. 한 마리 나비가 탄생하는 과정을 우리 인생과 비유해 본다. 동그란 알에서 애벌레가 되고 번데기를 거쳐 나비로 탄생하는 자연의 신비함은 정말 아름답다. 우리 또한 작은 씨앗에서 큰 생명으로 자라났다. 귀하고 귀한 생명을 얻은 자체가 정말 기적이다.

기적 같은 일상을 살아내고 있는 현재 바이러스로 인해 마스크로 입을 가리고 눈을 가리고 마음을 가려버리는 경우가 생기고 있다. '코로나 블루(코로나 우울)'. 코로나19와 우울감이 합쳐진 신조어다. 금방 끝날 줄 알았던 코로나바이러스는 생각보다 장기전으로 이어지고 있으며 또 다른 바이러스가 우리의 일상을 갉아먹고 있다.

확진자가 나올 때마다 울리는 문자를 보며 "오늘은 몇 명 나왔네." 자연스럽게 받아들인다. 사회적 거리두기로 아이들은 마음껏 뛰어놀지도 못하는 세상이 되었다. 참 슬픈 일이다. 슬픈 일이지만 내가 치료제를 개발할 수는 없다. 바이러스를 청소기에 넣어 사라지게 하는 마법이 나에게는 없다. 결국 우리는 현실과 타협해야 할 수밖에 없다. 이왕이면 좋은 타협을 끌어내는 게 좋지 않을까?

'타협'은 어떤 일을 서로 양보해서 협의하는 걸 말한다. 이 뜻은 모두 알고 있는 사실이다.

사업하는 대표는 직원과 타협을 한다. 직원은 사장님과 타협을 원한다. 국가는 시민과 타협을 하고자 한다. 아내는 남편과 타협을 하고 아이는 엄마와 타협을 하고자 한다. 지금 내가 말하는 타협은 그 어떤 누구도 아닌 바로 나 자신과의 타협이다.

나는 나와 어떤 타협을 할 것인가? 힘들어진 세상이라며 세상을 탓만 할 것인가? 다른 목적지를 정하고 그 목적지에 맞추어 나만의 스텝을 밟아나갈 것인가? 나 역시 자신과의 타협점을 찾기 위해 무수히 많은 시간을 돌아왔다. 무려 17년이란 시간 동안 돌고 돌아와 2021년 2월 재능실험소를 만들게 되었고 그 시간 속에서 끊임없이 나 자신과 타협해야 했다. 지금 글을 읽고 있는 독자가 마음의 타협점을 찾고 숨겨진 재능을 꺼내어 당신이 훨훨 이 세상을 날았으면 좋겠다.

결핍은 인생 최대의 기회다

지금 생각해 보면 모든 것은 나의 '결핍'에서 시작되었다. 나의 부족한 점을 채우고 싶었고 지식의 양을 축적하고 싶었고 더 전문적인 사람이 되길 원했다. 꼭 그래야만 될 것 같았다. 사람마다 관심 분야는 다르고 다양하다. 그 무엇을 확정할 수는 없지만 '평생' 배움은 계속되어야 한다. 유치원부터 대학교까지의 교육만이 공부가 아닌 삶에서의 인생 공부는 필수다.

컴퍼니빌더(사업선정부터 투자유치 및 마케팅 전략가) 박지웅 대표는 투자회사에서 수석 투자심사자로 근무한 4년 동안 30여 개 투자 결정을 했으며 400억 규모의 투자금을 유치했다. 성공적인 결과를 이루어내기 위해 그는 어떤 결핍을 통해 그만큼 성장할 수 있었던 걸까?

그는 일반 고등학교를 졸업하고 포항공대에 입학했다. 입학했을 당시 한 학년이 300명이었는데 절반이 과학고등학교 출신이었다. 교수님이 알려주지 않는데도 과제를 내주면 다른 동기들은 알아서 척척 해내는 모습을 보며 자신의 결핍을 느꼈다. 그동안 잘해왔다고 믿고 있었던 그는 다른 사람과의 실력 차이를 몸소 느끼며 두 달 가까이 방에서 나온 적이 손에 꼽힐 정도로 심오한 고민과 다른 돌파구를 애타게 찾았다.

그러던 중 외국계 경영 컨설팅 회사와 외국계 투자 은행을 발견하며 경영학 공부에 독학으로 전념한다. 포항공대 최초로 경영 동아리까지 창설하며 경영학의 공부에 완전히 파고들었던 그는 취업이라는 난관에 부딪히지만 28살 첫 직장인 벤처 캐피탈 회사에 입사한다. 입사하여 투자를 다른 눈으로 끊임없이 바라보고 공부하며 지금의 성공에까지 이르렀다.

성공의 문턱은 쉽게 주어지지 않았지만, 박지웅 대표는 실패에서 끝나지 않고 자신과의 고민 끝에 결국 해답을 찾아냈다.

나 또한 많은 결핍의 문들이 있었다. 결혼할 때 함께 사진 찍어줄 가족이 없었지만 어린 시절부터 후원을 해준 오랜 인연이 함께했다. 고등학교를 졸업하고 대학교가 아닌 직업학교에 갔을 때 남들은 경험하지 못하는 공학의 세계를 접했다. 아이를 낳고 조울증이 왔었지만, 첫 번째 사업을 시작하며 마케팅에 입문했다. 시작한 첫 사업이 2년이 되기도 전에 폐업했지만, 영업의 길을 알게 되었고 실패를 통해 다시 일어났다.

2021년 그동안 준비하고 고민한 모든 것들의 집합체로 나는 결국 두 번째 사업자등록증을 냈다. '재능실험소'. 어릴 적 꿈은 탤런트(talent)였다. 중학교 때 사진을 찍어 오디션에 보냈다. 고등학교 때는 연극반에 들어가 연극을 했으며 어린이 책 스토리텔러로 700회 이상 어린이집과 유치원을 다니며 강의한 경험도 있다. 어릴 적 간직한 탤런트의 꿈이 현재 모습을 이끌었다.

누구나 자신 안에 꼭꼭 숨겨진 재능이 있다. 재능을 꺼내어 실행하고 부딪히는 걸 나는 좋아하고 잘한다. 나처럼 고민했던 사람들에게 동기부여하며 실행할 힘을 주고 싶다. 그게 바로 재능실험소를 만든 이유다. 계속 시도하며 지금은 이런 계획들을 가지고 있다. 계획대로 되지 않는 인생이지만 한 번 해 보는 거다. 뭐든지 부딪혀야 한다.

나예주 계획 프로그램

, 재능창업패키지 다(跢)드림
, 방구석 오디오북(오디텔링)

재능창업패키지 다(跢)드림의 슬로건은 '어린아이처럼 꿈을 꿔라'이며 재능을 찾고 실행하는 프로세스이다. 나만의 재능과 지식으로 나의 사업을 세팅하고 퍼스널브랜딩하며 1인 기업을 출발할 수 있는 첫 START라고 보면 된다.

방구석 오디오북(오디텔링)은 나예주출판사를 출판업에 등록하고 오디오북 시장에 입문하는 창구로서 활약하고 싶다. 오디오북 대형 플랫폼들이 하나하나 늘어나는 추세다. 내가 생각하는 오디텔링은 전자책을 출판하는 작가님들을 대상으로 하고 있으며 자신이 직접 성우가 되어 오디오북을 녹음한다. 자신이 직접 만든 오디오북을 웹사이트에 올려 수익을 쉐어하는 형태이다.

아무것도 없는 0에서 출발한다. 창조하는 고통은 해 본 자만이 안다. 눈앞의 계획을 결과로 이끌기 위해 해야 할 과제가 많다. 하지만 즐겁다. 즐거운 상상은 삶을 살아갈 수 있게 하는 유일한 원동력이다. 성장하고 발전하기 위해 지나온 17년의 시간 속에 손해비용이 많았지만 아깝지 않다. Why? 많은 경험의 자양분을 얻었고 인생을 살아나가는 데 있어 그 누구에게도 뒤지지 않을 자신감이 있기 때문이다.

드라마 〈변혁의 사랑〉에서 나왔던 명대사로 글을 마무리하려고 한다.

뭘 하며 사느냐보다 어떻게 사느냐가 중요하다. 언제 어디서든 당당함을 찾는 건 자신의 몫이다. 중요한 것은 속도가 아니라 방향이다. 나의 길은 내가 만들어 갈 것이다.

나만의 길을 찾아감에 있어 '재능실험소'가 이 글을 읽는 독자들에게 희망의 통로이길 간절히 바란다. 우리의 인생은 지금부터 시작이다.

꿈을 이루는
파워풀 마인드셋

파워풀 마인드셋 전문가 · 소은순

손으순

▼ 파워풀 마인드셋 전문가

자존감수리연구소 대표, 파워풀 마인드셋 전문가. 저서로 『자존감은 수리가 됩니다』가 있다. 미국 웨스트민스터 신학대학원의 혁신적 상담을 공부했고, 현 기상청 소속으로 기상상담을 하고 있으며, 파워풀 마인드셋 독서 모임을 운영 중이다. 한국 작가협회의 지부장으로 활동하며 블로그와 까페를 통해 일대일 딥텔링 상담과 일일 무료상담을 진행하고 있다.

이메일 gold2187@naver.com
블로그 https://blog.naver.com/gold2187
네이버 카페 https://cafe.naver.com/poweresteem
카카오톡 https://open.kakao.com/o/gN6RIQgd
카카오 오픈 채팅방 https://open.kakao.com/o/gN6RIQgd

변화 이전의 삶,
나는 바보다!

> 사람들은 시간이 뭔가를 변화시킨다고 말하지만 실제로는 당신 스스로 뭔가를 변화시켜야 한다.
>
> – 앤디 워홀

50대 후반의 봄, 어느 날.

"쿠궁!"

'이게 무슨 소리지?'

분명 지진이 일어난 건 아니다. 그날은 날이 맑았고, 분명 천둥소리도 아니다.

이것은 내가 충격을 받아 내 가슴 위에서 거대한 바위 같은 것이 배 아래로 "쿠궁!" 하고 떨어지는 소리다. 온몸에 힘이 풀리면서 책상 의자에 털썩 앉아버렸다. 그리고 멍한 상태가 되었다. 그 순간 남편도, 자식도, 형제도, 부모도, 아무것도 보이지 않았다.

무대 위에서 홀로 서 있는 나라는 한 배우가 원형의 조명을 받고있는 것만 보였다. 동시에 내 정수리 위로 하늘이 '뻥' 뚫리는 것 같이 느껴졌다. 이 세상에 태어나서 그때처럼 나 자신에게 집중된 시간은 일찍이 없었다.

지난날의 나를 다 돌아보는 데 아마 1초도 안 걸렸을 것이다. 왜냐하면 선을 자른 단면은 하나의 점이듯 내 인생의 흐름이 단번에 다 보였기 때문이다.

나는 바보다

결론적으로 나는 상처, 트라우마, 불안, 우울 등 만성적인 낮은 자존감으로 살아오면서 관계의 어려움이 있고, 잘 안 되는 일들이 반복되었고, 가정 내에서도 자존감을 획득하기 어려운 구조 속에서도 애써 노력하고, 헌신하며 50대의 중년의 나이까지 살아왔다.

구체적으로 말하자면 기억하지 못할 정도의 어린아이일 때 큰집에 한 달여간 맡겨진 일이 있었다. 그전에는 말을 조리 있게 잘하는 총명한 아이로 인정받았다고 한다. 하지만 그 사건 이후로 집에서는 나를 늘 '바보'라고 불렀다. 아니, 정확히 말하자면 바보라고 부른 것은 아니다. "저 애는 그때 바보 되었어!"라는 말을 반복적으로 들으며 성장했다. 그 기간이 고등학교를 졸업할 때까지였다. 고등학교를 졸업하고 어느 날 뭔가 허전함을 느꼈다. 그 허전함이 무엇 때문인지 생각해 보았다. 그것은 이제야 가족들이 더 이상 "저 애는 그때 바보 되었어!"라는 말을 하지 않고 있다는 사실이었다. 초등학교 고학년 정도 되었을 때 딱 한 번 '나는 바보인가?'라고 생각해 본 적이 있다. '내가 나를 생각했을 때 분명 바보는 아닌데…'라며 지나간 기억이 있다. 나는 만성적인 우울증이 있었다. 예전에는 우울증이라는 말조차 흔하지 않았다. 그에 대한 정보는 더더욱 들어보기 힘들었다. 성격이 소심하다고만 생각했다. 50살 정도 되었을 때 우연히 함께 신학을 공부했던 목사님을 만났다. 상담학을 전공하셨다고 하셔서 이런저런 대화를 나누는 중에 충격적인 말을 듣게 되었다.

그것은 "당신은 스스로를 바보로 알고 있어요."라는 말이었다. 그분은 나에게 이런 사건이 있었다는 사실도 모른다. 그 일로 그제야 나의 인생의 전반적인 흐름이 왜 이렇게 흘러왔는지를 이해하기 시작했다.

아버지의 가출과 섭섭병

아버지는 내가 고등학교 2학년 때 가출하셨다. 우리 집은 비록 가난한 동네에 살았지만 다들 우리 집을 아버지를 존경하고 행복한 가정이라고 부러워했다. 그 이유는 담화를 좋아하시던 아버지를 중심으로 항상 하하 호호 하며 가족들이 즐겁게 생활했기 때문이다. 하지만 아버지는 경제적으로 유능하시지는 않으셨다. 그런 아버지에 대하여 어머니와 오빠는 합세하여 아버지에 대한 불만이 컸다. 동시에 엄마는 오빠를 의지했던 것 같다. 오빠는 불같은 성격으로 느린 나를 무시하고 구타하는 일이 많았다.

내가 낮은 자존감과 정서적으로 힘들었던 더 큰 핵심적인 사실은 따로 있었다. 그것은 바로 어머니가 삶에 반응하는 방식을 보여준 인생에 대한 태도였다. 또한 나를 대하는 태도 또는 방식이었다고 볼 수 있다. 이것을 나중에서야 깨달았다. 어머니는 양반집 규수로 종을 부리며 아가씨로 불리며 살았다. 그 옛날 양반집 법도는 여자는 배우면 안 되는 것으로 교육 받았다. 그래서 외할아버지는 장녀인 엄마를 학교에 다니지 못하게 하셨다. 형제 많은 외가는 공부하기 싫어하던 둘째 삼촌만 제외하고 다른 삼촌들은 모두 대학을 나왔다. 하지만 이모들은 학력이 낮았다.

이렇게 가부장적인 영향을 받은 탓이었는지는 잘 알지 못하나 어쨌든 엄마는 아들들은 존재 자체만으로 귀하게 대해 주었다. 문화란 다른 문화를 겪지 않으면 자기 문화가 어떤 것인지 잘 모른 채 비판 없이 받아들이기 마련이다. 그래서 내가 차별받았다고 생각한 적은 없다. 다만 엄마의 나를 보는 눈빛은 항상 엄마를 잘 돕지 않는 나쁜 아이라고 지적하는 눈빛이었다. 딸들을 힘든 엄마를 잘 돕지 않는 섭섭하게 만드는 존재로 대하셨다. 그래서 나도 섭섭병을 물려받았다.

나는 왜 이렇게 되는 일이 없었을까?

나는 학교에서든, 교회에서든, 다른 아이들과의 관계에서 늘 위축감을 느꼈다. 은따를 당한적도 있다. 하지만 모든 일을 천천히 생각하며 뒤늦게라도 일어난 일을 분석할 줄은 알았다. 다른 아이들이 그저 나보다 자신감 있고 빠르게 대처하고 빠르게 표현하고 행동할 줄 아는 것일 뿐이라고 이해했다. 학교에서 공부하는 것도 잘하지 못했다. 조용하고 온순하지만, 집중력은 떨어졌다. 무엇이든 대충대충 하며 열심히 사는 것은 다 귀찮았다. 공부 실력이 늘지 않았다. 실력이 늘고 싶지 않은 마음과 실력이 늘고 싶은 두 가지 마음이 항상 함께 공존했다. 늘 인정받지 못했던 나는 '어차피'라는 말을 자주 사용하며 결국 인정받지 못할 것이라는 것을 염두에 두었던 것 같다.

나도 꿈이란 걸 이룰 수 있을까? 29살에 결혼하여 30살에 사별하고 혼자가 되었다. 그리고 10년을 혼자 살았다. 40살에 재혼했는데 지금의 남편은 기독교 가정에서 자란 나에게는 상상치도 못할 도박중독으로 가출을 일삼았다. 인생은 악순환에 악순환을 거듭했다.

꿈을 이루는 절박함이라는 현주소

자존감이 낮으면 연애할 때도, 결혼할 때도, 직장에 갈 때도 영향을 미친다. 남들 하는 연애를 안 한 것은 아닌데, 가만히 있다가 나에게 관심을 가지고 다가와서 조금이라도 잘해 주면 친구가 되고 연애가 되었는데, 연애마다 망했다. 자존감이 낮으니 비굴모드가 되고, 매력이 없고 곧 망한 것으로 끝났다. 내가 마음에 드는 사람이 나에게 친절하게 해준다고 생각이 되면 더욱 꽁무니를 빼고 더 급비굴모드가 되어버렸다. 어쨌든 하향조정해야 그래도 만만해서 좀 괜찮았다. 하지만 만만하면 오만해져서 오래 못 가기는 마찬가지였다. 직장을 갈 때도 윗 사람에 대한 두려움이 많았던 나는 면접마다 떨어졌다. 그저 그런 삶이 지속되었다. 엄마가 되어서도 그저 그런 삶은 지속되었다. 보수적인 기독교 가정에서 자란 탓에 그저 남편을 머리로 알고 순종하며 살아야 한다는 고정관념이 강했다.

그렇지만 현실은 나빠져만 갔다. 남편의 배려와 푸근함, 믿음, 사랑 따위 기대하기 어려웠다. 경제적으로도 절대빈곤이었다. 경제가 절대빈곤이면 엄마로서, 아내로서, 정서도 빈곤해지기 마련이다. 몸도 허약해서 직장생활을 하며 만성적으로 피곤했다. 아이들을 사랑으로 키우지도 못했다. 아이들은 점점 성장하면서 나와 같은 부류가 되어가고 있었다. 두려움과 죄책감, 부끄러움과 용기 없는 아이들이 되어가는 것을 보았다. 그러던 어느 날 내가 변하지 않으면 남편도 아이들도 나와 같은 모습만 양산할 것이라는 결과가 너무도 분명한 것이 나의 현주소임을 깨달았다. 그날이 바로 "쿠궁!" 하던 바로 그날이다.

늦은 나이에도 변화할 수 있을까?
파워풀 마인드셋의 출발

> 당신이 어디로 가야 하는지 알고 싶다면 바로 당신 자신 안으로 들어가라.
>
> – 리처드 J. 라이더·데이비드 A. 샤피로

나는 책을 읽으며 미국 웨스트민스터 신학대학원(Westminster theological seminary)에서 발전시킨 혁신적 상담학(Progressive Biblical Counseling)을 공부했다. 기독교인 외 일반인에게도 적용할 수 있는 심리학적이지 않으면서 오직 마음만을 다루는 공부였다. 그리하여 나는 지금까지 살아온 나의 한계 상자 안에서 밖으로 나올 수 있었다. 그리고 그것을 계기로 스스로 마인드셋 작업을 시작했고 2019년도에 책을 출간하게 되었다. 그리고 지금은 기상청에서 근무하며 무료 상담, 유료 상담을 진행하고 한편으로는 파워풀 마인드셋 독서 모임을 운영하고 있다. 내 책의 제목은 『자존감은 수리가 됩니다』이다. 자존감을 다루다 보니 그것은 결국 마음 바꾸기를 다루는 일이었다. 차츰 낮은 자존감을 다루기보다 마음을 바꾸는 방법에 더 초점이 맞춰지게 되었다. 이것이 그저 그렇게 살다가 늦은 나이에 찾아온 깨달음으로 꿈을 이루는 삶으로의 변화로 행동할 수 있었던 나의 비법이다.

나의 인생 책을 꼽자면 두 권이 있다. 미국의 의학박사이자 심리상담자로 유명한 M. 스캇 펙(M. Scott Peck)의 『스캇 펙의 거짓의 사람들』과 아들러 심리학을 접할 수 있었던 기시미 이치로의 『미움받을 용기』, 그리고 한 권을 더 뽑으라면 구본형의 『그대, 스스로를 고용하라』이다. 스캇 펙의 책을 처음 펼쳤을 때 꽤 분량이 있는 책인데 한 글자도 빠지지 않고 다 빨아들일 것처럼 단숨에 읽어버렸다. 아직도 늘 기억나는 장면이 있다.

스캇펙에게 어떤 부부가 로저라는 아들을 데리고 상담을 하러 왔다. 로저는 학교에서 현저히 성적이 떨어지고 있었다. 상담을 통해 감정표현이 없고 우울하다고 판단되었다. 아이의 고통을 배려하여 부모에게 아이가 원하는 기숙학교로 전학시킬 것을 권유했다. 그러나 부모는 로저를 가톨릭의 규율 가운데 공부시키는 게 좋겠다고 말했다. 얼마후 카톨릭 학교에서 로저는 신부님의 방에 들어가 도둑질을 하게 되었고 다시 상담을 오게 되었다. 이번에는 상담을 하고 부모에게 정신과 치료를 받아보라고 권했다. 하지만 그들은 그러지 않았을 뿐만 아니라 로저를 문제 있는 아이를 잘 지도한다고 알려진 기숙학교로 보내 버렸다.

나는 그들 부부처럼 아이의 고통을 외면하고 공감이 없고 자기 고집과 판단으로 나쁜 아이로 만드는 왜곡된 부모가 바로 나일 수 있겠다는 생각을 했다. 나를 비롯해 이 세상에는 이런 어리석은 사람이 얼마나 많을 수 있는지 깨달았다. 또한 『미움받을 용기』외 아들러 심리학 관련 서적들을 읽으며 나의 회피성, 부적응적인 인생에 대한 반응으로 우울과 낮은 자존감이 부모에게서, 환경에서 온 것만은 아니라고 깨달았다. 그것은 나의 책임이며 나의 선택임을 깨닫게 되었다.

그래서 나는 지금 하고 있는 파워풀 마인드셋에서 내면의 치유로서 원인론적인 것과 아들러 심리학의 목적론적인 측면을 함께 다룬다. 결론적인 한 문장은 '나는 내 인생의 경영자이다.' 또는 '내 인생의 모든 것은 내 책임이다.'이다. 내가 말하는 꿈을 이룬다는 것은 자격증을 따서 원하는 곳에 취업을 한다거나 작은 가게를 낸다거나 하는 것도 포함이 되겠지만, 기본적으로 현재 상황의 모든 자료를 활용하여 내면을 치유함으로 내 안의 거짓을 없애고 부정적 프레임을 걷어내는 것이다. 그리고 원하는 방향으로 건강한 삶을 주체적으로 만들어나가는 노선에 서는 것이다. 이렇게 되게 하는 것이 파워풀 마인드셋이다.

파워풀 마인드셋은 힘이 넘치게 한다는 뜻보다는 변함없이 마인드셋을 유지하며 긍정적인 방향으로 갈 수 있는 내공을 갖춘다는 뜻이 더 있다. 그리고 치유에 더 초점이 맞추어져 있다. 행동 변화만을 위한 마인드를 주입하려는 것은 일찍이 내가 많이 겪었지만, 내면의 밑바탕이 안 바뀌면 결국 제자리걸음이 되고 만다. 행동 밑바탕에 깔려 있는 마인드셋을 위해서 치유가 필요하다. 치유 단계를 통해서 내재화(잠재의식)를 바로 잡는 여정이다.

첫 번째 방법 – 말하라

그 방법으로 첫째는 말하라는 것이다. 오래전 아침마당에 한 정신과 의사가 출연했다. 그 정신과 의사는 많은 사람이 자기의 이야기를 털어놓음으로써 마음의 평안을 얻는다고 말했다. 그리고 인간의 3대 기본욕구 외에 고백 욕구를 더하고 싶다고 말한 것을 기억한다. 자기 상처를 드러내는 것이 쉽지 않을 수 있다. 하지만 하소연이라도 말하고 나면 시원하게 되는 것을 한 번쯤은 경험해 본 적이 있을 것이다. 말로 토해내서 어둡고 부정적인 에너지를 배출한다고 볼 수 있다. 말하지 않고 혼자 안고 있으면 세상에 나만 그런 것 같은 부정적인 마음이 사라지지 않는다. 그래서 그것을 말하게 한다. 처음에는 감정이 개입되지만 반복해서 하다 보면 자기 일에 객관성을 갖게 된다. 더 시간이 지나면 그 사건에서 교훈을 찾게 된다. 그런 이후에는 사건이 긍정적으로 해석되었기 때문에 수치감이나 부끄러움이 사라지고 당당해진다. 상처를 드러내어 말함으로써 치유되는 단계이다. 처음에는 저항감이 느껴질 수 있는데 누구한테나 말하라는 뜻은 아니며 무조건 말한다고 효과를 보는 것은 아니다. 정서 지원이 가능한 곳에서 말할 수 있는 열려있는 환경이 필요하다. 그런 환경이 주어지지 않는다면 혼자 할 수 있는 방법도 있다.

(1) 노트를 꺼내 남들에게 들키고 싶지 않은 그러나 항상 마음에 걸려 있는 과거의 지나간 그 일을 적어 본다. 예를 들면 왕따나 창피 당했던 일, 배신당한 일이나 거절당한 일, 실패한 일 등 트라우마가 된 작은 일이든 큰일이든 다 좋다.

(2) 그 사건을 통해서 무엇을 교훈으로 삼아야 할지를 시간을 충분히 가지면 서 정리해 본다. 그 사건에 등장하는 사람들의 마음도 추론하여 적어보고, 그때의 상황도 적어보라. 자신의 마음도 적어본다.

그 일을 멀리서 아래로 내려다보듯 이해하며 적으면 된다. 당시의 자신에게 그때의 감정도 묻고 적어본다.

(3) 그 사건의 교훈으로 지금의 나에게 어떤 유익함으로 해석할 수 있을 지를 적어본다. 그리고 그것을 하나의 스토리로 정리한다. 자, 그 정리된 것을 이야기로, 말로 해 보자.

이야기 요약의 한 예를 들어보면 이렇다.

나는 아버지한테 욕먹고 많이 맞았어. 자존감도 낮고, 뭘 해야 될지 모르겠고, 아버지 생각만 하면 미칠 것 같고, 공황장애까지 왔었어. 그런데 결국 내가 먼저 아버지에게 선한 마음으로 반응을 하지 않으면 안 된다는 것을 깨달았어. 아버지를 아버지 입장에서 이해해 봤더니 의외로 아버지가 불쌍하다는 생각이 들더라고. 사실은 아버지에게 대들고 싸가지 없게 구는 것도 아버지가 못나 보여서 내가 무시하고 있다는 것도 깨달았어. 덕분에 내 인생에도 선한 반응을 해야 된다고 생각하게 되었어. 내 문제를 회피하지 않고 생각을 바꾸고 나니 분노도 많이 없어지면서 삶에 의욕이 생기더라고. 결국 아버지로 인해서 내가 가치가 없다거나 아무것도 못하는 애라거나 그런 것과는 상관이 없었어. 그런데 내가 아버지에게 인정을 못 받으니까 그것과 연결 지으면서 화내고 있었던 것이나 다름없더군.

위의 사례에서 설명하면 치유는 두 가지 측면에서 볼 수 있다.

먼저 원인론적 치유로 '아버지 때문에 지금 내가 이렇게 되었다.'는 '~때문에'라는 이유를 치유하는 것이다. 두 번째는 목적론적 치유인데 아버지에게 인정받지 못했다는 것을 핑계로 삶의 책무를 회피하므로 편안하기를 추구하려는 욕구를 치유하는 것이다.

내가 바보 됐다는 소리를 많이 들어서 바보 마인드셋이 되었던 것처럼 우리는 자라면서 안 돼, 하지 마, 아직 어려, 못해, 이거 해, 저거 해 등의 말을 수없이 듣고 자란다. 또한 사회에서 우리는 삶의 한계를 규정짓는 말을 많이 들으면서 비교당하면서 성장한다. 창의성 없는 천편일률적인 주입식 교육환경에서 오직 공부 잘해서 좋은 직장에 들어가야 성공하는 것이라는 규정된 바람이 생기는 것도 우리를 한계 짓게 만드는 것들이다. 우리 마음에는 모태병이 있다. 모태병은 '못해'병이다. 돈이 없어서 안 되고, 실력이 없어서 안 되고, 나이가 많아서 안 되고, 재능이 없어서 안 되고, 그러면서 꿈은 이루어지기 힘들다고 생각하며 살아지는 대로 산다. 우리 안에 내재된 '못해'라는 설정된 프레임을 치유받는 것은 과거의 설정된 프레임에 영향을 준 사건을 말하고 그 사건을 재해석하는 것이다.

두 번째 방법 – 과거의 사건에서 경험한 감정을 찾아라

괴로움을 느끼는 것은 감정 때문이다. 웨스트민스터 혁신적 상담학에서는 인간의 감정을 6개로 분류한다. 감정을 표현하는 말들은 많이 있고 표정이나 몸짓도 있지만, 감정을 계속 분류하면 본질적인 감정 6가지로 나뉜다. 그중 미움, 분노, 절망은 자기 자신에 대한 감정으로 그리고 두려움, 죄책감, 수치심은 타인에 대한 감정으로 나뉜다. 이제부터 어떤 주 감정의 영향을 받는지를 찾아내는 작업이다.

지금까지 살아온 인생을 사건별 또는 연도별로 정리한다. 그 연역이 다 기억나지는 않을 것이다. 어떤 것은 사건으로 어떤 것은 말로 어떤 것은 이미지로 남아 있기도 할 것이다. 사건별 또는 연도별로 기록하며 옆에 생각나는 일에 대한 설명을 적고 그때 느꼈던 감정을 적는다. 그리고 그 일이 지금까지의 삶에 어떤 긍정적 또는 부정적 영향을 주었는지 그 정도를 기록한다.

자주 들었던 말도 있다. '말썽쟁이.', '안 낳으려 했었다.', '하지 말라는 짓만 골라서 하는 나쁜 아이.', '아들을 낳으려 했는데 딸을 낳았다.', '왜 그 모양이니?' 등 다양한 말들 속에서 어떤 감정을 느꼈는지 기록한다.

나의 경우에는 어린 나이인 내가 동생을 등에 업고 쩔쩔매는 장면의 이미지가 자주 떠오르곤 했다. 특히 시장에서 가족들을 위해서 음식 재료를 많이 사가지고 올 때 너무도 슬픈 감정이 올라오곤 했는데 그 정체를 깨닫지 못했었다. 그 감정이 삶의 무게가 슬픔으로 나타난 감정이라는 것을 발견하고 나서 없어졌다. 찾아낸 감정들이 자기에 대한 감정인지 타인에 대한 감정인지 구별하고 이러한 감정이 어떻게 나를 이끌어 왔는지를 인지한다. 이해되지 않은 사건은 감정으로 남아 잠재의식에 숨어 있다가 비슷한 상황에서 감지되는 것이다.

세 번째 방법 – 현재의 사건에서 숨은 욕구를 찾아라

감정에는 숨은 욕구가 있다. 그리고 욕구가 감정을 강화시킨다. 말하자면 감정의 목적이라고 할 수 있다. 위의 예시에서는 아버지에게 인정받기를 바라는 추구하는 욕구가 채워지지 않음으로써 감정은 점점 커지고 공황장애와 같은 신체화 증상까지 오게 되었다고 볼 수 있다. 여기에서는 아버지가 잘했다, 잘못했다는 거론하지 않는다.

사건과 환경이라는 내 인생에 내가 어떻게 반응할 것인가에 대한 마인드셋에서 인생을 변화하는데 목표가 있다. 그 욕구를 깨닫고 버릴 때 삶이 변할 수 있고 꿈을 이룰 수 있는 마인드셋을 만들어갈 수 있기 때문이다. 나의 예에서 어릴 때 혼자 놓인 상태에서 동생이라는 거대한 짐을 등에 업은 아이의 힘듦이 삶에서 계속 반영되었다. 인생이라는 것을 감사와 기쁨으로 보기보다 부담과 짐으로 느끼게 되었다. 그래서 편안해지고자 하는 채워지지 않는 욕구가 지속되고 무의식적으로 그 장면이 연상되는 비슷한 상황에서 슬픔이라는 감정이 올라왔던 것이다. 이것을 해석하고 나서야 그 증상이 없어졌다.

마찬가지로 욕구도 6개로 분류한다. 개인적인 욕구는 유익(물질적, 정신적), 편안(몸, 마음) 쾌락(감각적, 말초적)의 욕구로, 대인적인 욕구는 존경(높아지기를 원하는 또는 낮아지지 않기를 바라는), 인정(친밀함을 얻기 바라는 또는 거리감을 느끼지 않기를 바라는), 지배(자신의 의도와 목적을 성취하고자 하는 바람)의 욕구로 나뉜다.

네 번째 방법 - 감정을 선별하여 흘려보내라

우리 뇌는 같은 감정과 같은 생각을 지속적으로 했을 때 하나의 자동 시스템이 만들어진다. 박용철 정신과 전문의는 그의 저서『감정은 습관이다』에서 '우리의 뇌는 좋은 감정보다 익숙한 감정을 선호한다.'고 밝혔다. 심리학자 필립 브릭먼(philip Brickman)의 실험에 의하면 '복권에 당첨된 사람도, 최근에 사고가 난 사람도 일정 기간 후에는 행복도가 그 이전의 상태로 돌아간다.'고 했다. 이와 같이 우리 뇌는 항상성을 가지고 있다고 할 수 있다. 기존의 잠재의식의 영향을 받으면서 표출되었던 주 감정을 바꾸어 주기 위한 연습과 훈련이다.

루이스 L. 헤이는 성폭력과 불우한 어린 시절, 이혼과 암을 이겨내고 치유 부문의 세계적인 영성으로 활동한 자기계발 분야의 베스트셀러 작가다. 그녀는 76세 때 그동안 한 번도 하지 못했던 일을 해 보기로 결심했다. 춤을 배우기 시작한 것이다. 하루는 춤 선생님 중 한 분이 "루이스, 눈에 두려움이 가득하네요. 왜 두려워하는 거죠?"라고 말했다. 루이스는 아직도 자기 안의 작은 어린아이가 '만약 춤을 틀리면 누군가가 얼굴을 때릴 것'이라고 믿고 있다는 사실을 깨달았다.

우리가 경험한 것과 들은 말과 억압받은 것들은 직면하기 싫은 것들이다. 그러한 것들을 배 속 아래 잠재의식 안에 감추어 버린다. 그러나 그와 비슷한 조건이나 환경에 접하면 그때의 감정은 되살아나 올라오게 된다. 그러한 잠재의식은 삶에 전반적으로 영향을 끼친다. 그러한 영향을 받은 부정적인 정서가 올라올 때마다 그것을 알아차리는 것이 중요하다. 그것을 흘려보내기를 함으로서 지금까지 전자동 시스템 작동으로 반응하던 것이 중단되고 새로운 감정 반응 시스템이 구축되도록 훈련해야 바뀔 수 있다.

아래와 같이 부정적 감정이 올라오는 순간을 감지하면 그 감정에 이름을 붙이고 '흘려보낸다'는 것을 자신에게 명시해야 한다.

두려움을 흘려보냅니다.
자신감이 없다는 느낌을 흘려보냅니다.
할 수 없다는 생각을 흘려보냅니다.
자신을 비판하는 마음을 흘려보냅니다.
사랑받지 못할 것이라는 마음을 흘려보냅니다.

이와 같이 자기 안의 부정적인 느낌이 지나가고 있다는 것을 알아채고 이름을 붙여 마치 물에 떠내려 보낸다고 상상하며 다시는 돌아오지 못하도록 시각화한다.

다섯 번째 방법 – 나와 내가 보는 나를 분리하라

나는 교회에 다니면서 아무도 없는 교회에서 혼자 기도할 때가 많았다. 나중에 기도하다 보면 내가 교회의 장의자에 앉아서 기도하는 나를 보고 있음을 의식하게 되었다. 내가 있고 나를 보고 내가 있더라는 것이다. 마치 꿈에 내가 나오는 것처럼 말이다. 이것은 스스로 원하는 감정을 가지고 긍정적으로 행동하고 있는 자신을 구상하여 삶에 반영하여 스스로에게 보여 줄 수 있다는 뜻이다.

내가 원하는 나를 심상으로 이미지화하고 그것을 현실화해 보는 연습을 해 보라. 이것은 내가 나를 선택할 수 있다는 뜻이다. 슬픈 나를 현실로 표출시킬지 아니면 용기를 내고 두려움 없이 성과를 내는 나로 표출시킬지 선택할 수 있다. 『왓칭』에서 김상운 저자는 "내가 관찰자가 되어 나를 남으로 바라보면 나의 행동을 더 쉽게 변화시킬 수 있다."라고 한다. 잠재의식이라는 깊은 뿌리에서 나오고 있는 습관은 쉽게 고쳐지기가 어렵다. 그래서 나를 긍정적이며 내가 원하는 모습을 심상에서 이미지화하고 그것을 표출시키는 연습을 하며 바라보는 초점을 바꿔주어야 한다.

모든 일에 감사하고 즐거운 마음으로 대하는 자신을 바라봅니다.
자신감을 가지고 밝은 표정으로 회사에서 일하는 모습을 바라봅니다.
집중을 잘함으로 주어진 목표를 효율적으로 풀어가는 자신을 바라봅니다.
원하는 목표를 이루는 자신을 바라봅니다.
당당한 모습으로 살아가는 자신을 바라봅니다.

이렇게 함으로써 바라보는 대로 이루어지도록 하는 훈련이다.

여섯 번째 방법 – 도망가는 의식을 현재로 데려와라

마인드셋에 방해가 되는 것 중 하나가 과거에 지나간 일에서 놓여 남을 받아들이지 못한 마음과 미래에 대한 걱정, 염려와 같은 불안의 감정들이다. 이러한 감정들이 있으면 정신이 여기에 있지 않고 늘 다른 곳에 가 있기 마련이다. 과거, 현재, 미래라는 시제에서 제일 중요한 시제는 현재다. 나의 존재가 현재의 시제에 있지 않으면 현재의 내 삶에는 각종 부작용이 일어난다.

예를 들어 직장에 다니는 사람이 직장에 대한 불만족으로 더 좋은 직장으로 가면 좋겠다는 생각에만 사로잡혀 있다면 어떨까? 현재의 직장의 동료들과의 협력에 동화되는 것에 어려움이 생길 수 있다. 자신의 업무에 대한 효율성도 떨어지고 마음이 겉돌게 될 수도 있다. 하지만 현재의 직장이 더 좋은 직장이 다가올 교두보가 될 수 있다고 생각하면 오히려 더 의욕적이 될 수 있다. 운전자가 딴 생각을 많이 하다가는 사고 나기 십상인 것처럼 인생의 운전대를 잡고 있는 우리는 마음을 현재에 두고 현재에 집중해야 할 필요가 있다. 그래서 딴 생각으로 가득 차 있는 생각과 마음을 현재의 일과 감각에 집중시키는 훈련이 필요하다. 이것을 하면 집중력도 좋아진다.

이 훈련은 하루 중 아무 때나 할 수 있어서 좋다. 지금 느끼고 있는 것들에 마음을 맞추면 된다. 음식을 먹을 때 씹히는 식감이나 맛을 세부적으로 깨닫는 것, 의자에 앉을 때 엉덩이에 자신의 몸무게의 눌림의 정도를 느끼는 것, 걸을 때의 모든 관절의 움직임을 느끼는 것과 같은 것들이다. 집중이 잘 안 되면 작은 말로 현재 하고 있는 행동을 읊조리며 하면 된다.

"나는 지금 설거지를 하고 있습니다."
"나는 지금 버스 안에서 버스의 진동을 느끼며 출근하고 있습니다."
"나는 지금 비 온 뒤의 맑은 날씨를 만끽하고 있습니다."

이는 언제 어디서나 의식을 현재로 가져오는 연습이다.

이 외에도 세부적인 것들이 많다. 그것은 사람마다 해야 하는 연습과 훈련이 다르다. 생각 끊기, 어떤 것에도 상처받지 않는 연습, 자신과 타인을 믿기, 용서하기, 직면하기, 행복개념 바꾸기, 정서 지원, 인정하기, 부정적인 말 제거하기 등이다.

변화한 삶, 파워풀 마인드셋으로
꿈을 이루기

> 자기 자신을 알라. 자신을 믿어라. 자신을 사랑하라. 자기 자신이 되
> 어라. 그리고 한계를 뛰어넘어라.
>
> – 짐 퀵

모든 것은 내 책임이다

루이스 L. 헤이는 "우리는 우리를 영적으로 육체적으로 성숙시켜 줄 특
별한 교훈을 얻기 위해 이곳에 왔으며 우리의 부모는 우리의 단점과 어려
움을 극복하는 법을 배우기에 완벽한 모델이다."라고 했다. 그래서 나에게
주어진 모든 여건은 나를 위한 최고의 세팅이다. 여기서 어떻게 반응할지
는 나의 선택의 문제다.

고대로부터 내려오는 하와이의 호오포노포노라는 셀프 치유법이 있다.
우리나라에도 많이 알려져 있는데, 이하레아키라 효렌, 가와이 미사미가
쓴 『호오포노포노 실천법』에는 '당신이 경험하고 있는 어떤 일이든 100%
당신 책임이다.'가 핵심임을 말하고 있다. 대부분의 심리학자들은 인간의
부적응적인 문제의 원인을 과거의 성장과정에 두고 있다. 그러나 우리의

마음과 심상은 하나의 기도가 되어 응답되어지는 결과로 현재의 현실이 펼쳐지게 된다고 하는 것이 최근 자기계발서의 양자역학적인 설명이다. 그것은 인간관계의 어려움이라는 현실이 생기는 것도, 병이 나는 것도 본인의 심층의식에서 원하는 바가 현실화 된 것이라고 설명한다. 이 또한 모든 문제는 100% 자기책임이라는 측면에서 보아야 한다는 것을 말해 준다. 어떤 것도 핑계가 될 수 없다는 것을 직면하면 좋겠다.

불우한 가정에서 태어나 연간 3,000만 달러 인력회사를 만들고 동기부여와 성공학 분야에서 세계적으로 유명한 브라이언 트레이시는 "인생을 살면서 많은 사람들이 '변명의 골짜기'라는 함정에 빠진다."고 했다. 이런 말이 받아들여지지 않을지도 모르겠다. 하지만 어떤 인과 관계에 의하여 나타난 지금의 모든 것에 대해서 조금도 피하지 말고 직면한다면 그것이 꿈을 이루는 마인드셋이 된다.

잠재의식은 꿈이 이루어지게 할 힘이 있다

잠재의식은 기적을 일으키는 힘이 있다. 그것을 위해 우리는 긍정 확언을 사용할 수 있다. 우리의 모든 말 또는 모든 생각이 확언이 될 수 있다. 의도적으로 꿈이 이루어지기 위한 긍정 확언을 적극적으로 사용할 수 있다. 그런데 '확언을 얼마나 많이 해야 이루어지는지!' 또는 '확언을 한다고 정말 이루어질까?'를 의심하는 사람도 많다. 확언이 현실로 나타나 효과를 보는 것은 자신과의 인격적인 관계에서 이루어지기 때문에 가식적인 것이 아니라 현상화 이전에 이미 마음에서 이루어진 것처럼 상상하고 느끼는 것이다. 그러므로 솔직하고 진실해야 한다.

따라서 확언을 어떤 소원이든 다 들어주는 도깨비방망이처럼 생각해서는 안 된다. 얼마큼 순수하게 믿고 받아들이며 사용하는지에 따라서 효과는 달라진다. 확언은 미래 시제로 하지 않는다. 현재 시제로 한다. 잠재의식은 말 잘 듣는 하인이다. '나는 부자가 될 것이다.'라고 확언을 했다면 가감 없이 그대로 이루어지기 때문에 부자가 될 사람인 상태가 현실화 된다고 볼 수 있다.

'나는 부자다.'와 같이 현재시제를 사용하는 것이 좋다. '나는 좋은 직장에 다니게 될 것이다.'가 아니라 '나는 좋은 직장에 다니고 있다.'이다. 이런 확언이 마음에 걸림이 있어 불편한 느낌이 있다면 진행형의 문장을 사용한다. '나에게 좋은 직장이 오고 있다.', '나는 점점 부자가 되어 가고 있다.'로 확언을 함으로써 마음에 걸림 없이 내면에 수용되도록 한다.

우리는 사랑의 결정체이다

인간은 관계 속에서 출발한다. 엄마, 아빠의 사랑의 관계 속에서 태어난다. 우리는 바로 사랑의 결정체이다. 부모가 돈 때문에 또는 쫓기듯이, 아니면 유익에 따라 결혼했을 수도 있다. 그렇다 하더라도 우리는 사랑의 결정체임이 틀림없다. 사랑이라는 에너지가 아니면 생명은 부여될 수 없다고 믿는다.

나는 어렸을 때부터 교회를 다녔다. 기독교에서는 하나님은 사랑이라고 가르친다. 그리고 하나님이 이 세상을 창조했다고 한다. 그러면 어쨌든 우리 존재의 근원 에너지는 사랑이다. 최근 자기계발서의 많은 부분에서 다루어지고 있는 위에서 언급한 양자역학에서도 생각은 하나의 파동으로 우주에 전달되며 생각은 창조성을 지닌다. 이때도 생각의 가장 강력한 파동의 힘을 발휘하는 것은 사랑이라고 믿는다. 그럼에도 상처와 어려운 환경, 두려움, 낮은 자존감 현상들을 겪는 이유는 우리의 성장을 위한 신의 더 깊은 의미의 사랑이다. 사랑을 믿자.

꿈을 이루는 deep simple, 파워풀 마인드셋

'나도 꿈을 이룰 수 있을까?' '나도 무언가를 할 수 있을까?'를 생각했을 때 나이가 이미 중년에 이른 사람이라면 대개는 '나는 나이가 많아서.'라고 생각하기 쉽다. 이런 제한된 생각에서 벗어나 지금도 새로운 시도를 해 볼 수 있다고 말하려는 것이 나의 마인드셋이기도 하다.

나 역시 그저 그렇게 살다가 50대 후반에 책이라는 것을 쓴다고 생각했을 때 할 수 없다는 생각이 먼저 들었다. 할 수 없는 이유가 너무 충분하고 넘쳤지만, 그 제한적 생각을 파워풀 마인드셋으로 넘을 수 있었다. '내가 뭘 좋아하는지 뭘 원하는지 모르겠다. 나는 꿈이 없다.'라고 말하는 사람도 많다. 그렇다면 일주일 여 간의 기간을 잡아 매일 좋아하는 일, 하고 싶었던 일, 관심 가는 일들을 생각나는 대로 다 적어보자. 그리고 그

적은 것을 가지고 일주일이 지난 후 가장 덜 원하는 것부터 하나씩 지워보자. 마지막 3개까지 남긴다. 이러한 과정을 3번 정도를 반복하면 9개의 목록이 남는데 또 하나씩 지우기를 해서 마지막에 어느 것이 남는지를 보고 일단 그것으로 시작점을 찍어 보도록 하면 좋겠다.

우리는 꿈을 이루었다는 사람들에게서 어렸을 때부터 꿈꿔왔고 계속 노력했으며 지금 이렇게 꿈을 이루었다는 이상적인 성공담을 듣는다. 이런 이상적인 성공담은 신경 쓰지 마라. 그리고 꿈을 이룰 목표를 세우고 눈에 보이는 결과물을 만들어내라.

예를 들어 헬스에 관심이 있어서 자격증을 따기로 했다면 먼저 언제까지 자격증을 딸 것인지 목표를 세운다. 목표는 눈에 매일 볼 수 있도록 적어서 붙여놓거나 가지고 다니는 것이 좋다. 실천계획표를 세워라. 실천 계획표는 가능한 일주일 단위와 같이 짧게 세워 실천한 체크표와 기록을 결과물로 남긴다. 이렇게 기록 결과물 자료를 쌓으면서 꿈을 이룰 때까지 반복, 다음 단계로 나아가며 실행한다. 단순하고 심플하게 지속적으로 행동하게 하는 것이 파워풀 마인드셋이다.

현재 일대일 코칭에서는 내면 치유 중심으로, 독서 모임에서는 치유과정과 연습단계와 브랜딩 콘셉트를 찾아 단순하고 심플하게 지속적으로 행동할 수 있는 동기부여를 하고 있다. 작은 각도의 차이가 시간이 갈수록 점차 큰 각도로 벌어지듯이 지속적인 행동으로 원하는 좋은 결과를 가져올 수 있도록 기대한다.

나이가 있어도, 그동안 별 볼일 없이 살았어도, 살아지는 대로 살았어도, 내 안의 부정적 자아를 치유하면 내 삶의 주최자가 되고 독립인으로 성장하고 발전하므로 타인에게 공헌하는 선한 영향력을 끼치는 의미 있는 존재가 되게 하는 것이 파워풀 마인드셋이다.

세상은 빠른 속도로 변하고 있고, 변화의 영향력은 거대한 붕괴와 기회로 이어지고 있다. 이 모든 상황 속에서 길을 잃지 않기 위해 나와 내 자녀는 무엇을 어디서부터 해야 할지 고민하게 된다. 내가 걸어온 길을 돌아보며 쓴 이 책이 나와 같은 고민을 하는 이들에게 고민은 끝내고 오늘 당장 시작할 수 있는 구체적인 방법을 찾게 해주기를 바래본다.

김성화 / 그림책 질문 디자이너

삶이 브랜드가 되는 퍼스널 브랜딩을 위한 공저 프로젝트에 참여하면서 8주가 기적처럼 다가왔다. 한 줄 한 줄 글을 쓰면서 묻어두었던 내 삶의 가치를 발견하고 함께하는 사람들의 삶의 이야기들을 보면서 가슴 뭉클한 감동을 느꼈다. 누구나 자신의 삶의 주인공으로 살아가는 1인 미디어 시대에 꼭 필요한 '퍼스널 브랜딩' 과정은 나도 몰랐던 내 삶의 보물을 만나는 행복한 시간이었다.

양미자 / 수비학 진로 디자이너

나만의 개성이 묻어나는 작은 카페를 만들어보는 건 어떨까? 카페를 운영하며 겪은 경험과 발전 가능성을 전한다. 작은 카페에는 저마다의 감성이 묻어나 있다. 그것이 경쟁력이다. 이 글을 통해 작은 카페 창업에 조금이나마 도움이 되었으면 한다.

최성문 / 작은 카페 창업 디자이너

2021년 여름 나는 8주의 기적을 경험했다. 서로 다른 삶을 살아가는 열 명의 사람들이 온라인에서 만나 자신의 이야기를 글로 써서 책을 펴냈다. 이 책에는 한국 사회 구성원으로 당당히 살아가고자 몸부림쳤던 이주민 서영숙의 20년 삶도 들어있다. 저의 고백이 주체적인 삶을 살고자 노력하는 이주민·선주민 모든 분들에게 희망과 위로가 되었으면 좋겠다. 이 기회를 빌려 든든한 힘이 되어준 멘토 권경민, 한현정 두 분의 훌륭한 작가님께 고마움을 전한다.

서영숙 / 다문화 소통 전문가

글을 쓰는 시간 동안 나를 돌아보고 우리 사회의 교육 현실을 돌아보는 소중한 시간이 되었다. 급변하는 4차 혁명시대에 수학의 중요성을 다시 한번 깊게 생각하게 되었다. 미래 사회 우리 아이들에게 기회의 문을 열어주기 위한 수학교육 바탕에는 부모의 칭찬, 믿음 그리고 기다림이 필수라는 것을 새삼 느낀다. 기적의 8주, 가슴 뭉클한 감동의 시간에 감사한다.

김정 / 초등수학 부모교육 전문가

치열했던 사회에서 물러서니 무기력과 우울함이 나를 지배했다. 남은 인생을 이렇게 무기력하게 고민하던 중에 프로젝트에 동참했고, 지난 일들을 추억하며 한 자 한 자 적어가는 이 작업은 또 다른 나를 찾는 즐거움을 선사해 주었다. 여러분들은 위대하고 아름답다. 말의 힘을 믿는다.

김정원 / 언어습관 트레이너

이 글을 읽는 독자도 절망이 아닌 희망을 이야기할 수 있기를 소망한다. 그 당시의 내 모습처럼 꿈도 없이 계획도 없이 시간을 죽이고 있는 분들을 만나면 한마디라도 더 나누고 싶어진다. 소유하려 하기보다는 공유하려 한다. 내 삶이 희망으로 건져 올려 졌듯이 누군가의 삶도 건져 올려질 수 있기를 바란다. 가치 있는 삶, 의미 있는 삶, 그래서 시간이 지날수록 진정한 재미를 발견할 수 있을 것이다.

전은미 / 인생 2막 비전 메이커

이번 공동작업을 통해 다시 한번 그 시간들이 필요했던 이유와 의미를 되새겨 볼 수 있어 좋았다. 앞으로도 내가 살아가는 모든 순간들이 내가 브랜딩 되어가는 순간들임을 잊지 않고 지금의 시간들을 차곡차곡 잘 기록해 두려고 한다.

박세영 / 그림책 삶 치유 연구가

혼자가 아닌 함께 하는 작가님들이 있어 용기를 잃지 않고 끝까지 마무리할 수 있었다. 책을 쓴다는 건 나의 이야기를 꺼내놓는 시작점이다. 이번 작업을 위해 고생하신 한현정, 권경민 작가님 외 함께한 모든 분들에게 감사하다는 말을 전하고 싶다.

나예주 / 재능 컨설턴트

이 세상에 태어난 우리가 가지고 있는 역량은 할 수 있다는 믿음을 바탕으로 발현된다. 자존감이 좋아지고 마인드가 바뀌는 것이 먼저다. 그러기 위한 파워풀 마인드셋은 내면 깊숙 한 곳의 자기부정적 프레임을 치유하고 자기가치감을 회복하는 과정으로서 이 짧은 글이 읽는 이에게 조금이라도 긍정적 자극으로 와닿을 수 있기를 바란다. 1인기업 시대, 이번 개인 브랜딩 공저 프로젝트로 열 명의 작가와 함께한 것을 영광으로 생각한다. 최고의 가치 있는 시간이었다.

소은순 / 파워풀 마인드셋 전문가